Heinz Kotte/Rüdiger Siebert
Vietnam

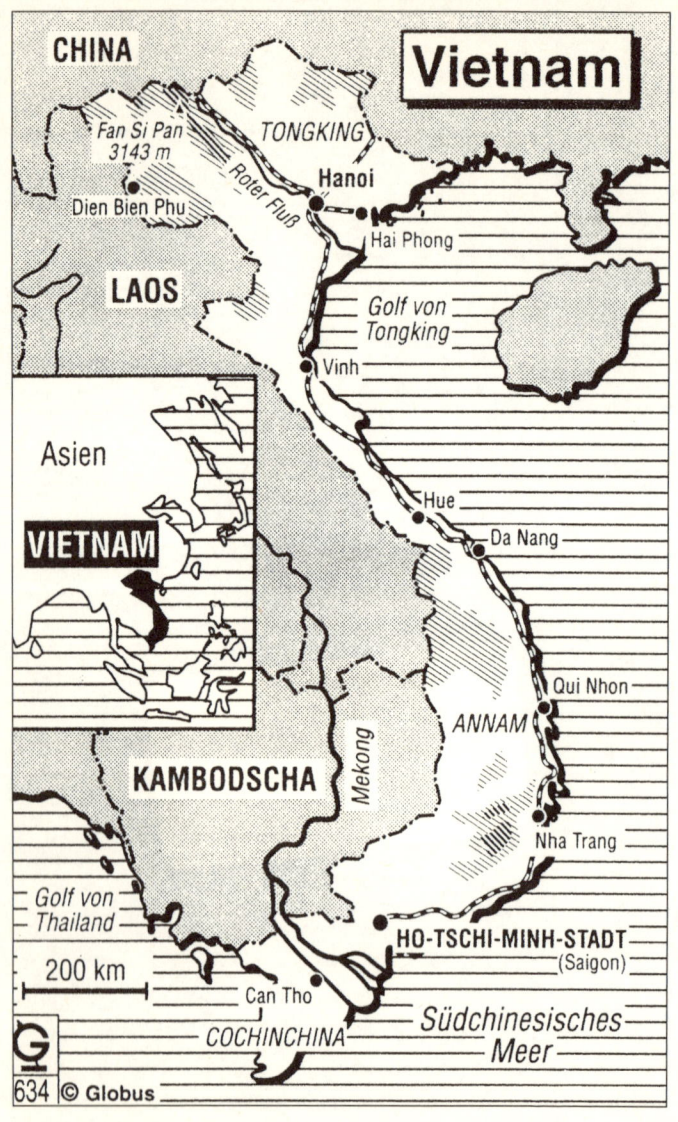

Heinz Kotte / Rüdiger Siebert

Vietnam
Die neue Zeit auf 100 Uhren

Mit einem Vorwort von
Pham Thi Hoai

Lamuv Taschenbuch 301

Bitte fordern Sie unser kostenloses Gesamtverzeichnis an:
Lamuv Verlag, Postfach 26 05, D-37016 Göttingen
Telefax (05 51) 4 13 92
e-mail lamuv@t-online.de
www.lamuv.de

01 02 03 04 05   6 5 4 3 2

2. aktualisierte Auflage 2001
© Copyright Lamuv Verlag GmbH, Göttingen 1997, 2001
Alle Rechte vorbehalten

Fotos: Heinz Kotte/Rüdiger Siebert
Umschlaggestaltung: Gerhard Steidl
unter Verwendung eines Fotos von Rüdiger Siebert
Gesamtherstellung: Steidl, Göttingen
Printed in Germany
ISBN 3-88977-604-3

Inhalt

Pham Thi Hoai: Vorwort 7

Das Land der offenen Hände 11

Eine Spurensuche 16

Prolog: Wie sich die Schrecken gleichen 19

Hanoi: Denkmal mit Kindern 23

Die Altstadt von Hanoi:
    Der Supermarkt der neuen Möglichkeiten 26

Bauboom: Disneyland der Spekulanten 31

Mausoleum: Onkel Ho in der Vitrine 35

Nguyen Ngoc Bich:
    »... dafür werde ich jetzt gut bezahlt« 43

Van Mieu: Der Weg der Weisheit
    und die Macht der Mandarine 60

Der neue Ton:
    Kara-okee bringt die Kader auf die Palme 65

Hochzeit: Die Braut trägt Weiß in Gotha und Haiphong 68

Nguyen Thi Oanh: »Wir werden unseren eigenen Weg
    aus dem Dilemma finden« 71

Theater: Wo sich die Drachen über Wasser halten 82

Ninh Binh: Die Geschichte vom hölzernen Fisch 85

Selbsthilfegruppen: Frau Le macht sich den Hof 87

Geschäfte: Die neue Zeit auf 100 Uhren 92

Duong Quynh Hoa: »Gesundheit hat mehr mit Politik
    als mit Medizin zu tun« 94

Entwicklungshelfer: Kein Honigschlecken 103

Hoi An: Vom Fluß der Geister und Geschäfte 107

Pater Chan Tin: »Demokratie und Menschenrechte
   werden mit Füßen getreten« 112

Kriegsschauplatz: Die Schlucht der verlassenen Seelen 124

Malteser: »Ein Krieg zur Verteidigung der Zivilisation« 133

Ein Hospital: »Wie es hoffentlich Schule machen wird« 146

Vo Suong: »Unser Junge ohne Gesicht« 151

Hue: Die verbotene Stadt 157

Ruinen: Shivas Mehr-Wert aus dem Reisfeld 162

Phu Lac: Nur Wind und Sonne gibt es reichlich 171

Begegnungen: Du findest immer noch den Krieg 177

Ökologie: Der Fortschritt frißt seine Früchte 193

Flucht und politische Verfolgung:
   »Alle anderen sind nun weg« 198

Saigon IV: Wie frau sich einen Job schneidert 211

Ho-Chi-Minh-Stadt: Aufholen, nachholen, überholen 217

Cu Chi: Schüsse am Ende des Tunnels 225

Zeittafel 237

Glossar 245

Vietnam in Zahlen 251

Literaturauswahl 253

Vorwort

Zwei Bomben detonierten ein Dutzend Meter von meinem Bett entfernt in einer Winternacht des Jahres 1972. Ihre Splitter hätten den Schlaf des zwölfjährigen Kindes vielleicht in einen ewigen Schlaf verwandeln können; stören konnten sie ihn nicht. In meinen Schulbüchern dröhnten Gedichte, die auf Gewehrkolben geschrieben worden waren. Jeder Vers traf einen Feind, der Feind war böse und dumm, und zu Onkel Hos Fünf Lehren an die vietnamesischen Kinder, die wir jeden Morgen im Chor sangen, spendete die gesamte fortschrittliche Menschheit Beifall. Der Fall von Saigon war eine Selbstverständlichkeit, der Krieg eine Auszeichnung und ich die Tochter eines auserwählten Volkes, das gelitten und gesiegt hatte, um eine menschenwürdigere Welt aufzubauen.

Der Stolz war kurzlebig, aber wir glaubten an eine lebenslange Garantie. Nach drei Monaten ließen die Umerziehungslager erste Zweifel aufkeimen. Nach drei Jahren häufte sich mit den Steinchen in der täglichen Schale Reis die Enttäuschung. Nach fünf Jahren versank ein beträchtliches Guthaben an nationalem Stolz mit Hunderttausenden *boat people* im Meer. Der gewonnene Krieg sprach alles immer wieder frei.

Aus der Sicht der Vergangenheit erscheint jedes gegenwärtige Leid gering, jedes Unrecht kaum der Rede wert. Ein Menschenleben im Frieden ist nichts gegen die Massaker des Krieges. Die Vergangenheit soll nicht bewältigt werden. Und wehe der Zukunft, wenn sie es wagen sollte, einen anderen Maßstab anzulegen. Selbst wenn Vietnam diese seine spezielle Vergangenheit nicht genügend pflegen sollte, andere werden es bestimmt daran erinnern. Heute, mehr als ein Vierteljahrhundert danach, ist die Welt anderswo vielleicht menschenwürdiger geworden – mein auserwähltes Volk schreitet weiter einsam und unerschütterlich in Armut, Korruption und Unterdrückung voran.

Nichts ist zynischer als die Legitimation durch einen Krieg. Aus meinen bisherigen Büchern war der Krieg verbannt, nicht einmal jene zwei Bomben kamen darin vor. Trotzig beharrte ich darauf, daß mein Land mehr zu bieten hat als nur diesen Krieg und dessen vergiftete Frucht, den Frieden. Ich war wie jemand, der voller Entrüstung sagt: Beim Himmel, wir haben mehr als runde, spitze

Strohhüte und unsere berühmte *Pho*-Suppe. Doch was wir vorzuweisen haben, mehr als alles andere vorzuweisen haben, das ist eben unser trauriges und bequemes Markenzeichen Krieg. Ich habe wieder begonnen, Bücher über den Krieg und Vietnam zu lesen.

Die Autoren dieses Buchs begegnen meinem Land mit ihrer eigenen Vergangenheit. Ihr Krieg war ein anderer. Ich bin ihnen dankbar für ihre Freundschaft, denn dieses Vietnam, das seine eigenen Kinder nicht schont, macht es seinen Freunden oft schwer genug.

Pham Thi Hoai

Am Hoan-Kiem-See in Hanoi

Historische Kopfbedeckungen in einem nordvietnamesischen Dorf

Das Land der offenen Hände

Seit der ersten Auflage unseres Versuches, Vietnam in seinem Umbruchsprozess darzustellen, sind fast fünf Jahre vergangen. Vieles von der damals weithin zu spürenden Aufbruchsstimmung ist verflogen. Die Widersprüche eines politischen Systems, das sich schwertut auf dem Wege zur demokratischen Öffnung, sind noch deutlicher geworden. Wir sind seither erneut auf die Spurensuche der Veränderungen gegangen, haben bei Gesprächspartnern von damals nachgefragt, haben Texte für die Taschenbuchausgabe überarbeitet und aktualisiert in einer historischen Phase Vietnams, da die »roten Kapitalisten« noch immer den Fortschritt proben.

Auch Ho Chi Minh hatte sich eine klassenlose Gesellschaft wohl anders vorgestellt. Vor Ticketschaltern, in Hotels, beim Buchen eines Fluges mit Vietnam Airlines oder beim Lösen einer Eisenbahnfahrkarte wird man stets an seine Herkunft erinnert und dementsprechend zur Kasse gebeten. Offiziell und inoffiziell gelten drei Preise in steigender Wertigkeit, je nachdem, ob der Kunde ein ortsansässiger Vietnamese, ein auf Besuch weilender Auslands-Vietnamese oder ein Tourist oder sonstwie erkennbarer Ausländer ist. Der US-Dollar ist ohnehin überall im Land die akzeptierte und begehrte Zweitwährung neben dem Dong. »The invisible hand«, wie das spöttisch heißt, die unsichtbare Hand wird allerorten aufgehalten im heutigen Vietnam.

Mit den Idealen des Staatsgründers Ho Chi Minh hat diese Art von Öffnung kaum etwas gemein. Sein Porträt nebst sozialistischen Parolen ist allgegenwärtig. Auf Denkmalssockeln steht die hagere Revolutionsgestalt an ungezählten Plätzen. Das jeweilige Ho-Chi-Minh-Museum gehört als mehr oder weniger bombastisches Gebäude zur städtischen Grundausstattung. Aber das alles wirkt wie eine Pflichtübung weit weg vom Alltag Vietnams. Onkel Ho als rührendes und verstaubtes Überbleibsel aus Kampf- und Kriegszeiten.

Harsche Kritik kommt aus den eigenen Reihen der Partei. Ein Mann wie General Tran Do sieht die einstigen Ideale verraten und verkauft. Der hochdekorierte Kämpfer für ein neues Vietnam, nun in den Siebzigern, äußerte sich in offenen Briefen zutiefst enttäuscht über die Entwicklung. Die Gesellschaft Vietnams habe nach opferreichen Kriegen die Unabhängigkeit errungen, ihre Bürger aber könnten sich noch immer keiner Freiheit erfreuen. Die Partei und das Volk, ehedem eins und im Widerstand vereint, seien gespalten. Der General wörtlich: »Die Partei ist eine Elite-Gruppe geworden, die sich als Herrscher über das Volk erhebt.« Der pensionierte Alt-Kommunist legt die Finger auf die Wunden des heutigen Vietnams. Es ist der sich seit Jahren zuspitzende Konflikt zwischen Plan- und Marktwirtschaft, zwischen Marx und Money. Der General hatte die Forderung der Bauern seiner Heimatprovinz Thai Binh in Nord-Vietnam nach Bestrafung korrupter Kader und nach besseren Preisen für ihre landwirtschaftlichen Produkte unterstützt. Kennzeichnend für das Machtverhältnis der kommunistischen Nomenklatura ist deren Reaktion auf einen Kritiker wie General Tran Do. Im Januar 1999 wurde er aus der Partei ausgeschlossen.

Mit Argusaugen verfolgen die Hierarchen in Partei und Staatsapparat die Kontakte desillusionierter Parteikader zu den unzufriedenen Menschen an der Basis, die durch die weiten Maschen des »wilden Kapitalismus« fallen. Viele benachteiligte Vietnamesen greifen inzwischen zur Selbsthilfe, die von der Führung nicht zu verhindern ist und geduldet wird, solange sie keine politischen Formen annimmt. Andere wenden sich enttäuscht von der Partei ab und suchen Zuflucht in Pagoden, Tempeln und Kirchen. Religiosität erlebt einen neuen unerwarteten Aufschwung.

Durch hartnäckigen Druck internationaler Menschenrechtsorganisationen und zur Förderung ihres Ansehens im Ausland hat die Führung einige Kritiker und Dissidenten, Schriftsteller und Journalisten aus der Haft entlassen, sie jedoch ausgebürgert oder unter Hausarrest und polizeiliche Überwachung gestellt und ihnen das Recht auf Veröffentlichung und freie Berufsausübung abgesprochen.

Mit Verzögerung, aber unaufhaltsam war auch Vietnam von der Asienkrise erfasst worden. Weil das Land keine Börse hat, war Vietnam nicht unmittelbar von den Finanzspekulationen betroffen, die die Währungen Thailands, Indonesiens und anderer asiatischer Staaten erschütterten. Und weil die wirtschaftliche Entwicklung ohnehin noch nicht das Niveau der Nachbarn erreicht hatte, blieben die Verluste anfangs relativ gering. Doch nun schlagen die Probleme der anderen voll auch auf Vietnam durch.

In den vergangenen Jahren sind die Auslandsinvestitionen um die Hälfte zurückgegangen. 70 Prozent der bisherigen Investitionen stammten von asiatischen Ländern, mit denen Vietnam 60 Prozent seines Außenhandels abwickelte. Nun werden Projekte storniert, gestrichen, auf einen längeren Zeitraum gestreckt. Die steigende Arbeitslosenrate ist eine der direkten Auswirkungen. Offiziell wird sie mit sieben Prozent angegeben; mit den vielfältigen Abstufungen von Arbeitsmangel bis Arbeitslosigkeit ist der Prozentsatz indes um ein Vielfaches höher.

Der flüchtige Augenschein allerdings spricht gegen die Verarmung. Das Heer der Honda-Fahrer, der Motorradbesitzer, schiebt sich durch die Straßen der Städte mit immer mehr Lärm und Abgasen. Besonders auffällig zu beobachten in Ho Chi Minh City, das zur Abkürzung HCMC verkam und mit seinem ursprünglichen Namen Saigon populär geblieben ist. Da sind die Restaurants überfüllt. Das Warenangebot der Boutiquen hat internationalen Standard. Hotels und Bürohochhäuser wachsen in den Himmel, als müßten sie Singapur und Hongkong Konkurrenz machen. Asienkrise? Wo?

Erst bei genauerem Hinsehen zeigt sich das Dilemma. Kühne Bauten blieben unvollendet, weil den Investoren das Geld ausging. Baustellen sind verwaist, halbfertige Gebäude verrotten. Längst gibt es Überkapazitäten an Büros und Hotelzimmern. Ganze Etagen sind unvermietet. Derweil werden Repräsentanten der Weltfirmen wie Siemens und Thyssen nicht müde, die Zukunft des vietnamesischen Marktes zu preisen und ihre Bereitschaft zu verkünden, auch und gerade in schwierigen Zeiten präsent zu bleiben, um am künftigen Boom beteiligt zu sein. Die westlichen Firmen haben an der vietnamesischen Wirtschaft einen eher marginalen Anteil, aber das, was zwischen den Zeilen der offiziellen Statements in den Chef-Etagen an Beschwerde anklingt, kennzeichnet das Arbeits- und Investitionsklima Vietnams.

Gebetsmühlenartig wird da seit Jahren die schleppende Bearbeitung von Projekten beklagt und die Ineffizienz des Behördenapparates benannt. Marx und Money kommen sich da immer wieder ins Gehege, wenn an Planwirtschaft gewöhnte Kader über privatwirtschaftliche Vorhaben zu entscheiden haben. *On the record* nimmt selten mal ein ausländischer Geschäftsmann das Wort Korruption in den Mund. *Off the record* ist es der unverblümt ausgesprochene Schlüsselbegriff, mit dem letztlich alle Schwierigkeiten überwunden werden können. Das Geld hat immer Recht. Ein prominenter Kritiker aus katholischen Kirchenkreisen, Pater Chan Tin in Saigon, nennt die Parteigewaltigen »rote Kapitalisten« und fügt als Unterschied zu den Kapitalisten anderer Länder an, »die arbeiten wenigstens selbst mit, während die KP-Funktionäre dies anderen überlassen«.

Doch Vietnams Probleme reichen tiefer. Ein Mann wie Dr. Nguyen Ngoc Bich verkörpert sie in seiner Person und seinem Tun. Der an der US-amerikanischen Harvard-Universität ausgebildete Jurist und angesehene Rechtsanwalt aus Saigon war wegen seiner sogenannten »Westkontakte« von 1975 bis 1988 im Umerziehungslager mit Einzelhaft und Gehirnwäsche. Heute arbeitet er als Rechtsberater eines Unternehmens, das Investoren vor allem aus westlichen Ländern bei Kontakten und Verträgen juristischen Beistand leistet. »Wofür ich 1975 inhaftiert wurde, dafür werde ich jetzt gut bezahlt«, beschreibt er seine Lebenssituation. Sein Büro ist nun in einem der neuen Hochhäuser Saigons zu finden, die mit Stahl und Beton den fragwürdigen Fortschritt symbolisieren. Die Fassade habe sich verändert seit unserem vorigen Besuch, so sagt Dr. Nguyen Ngoc Bich lächelnd, nicht jedoch die Mentalität, nicht das politische System. Aus dem offiziellen Sprachgebrauch seien Vokabeln wie »Imperialist« verschwunden, das Mißtrauen gegenüber dem westlichen Ausland sei aber noch immer tief verwurzelt.

Der Mann des Business referiert sachlich und emotionslos über die Folgen der »Doi-Moi«-Politik, mit der Ende der achtziger Jahre die vietnamesische Regierung nach dem Zusammenbruch des Ostblocks und dessen Wirtschaftsverbund den politischen Spagat versuchte: nämlich sich ökonomisch der freien Marktwirtschaft zu öffnen und politisch im alten Stil des Überwachungsstaates weiterzumachen. Die Zuwachsraten des ersten Jahrzehnts dieser Politik seien auf Kosten der nächsten Generation erwirtschaftet worden. Von einer gesunden Entwicklung könne keine Rede sein, so die Bilanz des Wirtschaftsfachmannes. Einerseits Raubbau an der Natur, Ausverkauf der Bodenschätze wie Erdöl und Kohle, extensiver Reisanbau im Mekong-Delta als Devisenbringer. Andererseits immer weniger staatliche Gelder für das Bildungs- und Gesundheitswesen, für Verwaltung und Forschung. Das sind Eckdaten einer Entwicklung, deren Preis künftigen Generationen aufgebürdet werde.

Die dreißig Jahre andauernden Kriege – welche Ironie der Geschichte – haben die natürlichen Ressourcen am Mekong und den Biotop Mekong selbst vor der Plünderung bewahrt. Jetzt wird die Region mit der Devise »Schlachtfelder Indochinas zu Marktplätzen entwickeln« in atemberaubendem Tempo ausgebeutet. In Vietnam und den anderen fünf Anrainerstaaten werden hydroelektrische Mega-Staudämme im Hauptstrom und an seinen Nebenflüssen gebaut. Mit massivem Holzeinschlag wird der Waldbestand in Vietnam, Kambodscha und Laos ruiniert.

Die Folgen sind Flutkatastrophen in der Regenzeit und Dürren in der Trockenzeit sowie irreparable Schäden der Lebensgrundlagen in der dichtbevölkerten Mekong-Region. Noch 1960, vor Beginn des zweiten Indochinakrieges gegen die USA, war das Einzugsgebiet des Mekong von Yünnan in Südchina bis zum Delta in Südvietnam von der eineinhalbfachen Größe Deutschlands zu 60 Prozent mit dichten Wäldern bewachsen. Im Jahre 2000 sind es nicht mal mehr 25 Prozent.

Die nationalen Wirtschaftsplaner, regionale Finanzinstitute und internationale Investoren setzen ungebrochen und weithin unangefochten auf Wirtschaftswachstum mit hohem Verbrauch natürlicher Ressourcen und Energie ohne Rücksicht auf soziale und ökologische Auswirkungen. Diese Probleme werden in keinem der staatlich gegängelten Medien Vietnams öffentlich diskutiert, sondern in traditioneller Weise unter den Teppich gekehrt. Es gibt keine Gewerkschaften, die Ärgernisse und Ungerechtigkeiten der Arbeitswelt anprangern könnten. Aber die erwähnten Bauernunruhen im Norden Vietnams signalisieren Unmut auf der Grasnarbe ganz unten; Unmut, der in den Führungsetagen ganz oben die Alarmglocken hat schrillen lassen.

Vietnam hat vor mehr als einem Vierteljahrhundert den Krieg gewonnen und tut sich seither schwer mit dem Frieden. Auffallend die vielen Losverkäufer in den Straßen als Fußvolk der Armut und Hoffnungsträger der kleinen Leute, die von der Lotterie das große Glück erhoffen. Daneben die Bettler, deren Zahl im Jahresabstand deutlich zugenommen hat. Deren offene Hände sind keineswegs unsichtbar.

Köln, im Frühjahr 2001

Heinz Kotte und Rüdiger Siebert

Eine Spurensuche

Vietnam? – Das ist eine Frage des Lebensalters.

Vietnam? – Die Beziehung zu diesem Land hat viel mit dem eigenen Geburtsdatum zu tun. Eine ganze Generation wurde durch den Vietnamkrieg der sechziger und siebziger Jahre in ihrem Weltbild geprägt. Es wirkt und währt bei jenen 68ern weiter fort bis in die Gegenwart und setzt jede neuerliche Begegnung und Beschäftigung mit Vietnam in bezug zur eigenen Biographie. So wie der Krieg eine Provokation war, sich mit Vietnam auseinanderzusetzen und den eigenen politischen Standort zu definieren, zu verteidigen, in Frage zu stellen, so ist nun der Frieden in Vietnam eine neue Herausforderung.

Wer indes nach '68 geboren wurde, kann sich Land und Leuten heutzutage unbefangen nähern. Es gilt, eine der spannendsten Regionen Asiens zu entdecken, Zeugnisse großer Kulturen zu verstehen, Landschaften von atemberaubender Schönheit zu durchstreifen und Menschen zu treffen, die nach Jahrzehnten der Bevormundung die neue Offenheit des Gedankenaustauschs zu schätzen wissen. Es gilt, rasanten Veränderungen nachzuspüren.

In Vietnam hat eine neue Zeit begonnen. Noch wehen die Fahnen mit Hammer und Sichel; und vermutlich wird dieses Rot auch in absehbarer Zeit die Machtverhältnisse bestimmen. Doch der Wandel von Marx zu Money ist in vollem Gange. Mit Honda und Handy läßt sich das Land mit fast 80 Millionen Menschen auf Marktwirtschaft ein. Hat Vietnam den Krieg gewonnen und verliert nun den Frieden? Sind Coca-Cola und McDonald's letztlich doch die Sieger im Kampf um Südostasien? Kein anderes Land war so spektakulär in den Ost-West-Konflikt geraten wie dieses. Kein anderes löste im Westen so viel an Emotion und ideologischer Auseinandersetzung aus. Zwei Jahrzehnte nach dem Ende des Krieges und wenige Jahre nach dem Zusammenbruch der sozialistischen Regime im Ostblock und dem Verlust seiner engsten Verbündeten befindet sich Vietnam im Prozeß fundamentaler Neuorientierung. Ein Weg voller Widersprüche.

Die freilich fallen dem besonders auf, der die Entwicklung Vietnams seit Jahrzehnten intensiv verfolgt hat und persönlich für

Jahre vor Ort war, als die Menschen in Vietnam unter den Einwirkungen des ihnen aufgezwungenen Krieges zu leiden hatten.

Der eine von uns, Heinz Kotte, war von 1968 bis 1974 in Da Nang und Saigon in der humanitären Hilfe tätig und hat den Zynismus der Kriegführung im Namen der Freiheit erlebt. Mehr als zwei Jahrzehnte später wird das Wiedersehen mit Vietnam für ihn zur bewegenden Konfrontation mit der eigenen Vergangenheit. Für Rüdiger Siebert, der sich seit drei Jahrzehnten vor allem mit der Entwicklung des insularen Südostasien beschäftigt, war es die erste Reise in die Region, die einstmals Indochina genannt wurde. Seither folgten weitere, vertiefende Reisen auch nach Vietnam.

Gemeinsam sind wir auf Spurensuche gegangen und haben die immer wieder packende Frage gestellt: Was war damals, was ist heute, wohin geht Vietnam? Im Wir der Berichte, Reportagen, Geschichten, Portraits und der politischen Analyse wird auf den folgenden Seiten eine Bestandsaufnahme versucht. Das rückblickende Ich ist Heinz Kotte mit der unauslöschlichen Beziehung prägender Jahre in Vietnam. Es ist auch das Wiedersehen mit Menschen, die damals für eine bessere, friedlichere, menschlichere Zukunft kämpften und heute Rede und Antwort stehen, was aus den Idealen von gestern geworden ist.

Ohne die Hilfe vieler Menschen wäre die Reise nicht möglich gewesen. Herzlich Dank zu sagen ist Dr. Nguyen Te The, dem Repräsentanten des Kinderhilfswerkes *terre des hommes* in Vietnam; ebenso den Mitarbeiterinnen und Mitarbeitern, die in der Osnabrücker Zentrale von *terre des hommes* die Verbindungen knüpfen halfen. Bei der Vorbereitung leistete Nguyen Xuan Tho, ein in Köln lebender vietnamesischer Medienfachmann, hilfreiche Dienste. Ebenso trug Dr. Jörg Wischermann, wissenschaftlicher Assistent an der Freien Universität Berlin, zum besseren Verständnis der vietnamesischen Entwicklung bei. Unterwegs gaben die Beauftragten des Deutschen Entwicklungsdienstes in Laos und Vietnam, Dr. Gottfried Wirz und Peter Röhrig, Anregungen und Hilfestellung. Die Autoren danken auch der Heinrich-Böll-Stiftung und der Deutschen Welle in Köln. Sie alle waren beteiligt, das neue Vietnam zu vermitteln. Die Schlüsse, die möglichen Trug- und Fehlschlüsse, haben indes allein die Autoren zu verantworten.

Werte und Maßstäbe? Die letzten Bilder Vietnams kurz vor dem Rückflug flimmern über den Schirm des Fernsehapparates in der

Wartehalle des Airports von Ho-Chi-Minh-Stadt. Eine Orgie der Eleganz. Perfekt als Show in Szene gesetzt. Eine Huldigung an die Konsumgesellschaft und deren zahlungskräftige Elite. Nein, das sind keine Einblendungen von CNN. Das staatliche Fernsehen Vietnams strahlt solche Verlockungen aus. Wallende Gewänder in verschwenderischem Farbdekor. Gelb, Grün und Blau leuchten auf – Rot ist nicht dabei. Sicher nur ein Zufall in diesem Land, das Sozialistische Republik Vietnam heißt.

Köln, im Frühjahr 1997

Heinz Kotte und Rüdiger Siebert

»Es gibt nichts, was schöner und herrlicher ist als Unabhängigkeit und Freiheit.«
Ho Chi Minh

»Die Tatsache, daß systematisch Verbrechen gegen die Menschheit, derer sich die Vereinigten Staaten schuldig gemacht haben, gegen die fundamentalen Rechte des vietnamesische Volkes und seines Willens zu Einheit und Frieden begangen wurden, stellt ein Grundelement des Verbrechens der Aggression dar, des höchsten Verbrechens, das nach dem Urteil von Nürnberg alle anderen einschließt.«
Aus dem Urteil des Russel-Tribunals, 10. Mai 1967 in Stockholm

»... haben uns geirrt, schrecklich geirrt.«
Robert S. McNamara, von 1960 bis 1968 US-Verteidigungsminister, 1995 rückblickend in seinen Memoiren: »Menschen können sich irren. Ich gebe mit schmerzhafter Offenheit und schweren Herzens zu, daß dieser Gemeinplatz, bezogen auf Vietnam, auch auf mich und die amerikanische Führungselite meiner Generation zutrifft.«

»Wir können die Vergangenheit nicht ändern. Was wir aber ändern können, ist die Zukunft.«
Bill Clinton, Präsident der USA, anläßlich seines Besuches in Vietnam im November 2000

Prolog: Wie sich die Schrecken gleichen

Welch ein Ton!
 Unermüdlich fiedelt der blinde Spieler, der am Rande des langen, gepflasterten Wegs nach Angkor Vat hockt. Die nackten Knie berühren die steinern-harten Bodenplatten, der Körper lastet auf den seitwärts gebogenen Zehen. Der alte Mann ist in sich gekehrt. Ein Bauerngesicht, von Wetter und Entbehrung gegerbt. Der Mund verschlossen. Die toten Augen ein dünner Strich im gefurchten Antlitz, das unbewegt bleibt von Stunde zu Stunde. Es ist, als sei er bereits tot, der Mann, der die Welt um sich herum nicht sieht und nur noch die Welt tief in sich wahrzunehmen scheint. Aus diesem Jenseits tönt der Klagelaut seiner Musik. Die knorrigen Finger der Rechten führen einen Stecken, den Hanffäden zum kurzen Bogen spannen. Daumen und Finger der Linken umklammern den langen, hochaufragenden Holzsteg mit zwei Saiten aus Draht, deren Resonanzkörper, eine mit Leder bespannte halbe Kokosnuß, in seinem Schoß ruht. Cot Tro nennt man in Kambodscha dieses Streichinstrument, das überall in Südostasien unter wechselnden Namen gespielt wird.
 Die Stichgeige in den Händen des blinden Alten von Angkor Vat ist schmucklos, abgegriffen, ein Gebrauchsgegenstand. Die klobigen Hände halten die Cot Tro so fest, als sei sie mit dem Mann verwachsen, der nur noch in seinen Armen, in seinen Fingern lebt. Der Bogen streicht rhythmisch gegen die Saiten, hin- und hergeschwungen wie eine Säge. Die Melodie wiederholt sich, getragen von unendlicher Traurigkeit. Kein Jubel, kein Triller der Lebensfreude. Immer wieder diese Folge von Mollklängen, die eine endlose Geschichte von Leben und Vergehen erzählen, getragen von Schmerz und enttäuschten Hoffnungen. Leidenschaftslos entlockt der blinde Alte seiner Cot Tro die uralte Monotonie von Stirb und Werde – und es ist, als erfülle er an diesem Orte eine von Schicksal und Karma auferlegte Pflicht. Der Wind nimmt die Ballade ohne Worte weithin mit, derweil der rote Plastikbecher neben dem Musikanten die Scheidemünzen der Besucher aufnimmt.
 Welch ein Bild!
 Im Hintergrund die fünf Türme von Angkor Vat. Majestätisch erhebt sich die Tempelanlage über Zeit und Raum. In Stein er-

starrte Größe aus vergangener Epoche, da das Reich der Khmer in Südostasien stark und mächtig war und auch Gebiete beherrschte, die heute zu Laos und Vietnam gehören. Symbolträchtig wird nun die markante Silhouette von Angkor Vat als Motiv staatlicher Einheit in der Nationalflagge des geschrumpften und geschundenen Kambodscha ebenso in Ehren gehalten wie auf den Geldscheinen.

Vor diesem Wunderwerk sakraler Baukunst zum höheren Ruhme irdischer Macht, die längst zerstob in alle Winde, steht ein Krüppel. Um die dreißig ist er alt oder jung, ein Opfer jener mörderischen Kämpfe um Pfründe, Ideologie und vermeintliches Lebensglück, das Fanatiker ihren Mitmenschen aufzuzwingen und aufzubomben belieben im Zeichen einer Idee, die tödlich wirkt oder zumindest Körper und Geist ruiniert. Einbeinig steht er da, der Mann von Angkor Vat. Die oben zusammengebundene Hose verbirgt den Stumpf des fehlenden linken Beines. Eine einfache Holzkrücke muß das Glied ersetzen, keine Prothese ist dem Mann gegönnt.

Er lächelt scheu und bietet Touristen schwarzweiße Bilder der Reliefs von Angkor Vat an, Papierabzüge heiterer Szenen der Tänze und des prunkvollen höfischen Lebens versunkener Tage. Schwebende Vollkommenheit im Namen gottgleicher Könige. Das grauenvolle Getümmel von Schrecken, Schmerz und Schinderei hat der Invalide nicht im Angebot, der selbst stumme Kunde gibt vom unaufhörlichen Leiden in der Region.

Die Visionen des Horrors muß der Besucher selbst herausfinden. Hinter dem Lächeln tut sich der satanische Abgrund auf: vor fast einem Jahrtausend in den Stein gebannt und aktuell geblieben auf erschreckende Weise. Die Geschichte von den Mächtigen und Ohnmächtigen. Krieg. Immer wieder Krieg. Gefangene werden von Schergen vorangetrieben, am Hals zusammengebunden; wer strauchelt, zieht den Leidensgenossen mit zu Boden. Der Wald ist dicht und menschenfeindlich. Dornige Bäume zerfetzen die Haut. Schlangen beißen zu. Löwen zerfleischen ihre Opfer, die Menschen waren, ehe Teufel in Menschengestalt die Marter begannen. Qualen ohne Ende. Scheiterhaufen lodern auf. Pfähle werden in Münder getrieben. Auf Tischen werden die Delinquenten festgehalten, damit ihnen bei lebendigem Leibe die Haut abgeschabt wird. Glühende Zangen reißen Zungen aus. Mit Nägeln gespickte Körper sind in hölzerne Rahmen gespannt. Köpfe und

Leiber hängen nach unten, von Gewichten beschwert. Mit Seilen zusammengeschnürte Männer sind an Bäume gebunden. Flüsse quellen über von Eiter, Blut und Knochen. Bäuche sind ballonartig aufgebläht. Prügel, Schläge, Tritte.

45 fortlaufende Meter wird gefoltert, massakriert, getötet; zwei Meter hoch. An der Südgalerie im Ostflügel von Angkor Vat wird keine Tortur, die Menschen anderen Menschen zufügen können, ausgelassen. Im oberen Bereich der Reliefs sind die friedlich-stilisierten Szenen des Himmels dargestellt. Gott Yama im Mittelpunkt, Gott des Todes und der Unsterblichkeit, der Herrscher im Himmel und in der Hölle. Deren Details verblüffen. Nichts ist nur Allegorie und Andeutung.

Das Panorama der Vernichtung präsentiert sich dem Betrachter wie eine Dokumentation von *amnesty international* zu Folter und Unterdrückung.

Angkor Vat, der berühmteste Bau des weitläufigen Tempelfeldes, wurde in der ersten Hälfte des 12. Jahrhunderts errichtet, als König Suryavarman II. regierte. Die Steinmetze, die ihm die Hölle illustrierten als Androhung der Strafen für Abtrünnige, Zweifelnde, Feinde, Aufbegehrende im großen Reiche, haben sich die Methoden und Werkzeuge der Quälerei nicht ausgedacht: Die Handwerker haben abgebildet, was üblich war zu jener Zeit an Technik des Tötens. Sprachlos steht der Besucher so viele Jahrhunderte danach und sieht auf unheimliche Weise vertraute, gegenwärtige Bilder. Die Geschichtsbücher sind voll davon. Die Fotobände der jüngsten Vietnamkriege I und II reihen solche Momentaufnahmen des Schreckens in fataler Dichte aneinander.

Wie sich die Bilder gleichen!

Bis vor einigen Jahren hieß das einschlägige Museum in Ho-Chi-Minh-Stadt noch das »Museum der amerikanischen Kriegsverbrechen«; dann wurde es mit Rücksicht auf devisenbringende Touristen, die aus den USA im besonderen, die geographisch wie politisch so eindeutige Zuordnung reduziert und firmiert nur noch als »Museum der Kriegsverbrechen«. An dem dargestellten Greuel ändert dies nichts. Die Ähnlichkeit mit dem Inferno von Angkor Vat ist frappierend und schockierend. Die vorangeprügelte Gruppe gefangener Vietcong, deren Hälse miteinander verbunden sind mit sich gegenseitig zuziehenden Schlingen, ist bis in

Einzelheiten bereits im Höllenrelief der Angkor-Bildhauer zu sehen. Die Welt und die Unterwelt sind eins.

Die Folterszenen der Relief-Hölle finden ihre makabre Entsprechung in den Dokumenten der Pol-Pot-Genossen, die in einer ehemaligen Schule wüteten. Toul Sleng heißt der Ort der Grausamkeit, inmitten eines Wohnviertels von Phnom Penh gelegen. Heute eine Gedenkstätte. Im Hof steht ein Galgengerüst, das auf erstaunliche Weise dem Marterinstrument nachgebaut sein könnte, das sich schon die Menschenschinder der Khmer-Könige haben einfallen lassen. Die Zeichnungen der sorgsam ausgetüftelten Arten, Menschen zu quälen, wie sie an den Wänden von Toul Sleng im ehemaligen Klassenzimmer hängen, haben eine ebensolche genaue Ähnlichkeit mit den Angkor-Vorbildern, die daran gemahnt, daß das einzig funktionierende Kontinuum der Menschheit die gegenseitige Vernichtung ist. In den Schulräumen von Toul Sleng wurden die tatsächlichen Gegner der Roten Khmer oder auch nur die zufällig in die gewaltige Denunziationsmaschinerie des Regimes geratenen Opfer zu Tode gemartert. Fortschritt und Unterschied zu den Höllenqualen der historischen Königreiche: Pol Pots Folterer gingen mit bürokratischer Genauigkeit vor. Zu Tausenden sind die Paßfotos der Opfer an den Wänden zusammengefaßt. Männer, Frauen jeglichen Alters, Mütter mit Kindern, Kleinkinder. Ein Panorama des Grauens. In jedem Blick die unausgesprochene Frage: warum? Es ist die Frage, in der das Leid all der Menschen steckt, die blind und einbeinig und mit zerrissener Seele die Kriege überlebt haben.

Und noch ein Bild! Und noch ein Ton!

Durch das Fenster eines der ehemaligen Klassenzimmer, die zu Folterkerkern gemacht wurden, fällt der Blick auf die hinter dem Stacheldraht vorbeiführende Straße. Spielende Kinder sind zu sehen. Deren Lachen dringt hinein in die bedrückende Kargheit des Raumes, auf dessen Fußboden noch die rostigen Schreckenswerkzeuge liegen. Fröhlich klingt das Lachen, als sei nichts gewesen, heiter und ausgelassen, als könne diesen Kindern nichts Böses widerfahren. Auf der Straße geht eine hochschwangere Frau vorbei, einen kleinen Jungen am Arm.

Hanoi: Denkmal mit Kindern

Wo bleibt das Friedfertige? Hat das aufbauende Miteinander in der Region überhaupt eine Chance und Zukunft, wo doch der Friede hier nie von langer Dauer oder gar fertig im Sinne von vollendet war. Sogar über dem bezaubernden kleinen See von Hoan Kiem mitten im alten Hanoi schwebt die Legende einer Wunderwaffe im unheilvollen Zwist der zänkischen, auf Vormacht besessenen Nachbarn. Ins 15. Jahrhundert reicht die kriegerische Geschichte zurück, die jedes vietnamesische Kind vom populären Nationalhelden Le Loi kennt. Bevor der nämlich als historische Figur die chinesische Bevormundung brechen und die Besatzer aus dem Norden vertreiben konnte und schließlich als Kaiser und Begründer der Le-Dynastie seinen Platz in der Ahnengalerie des Staates Vietnam errang, wurde ihm göttliche Hilfe zuteil – so die volkstümliche Überlieferung.

Der Mann stammte von einer wohlhabenden Familie der Provinz Thanh Hoa ab, organisierte mit breiter Unterstützung im Volk den Widerstand gegen die Chinesen und galt als integer. Bei einer Bootsfahrt auf dem Hoan Kiem ließ ihm der Wassergott Lac Long Quan ein Schwert zukommen, mit dem er die verhaßte Fremdherrschaft beenden sollte. Es gelang 1428. Das ist historisch gesichert. Mit welcher Waffentechnik tatsächlich, sei dahingestellt. Die Legende weiß jedenfalls zu berichten, daß der nun zu Kaiserwürden gelangte Le Loi bei einer neuerlichen Bootspartie von einer Schildkröte aufgehalten wurde, die im Auftrag des Wassergottes das Schwert des Sieges zurückverlangte: »Du brauchst das Geschenk des Himmels nun nicht mehr«, so sagte das amphibische Tier, »denn es herrschen wieder Friede und Ordnung im Lande.« Nur von kurzer Dauer freilich, bleibt anzufügen.

Das friedenstiftende Schwert blieb leider nicht im Besitz der vietnamesischen Herrscher. Im immer wieder aufflammenden Streit mit den Nachbarn nutzten schließlich die Franzosen die Schwäche der verfeindeten südostasiatischen Länder, und in uralt bewährter Kolonialmanier trieben sie ihren Keil des *divide et impera* zwischen die zerstrittenen Brüder. Die Intervention der Amerikaner ließ dann den Namen Vietnam für alle Zeiten gleichbedeutend mit Kriegsschauplatz werden; blutgetränkter Nährboden für Heroen. Schon zu Kaiser Le Lois Zeiten schrieb sein Mitkämpfer Nguyen Trai in seinem Werk »Die Große Proklamation« (Binh Ngo Dai Cao): »Wir sind manchmal schwach gewesen und manchmal stark, aber zu keiner Zeit hat es uns an Helden gefehlt.«

Gleich neben dem See Hoan Kiem, dem See des verschwundenen Schwertes, ist den Helden im Schatten alter Bäume ein Denkmal gesetzt. Weiß und bombastisch. Im Stil des sozialistischen Realismus ragen da eine kämpferische Frau auf, das Schwert traditioneller Machart schwingend, ein aufrechter Soldat mit der Fakkel der Unabhängigkeit in der Rechten, ein kniender Arbeiter mit schußbereitem Gewehr. Dem Volk entrückt, posieren die drei auf hohem Sockel, auf dem in schwarzen Lettern zu lesen ist:

>»Cam Tu
>Cho To Quoc
>Quyet Sinh«

Was nicht mehr und nicht weniger heißt als: »Ich bin bereit, für mein Vaterland zu sterben.« Ein eherner Spruch der Todesverachtung, wie er variationsreich überall auf der Welt in Stein gemeißelt wurde und wird, stets mit derselben Aufbietung des einzigen Gutes, das ein Mensch in den engen Grenzen seiner irdischen Jahre nur einmal und unwiederbringlich zu offerieren hat: sein Dasein. Warum steht weder in Hanoi noch sonstwo auf derartigem Denkmal: Ich bin bereit, für mein Vaterland zu leben?

Kinder im heutigen Hanoi sind hemmungslos und erfrischend kreativ in der Nutzung solcher Erbstücke. Sie nehmen das Monument nicht mehr so tödlich ernst wie ihre Altvordern. Kleine Jungen klettern auf den Helden herum. Das Schwert wird zum Turngerät, das gebeugte Bein des Proletariers ein luftiger Sitzplatz, das Schießeisen eine Stange für Klimmzüge. Krakeelend machen die Enkel aus Opas Helden einen Abenteuerspielplatz. Nicht etwa respektlos, sondern einfach in der Unbekümmertheit einer neuen Generation. Sie wurde nicht mehr in Luftschutzkellern geboren und wächst mit Schlagern und Schnulzen auf, nicht mit Sirenengeheul: bereit, fürs Vaterland zu leben. Hoffentlich!

Denkmal mit der Inschrift: »Ich bin bereit, für mein Vaterland zu sterben.«

Die Altstadt von Hanoi:
Der Supermarkt der neuen Möglichkeiten

Am Nachmittag zwischen fünf und sieben explodiert die Altstadt. Es ist, als zwängten sich alle Hondas von Hanoi in jenen Stunden durch die engen Straßen des Viertels, das wie kein anderes für Handel und Feilschen steht. Und Hondas sind zum Inbegriff der neuen Mobilität geworden; die japanischen Motorräder als Gütezeichen stehen für alle anderen Gefährte, die knatternd, stinkend, dröhnend mehr oder minder rasche Beweglichkeit erlauben, seien sie nun in Japan oder anderen asiatischen Ländern gefertigt oder stammen sie noch, nun klapprig und altmodisch, aus dem Suhl der einstigen DDR oder aus der untergegangenen Sowjetunion. Das Honda-Zeitalter hat Hanoi erreicht.

In der Altstadt wird es damit noch enger. Zu Tausenden kommen die Menschen, einzeln, als Paare, als Großfamilie, um zu schauen, zu suchen, zu kaufen. Ba Muoi Sau Pho Phuong – Stadt der 36 Straßen, Geschäfte, Zünfte. Im Labyrinth dieser Gassen mit den zwei- und dreigeschossigen Häusern und den nach vorn offenen Läden ließen sich schon vor Jahrhunderten die Händler und Handwerker nieder. Zwischen Hoang-Kiem-See, der Zitadelle und den Deichen des Roten Flusses richteten sie sich ein und machten jede Gasse zu einer Fachabteilung eines riesigen, höchst spezialisierten Waren- und Dienstleistungszentrums.

Eine Gasse der Schneider, eine der Segelmacher, eine der Reisverkäufer, eine der Schuster, eine der Steinmetze, eine der Nudelköche, eine der Gewürzhändler, eine der Juweliere und so weiter. Marktwirtschaft pur seit Kaisers Zeiten. Der privatorganisierte Kleinhandel überdauerte hier auch die sozialistischen Fehlversuche, alles und jeden in ein geplantes, kommandiertes Korsett zu stecken. Hinter den unscheinbaren, grauen Türen, die damals eher verschlossen als geöffnet waren, gab es immer noch den Kleinkram des Überlebens, den zu beschaffen Kriegswirtschaft und zentrale Organisation nur mangelhaft oder überhaupt nicht bewerkstelligten.

Und nun? Die Altstadt der 36 Straßen ist eine mit allen Waren, die des Käufers Herz begehrt, vollgestopfte, weitverzweigte Wallfahrtsstätte des Konsums geworden. So präsentiert sich das Viertel allen Sinnen. Das Leben für das Vaterland und das ganz auf den eigenen Bauch gerichtete – hier pulsiert es. Kräftig durchblutet von den Beschleunigern des Geschäftemachens, die da heißen: individuelle Initiative, Gewinn und Kaufkraft. Die Menschen, die in Massen strömen, zu Fuß, auf Fahr- und Motorrädern, mit vereinzelten, raumgreifenden Autos, können nur sehr unterschiedlich am Rausch des so lange gebremsten Konsums teilhaben; aber alle sind mitgerissen, mitgeschoben von den Verlockungen für Auge und Geist. Ein gigantisches, lärmendes Kaleidoskop, in dem unablässig Bilder, Gerüche, Eindrücke, Gesichter durcheinandergewirbelt werden. Das bunte, ständig wechselnde Freilichttheater macht es dem Beobachter schwer, Einzelheiten festzuhalten.

Da die elegant gekleidete Geschäftsfrau, die vor einem Goldladen in ihr am Ohre klebendes Handy spricht, als suche sie fernen Beistand, die Turbulenzen ringsherum zu meistern. Vor einem Handschuh-Shop hält ein Familienmoped mit Vater, Mutter, einem Kind auf dem Tank, einem auf dem Schoß der Mutter. Die potentiellen Kunden steigen gar nicht erst ab. Eilfertig flitzt eine junge Verkäuferin herbei und offeriert die gewünschten Sachen. Vater probiert dem Jüngsten vor ihm zwischen Lenkstange und Brust die Handschuhe an. Paßt. OK. Bezahlen. Weiter. Ein quietschendes Cyclo, dessen Fahrer den grünen Tropenhelm trägt, transportiert Zeitungspakete durchs Gewühl; mittels Lautsprecher und Autobatterie auf dem Gepäckträger der Fahrradriksha kündigt der clevere Mann seine gedruckten Neuigkeiten an, gegen die Schlagermusik des Kassetten- und Videoladens mit den Raubkopien amerikanischer Produktionen anbrüllend.

Ein junges Paar schnürt auf dem Rücksitz seines Motorrades die gerade erworbenen Kartons fest. Die Markennamen südkoreanischer Herkunft sind zu erkennen, das Wort Karaoke ist deutlich zu lesen. Ein verkrüppelter Alter, eine fleckige Schiebermütze auf schrumpeligem Kopf, fingert krampfhaft in seiner Hose, drängt sich zum Gassenrand und uriniert halb in der Hocke; eine Szene so harmlos und doch ein Ausdruck kümmerlicher Verzweiflung. Wie der mißgestaltete Mann seinen Penis herauszieht, teilt sich Not und Elend mit. Doch niemand schaut hin. Kindergekreisch. Ein roter Luftballon schwebt ganz langsam und lautlos über das Durcheinander wie ein Traum.

Durch die halbgeöffnete Tür einer Polizeistation mit rotem Schild und offiziellem Stern ist ein Ho-Chi-Minh-Konterfei zu sehen. Ein Augenblick im Vorbeigehen. Wie das Markenzeichen einer anderen Welt wirkt das asketische Gesicht mit dem dünnen, weißen Ziegenbart. Die Mahnung aus dem Halbdunkel obrigkeitsstaatlicher Autorität, Gesetze einzuhalten und sich einschüchtern zu lassen, haftet nicht lange im Gedächtnis. Ein Ladenbesitzer fuchtelt mit langer Bambusstange im Geäst des Baumes vor seinem Haus. Dort hängen Vogelbauer, die heruntergenommen werden für die Nacht. Motorengeknatter. Eine alte Frau mit bäuerlichem Spitzhut trippelt durch die Menge, über die Schultern eine Stange gelegt, an deren Enden mit Schnüren festgebundene Töpfe baumeln.

Heruntergekommene Fassaden, brüchige Wände, die schon seit Jahrzehnten keinen Anstrich mehr erhielten; abbruchreife und farbig restaurierte Häuser nebeneinander, die das Vertrauen ihrer Besitzer in neue Einnahmequellen zur Schau stellen. Manch alter Bau ist abgerissen worden, und nun wächst, sechs-, siebenstöckig und so schmal wie übereinandergestellte Zimmer der Neubau in die Höhe, weiß gestrichen, die Nachbarn kühn und funktional überragend. Die Altstadt erneuert sich. Schon müssen charaktervolle, aber schäbige Geschäftshäuser den Glas- und Betonpalästen postmoderner Nüchternheit weichen. Auch dies ein Stilgemisch, das typisch ist für aufregende Gründerzeiten, da Gelder schneller sprudeln als gestalterische Ideen.

Da die Neonwerbung international bekannter Markenprodukte, für die sich ihre überseeischen Erfinder vietnamesische Namen haben einfallen lassen müssen, weil es die Sprachpuristen der kommunistischen Partei so wollten. Dort an der schäbig-räudigen Hauswand einer etwas ruhigeren Seitengasse der Verkaufsstand einer schmächtigen Frau, die aus grauer Zeit der kargen Rationen übriggeblieben zu sein scheint und doch noch ganz gegenwärtig ist und ungewollt das Zukurzgekommensein vieler Schicksalsgenossen repräsentiert.

Wir lassen uns auf den kleinen Plastikhockern vor ihrem Angebot nieder. Ein alter Korbstuhl mit abgesägten Beinen ist Ladenfläche mit Kaugummipäckchen und geöffneten Zigarettenschachteln. Hier werden die Glimmstengel einzeln verkauft; kleinste Sortierung des Rauchverlangens, in Hanoi wie in anderen Metro-

Hoch hinaus in Hanoi

polen Asiens sicherer Hinweis für das Gegenteil von Kaufkraft, nämlich Kaufschwäche. Die Frau ist um die 40, grau die Züge, verhärmt, unfroh. Ein schmuck- und farbloses Kleid. Die Füße mit Socken aus industrieller Massenfertigung in Plastiksandalen. Sie schenkt uns aus einer Thermoskanne bitteren, grünen Tee in kleine, henkellose Tassen. Kein Lächeln. Besorgnis in der Miene. Sie blickt sich nach dem kleinen Sohn um, der ab und zu auftaucht. Die Frau hat allen Grund zu wachsamem Mißtrauen. Ein solcher Stand ist illegal. Polizisten in froschgrünen Uniformen verscheuchen fliegende Händler. Ein ärgerliches, aber sinnloses Vorgehen. Ein paar Ecken weiter bauen ambulante Verhökerer ihre bescheidenen Waren wieder auf. Die kleine, graue Frau offeriert besonderen Genuß. Eine Bambusröhre als Wasserpfeife steht griffbereit. Mit glimmendem Fidibus wird der Tabak im Näpfchen entzündet. Ein tiefer Zug aus dem hölzernen Gefäß, glucksendes Wasser im Bauch der Pfeife.

Weiter! Alles in Bewegung. Niemand bleibt lange stehen in den Gassen der Altstadt. Eine unbändige Entschlossenheit, an privater Wirtschaft teilzunehmen, bestimmt die Atmosphäre, so, als gelte es, vieles nachzuholen an Versäumtem, Verlorenem, Vertanem.

Ein Greis müht sich ab, die Straße zu überqueren. Den hageren Körper umschlackert ein abgewetztes, schwarzes Mäntelchen, die sorgsam geputzten Schuhe sind löchrig. Die Augen hinter drahtiger Brille irren rechts und links verunsichert angesichts der Hondas in Fünferreihen. Solchen Verkehr ist der Alte offenkundig nicht gewohnt. Auf seiner Brust leuchten zwei rote Orden wie Signale der Vergangenheit. Ein sozialistischer Held? Wer weiß! Alles und jeder wirkt in der Altstadt so flüchtig. Der armselige Pensionär wagt einen Schritt. Eine Honda-Fahrerin bremst. Jugendlich ist sie, elegant. Auf dem Kopf mit langen, wehenden schwarzen Haaren ein freches Strohhütchen mit bunten Blumen, um den Hals einen knallgelben Schal. Modischer Hosenanzug, hochhackige Schuhe. Die Lippen geschminkt. Grüne Handschuhe bis zu den Ellbogen. Die junge Dame strahlt Selbstbewußtsein aus, Frische, Unternehmungsgeist. Das personifizierte neue Vietnam, das das Leben entdeckt. Mit freundlicher Geste läßt sie den Alten passieren. Er stolziert befangen, doch nun gar nicht mehr fähig zum Zurück, durch den Pulk der Fahrzeuge. Die fesche Honda-

Dame gibt Gas. Ein paar Sekunden ist noch das flatternde gelbe Band des Schals zu sehen.

Bauboom: Disneyland der Spekulanten

Hanoi – der Name verband sich in unserer Generation der 68er mit Krieg und Sozialismus; ein Begriff des politischen Standortes, weniger ein Ort der Geographie. Hanoi ließ an Plattenbauweise und Kollektivismus denken, war mit dem Namen Ho Chi Minh und rote Fahnen schwenkenden Mädchen verknüpft. Nun entdeckt der Besucher den aufs neue fein herausgeputzten Charme französischer Villen und gepflegter Alleen. Gerade in der Nachbarschaft des wie ein Säulentempel aufragenden Mausoleums des Partei- und Staatsgründers Ho breitet sich noch immer und frisch gestrichen in neuer Vornehmheit das schattige Viertel der Botschaften, Residenzen und Nobelhäuser aus, das die bürgerliche Eleganz einer französischen Provinzstadt in musealer Vollendung konserviert. Gelb ist die vorherrschende Farbe, das satte kräftige Gelb der Fassaden.

Nostalgie liegt in der Luft. Solche Straßen lassen noch heute etwas ahnen von der kolonialen Bürgerlichkeit der zwanziger Jahre. Die Geister des Onkel Ho waren längst losgelassen, formierten sich, suchten in der Internationalen die Verbindungen auf dem Wege zur nationalen Unabhängigkeit – und die Franzosen bauten Villen in der Illusion, noch lange darin leben zu können. Jeanne d'Arc als importierte Säulenheilige in den kolonialen Kirchen gehörte zur Familie. Zumindest das dereinst mißbrauchte Mädchen aus Domrémy hat in den katholischen Gotteshäusern von Hanoi überdauert.

Nach 1945 wechselten mehrmals die lebenden Bewohner. In der Nachbarschaft der neuen einheimischen Elite aus Politik und Militär siedelten sich Berater unterschiedlicher Absichten, Ideologien und Wirtschaftssysteme an. Russische Experten, chinesische Genossen, Freunde aus dem ehemaligen Ostblock. Nun, nach Kriegen und Bomben, sind auf den Briefkästen und Klingelschildern wieder westliche Namen, Firmen, Institutionen zu lesen, ebenso die Marken der Niederlassungen asiatischer kleiner und großer Tiger. Die Bewohner kamen und gingen – manche Hals über Kopf. Das Ambiente blieb dauerhafter als Krieg und Sozialismus.

Rote Fahnen? Fehlanzeige. Spruchbänder sozialistischer Siegessicherheit? Verschwunden. Es ist, als sei in den Alleen der einstigen Kolonialherren, die so stilprägend waren, eine ganze Epoche weggewischt worden: ein übertünchtes Bild, in dem die alten Farben wieder zum Vorschein kommen. Ausgerechnet in Hanoi! Daß es ehedem mit romantischen Seen und prächtigen Boulevards und erholsamen Parks und stimmungsvollen Gassen als reizvollste Stadt Indochinas galt, kann nach Jahrzehnten unter Hammer und Sichel, kann trotz jener Jahre erneut besichtigt werden.

Veränderungen? Und ob! Autoren von Reiseführern haben es schwer. Rasant werden ihre Tips, Routen und Beschreibungen von der privat- und profitwirtschaftlichen Gestaltungskraft der Erneuerer überholt. Da liest man vom Hanoi-Hilton, dem zentralen Gefängnis zwischen der Hai-Ba-Trung- und der Hoa-Lo-Straße. Abgeschossene amerikanische Piloten wurden hinter seinen Mauern während des zweiten Vietnamkrieges inhaftiert; Regimegegner verschwanden dahinter ebenso wie Kriminelle. Hanoi-Hilton, so der makaber-ironische Spitzname des düsteren Gebäudes, ist ein Ort, an dem sich die jüngere Geschichte lokalisieren läßt. Halt! Hanoi-Hilton *war* ein solcher Ort. Es gibt ihn nicht mehr. Wir sahen nur noch die hohen Mauern, die das Gefängnis einst umgaben.

1899 war es von den Franzosen gebaut worden. Bis zu deren Rausschmiß diente es den weißen Herren dazu, unliebsame Gegner, Feinde, tatsächliche und vermeintliche Verbrecher zu verbannen. »Maison Centrale« nannten die Franzosen das Gefängnis mitten im alten Hanoi und deuteten damit an, daß es nicht nur an prominentem Platz im Stadtbild stand, sondern wohl auch politisch als versteinerter Ausdruck von Macht zu verstehen war. Über dem Haupttor lasen wir noch die zugleich verharmlosende und anmaßende Bezeichnung, das Doppelwort im Halbrund über dem Portalbogen. Und über der Mauer streckten ungezählte Glassplitter, im Zement verankert, ihre bissig-scharfen Ecken und Kanten in die Höhe. Wie viele Champagner-Flaschen mochten dafür wohl zu Bruch gegangen sein? Die Drähte des Elektrozaunes hingen abgerissen heraus. Die jungen Männer in Jeans, die im Halbdunkel des Eingangs mit der schweren hölzernen Tür und den uralten Schlössern ungebetene Gäste abwehrten, hatten keine Gefangenen zu bewachen, sondern eine Baustelle.

Das dreieckige Gefängnis mit nur wenigen Fenstern war bereits abgerissen, die Gefängnismauern hatten die Funktion eines Bauzaunes. »Hanoi Tower Centre Project, Ssang Yong Engineering & Construction Co., Ltd.« vermerkte die Tafel daran, die Kürzel des neuen Aufbruchs. Kräne erigierten sich in filigraner Stahlbauweise himmelwärts. Aus dem Innern der einstigen Haftanstalt wuchsen die gebündelten Stifte der Moniereisen empor, von mit bunten Sicherheitshelmen beschützten Arbeitern immer höher getrieben.

Ein phantastisches Bild, wie sich da gegen den blauen Himmel diese gigantische Industrieplastik des aufstrebenden Hochhauses abhob. Ein symbolträchtiges Monumentalwerk, das nicht der Phantasie eines bildenden Künstlers entsprang, sondern der nüchtern-funktionalen Planung von Investoren, Architekten, Technikern. Das Hanoi-Hilton der neuen Dimension. Wenn dieser Bericht gedruckt zu lesen ist, wird es längst aufragen mit seinem Fortschrittsanspruch der 20 Stockwerke, die die Geschichte des alten »Hilton« in den Schatten stellen. Ein neues »Maison Centrale«, fürwahr – oder »Tower«, wie die Dinger heute heißen.

Gespenstisch wird's in nördlicher Richtung, wo sich der Westsee mit zahlreichen kleineren Gewässern ausbreitet und der Rote Fluß mit Dämmen in seinem Lauf gehalten wird, damit er zur Regenzeit nicht die Stadt überschwemme. Gespenstisch? Wie ist es zu bezeichnen, wenn man das Viertel Quang Ba durchstreift und auf einen Bauboom stößt, der unbewohnte Häuser en masse produziert? Jedes ein Unikum, ein Unikat. Eine Landschaft der Protzvillen besonderer Art. Die Mischung der Bauelemente, der Stile, der architektonischen Zitate ist verblüffend. Sozialistische Zuckerbäckerei, französische Bourgeoisie-Bauweise, ein bißchen Disneyland, ein bißchen Neuschwanstein. Antike Säulen aus Gußbeton, Erker, Türmchen, rote Ziegeldächer, Stahl, Glas, Balkone. Verkrampft und verspielt zugleich. Weiß die meisten Wände, grün manche.

So baut, wer Geld, aber keinen Geschmack hat. Und wer läßt so bauen? Die neue Oberschicht, die Übersee-Chinesen, die hohen Beamten und Funktionäre, die Geld anlegen wollen als Investition in eine Zukunft, von der niemand so recht weiß, ob sie dergestalt gewinnbringend funktionieren wird. Denn die Verblüffung wird perfekt, wenn man sich den Phantasie-Villen nähert und bemerkt, daß die meisten unbewohnt sind. Eine Geisterstadt. Hunderte solcher Häuser stehen da bereits, Hunderte sind im Bau. Kontraktfirmen der asiatischen Nachbarländer arbeiten tagsüber und im Scheinwerferlicht der Nacht, holländische Unternehmer sind beteiligt. Hotels mit luxuriöser Ausstattung werden hochgezogen, in denen das Personal nach Fertigstellung erstaunt reagiert, wenn ein Gast nach einer Bleibe fragt. Wächter machen in bezugsfertigen Nobelhäusern bei Dunkelheit das Licht an, um Innenleben vorzutäuschen. Es riecht geradezu nach Spekulation.

Von Gesamtplan, von überlegter Straßengestaltung keine Spur. Zu mancher Villa führt nur noch ein schmaler Fußpfad, weil ringsherum bereits neue Bauten der gespenstischen Art in die Höhe wuchern. Der Stau künftigen Autoverkehrs ist absehbar, wenn erst einmal die vielen »House-for-rent«-Schilder entfernt sein werden und motorisierte Mieter der solventen Schicht, inländische wie ausländische, nach Mobilität verlangen. Kreuz und quer wird gebaut. Man versperrt sich gegenseitig die Sicht. Verschachtelt steht da Wand an Wand. Es fehlt der innere Zusammenhang; da wird gewuchtet und geschuftet, als könne es morgen bereits zu spät sein. Wo gestern noch eine Müllkippe war, steht heute schon solch ein Traumschloß. Wo eben noch ein Gärtchen grünte, überzieht ein Betonfundament nun die zerstörte kleine Oase der Fruchtbarkeit.

Wenn nach einem Kontrastbild gesucht wird zu Plattenbau und normierten Mietskasernen, die für Tausende von Familien am grünen Tisch geplant wurden, dann ist es in Quang Ba zu finden. Hier ist sich jeder Bauherr selbst der nächste. Erst mal die Wände hochziehen, alles andere wird sich finden – so scheint die Devise zu lauten. Der Übergang von Kommando- zu Privatwirtschaft hat viele Gesichter. Quang Ba ist besonders eindrucksvoll. Die Türmchen, Erker und Balkone der Geisterstadt schimmern in den trüben Gewässern des Westsees wie eine Fata Morgana.

Mausoleum: Onkel Ho in der Vitrine

Wir müssen Kameras und Taschen abgeben und setzen ein ernstes Gesicht auf. Dann der Gänsemarsch in langer Touristenreihe, von strammen Soldaten in braunen Uniformen geführt. Radfahrer strampeln uns auf dem weiten windigen Ba-Dinh-Platz entgegen. Die weißen, duftigen Hosenanzüge der Schulmädchen, die *Ao Dais,* flattern reizvoll und jugendlich heiter über den Platz, auf dem am 2. September 1945 jener Mann die Unabhängigkeit Vietnams proklamiert hatte, dessen vor dem Dahinschwinden bewahrten Überreste wir nun besuchen. 8 000 Dong Eintritt, etwas mehr als eine Mark.

In grausteinerner Masse, irdisch schwer und wie die Altlast einer versunkenen Epoche ragt das Monument auf. Über dem bunkerähnlichen Fundament fensterlos abweisendes Quadergemäuer; je sechs Säulen an vier Seiten tragen das Dach des rechteckigen Riesenblocks mit dem Namen in Großbuchstaben: HO CHI MINH. Mißtrauisch mustern uns die eskortierenden Soldaten, ob unsere Kleidung und die sorgfältig auf Trauer und Bewunderung zurechtgelegte Miene auch dem historischen Gewicht des Ortes entsprechen und wir nicht etwa doch einen Apparat einschmuggelten, der den Gegenstand höchster Verehrung über den Augenschein hinaus in Bild oder Ton aufnehmen könnte. Gemessenen Schrittes rücken wir auf dem roten Plastikläufer vor und schließlich ein in den bombastischen, bombensicheren Koloß.

Zitat aus dem offiziellen Prospekt auf Hochglanzpapier: »Das Mausoleum des Präsidenten Ho Chi Minh ist ein architektonisches Werk von großer politischer und ideologischer Bedeutung, das die tiefempfundenen Gefühle des gesamten vietnamesischen Volkes gegenüber dem verstorbenen Präsidenten ausdrückt, der liebevoll Onkel Ho genannt wird.«

Nach zweijähriger Bauzeit war der Tempel sozialistischer Götterdämmerung am 29. August 1975 eingeweiht worden. An der Wand der Vorhalle prangt mit goldenen Lettern der meistzitierte Spruch des Staatsgründers: »Es gibt nichts, was schöner und herrlicher ist als Unabhängigkeit und Freiheit.« Jahrelang hatte sich der spöttische, an Entbehrungen gewöhnte Volksmund übrigens mit der Kurzfassung des Zitates begnügt: »Es gibt nichts.« Und nun wird im Zeichen der Marktwirtschaft von eben diesem Volksmund wortspielerisch das vietnamesische »Doc Lap« für Unabhängigkeit durch den neuen Wertbegriff »Dollar« ersetzt. OK. Solche Gedanken sind an diesem Ort eigentlich gar nicht erlaubt. Merkt hoffentlich niemand. Schmale, lange Gänge von bedrückender Kahlheit. Treppen. Dann die riesige Innenhalle der Offenbarung.

Eine eisige Atmosphäre der Sterilität. Die Dimensionen des Raumes sind ganz darauf ausgerichtet, den Besucher in seiner bedeutungslosen Nichtigkeit erscheinen zu lassen. Wer bist du, der du der Gnade teilhaftig wirst, in dieses Heiligtum treten zu dürfen, dem Großen, Einmaligen deine Referenz zu erweisen, du Staubkorn der Geschichte. Man duckt sich. Mag sein, daß schon von altägyptischen Tempeln eine ähnliche, von den Erbauern beabsichtigte Wirkung ausstrahlte auf das gemeine, verschüchterte Volk, das doch gar nicht gemein ist und nur von seinen Oberen gemein gemacht wird. Hehre Gefühle sind angesagt.

Blick zur Linken in das Viereck der Vertiefung. Da steht der gläserne Sarg, von innen beleuchtet, von vier Soldaten bewacht, die genauso erstarrt sind und leblos wirken wie der liegende alte Mann hinter den Scheiben. Die Hände auf der Brust verschränkt, das dünne, lange, spinnwebenfädige Bärtchen ausgebreitet, Altersflecken auf der Stirn, die Augen geschlossen, das schüttere Haar nach hinten gekämmt. Ein Greis in seiner Zerbrechlichkeit: schlafend, wächsern, entrückt und doch präsent.

Wir schreiten im Viereck herum. Der Gedanke an Madame Tussaud drängt sich auf. Wir schauen von oben hinein in den Glaskasten des verordneten Kults. Da wird ein Mann der Weltgeschichte im Tode um seine Ruhe gebracht, ausgesetzt den neugierigen Blicken endloser Gaffer: betrogen um seinen letzten Willen. Genau diese Zurschaustellung hat Ho Chi Minh ausdrücklich zu vermeiden gebeten. Die alten Herren des Politbüros entschieden anders – und sie manipulierten bereits das Datum des Todes. Ho Chi Minh, der einst so Mächtige, hatte kein individuelles Recht auf Pietät.

Am 2. September 1969 um 9.47 Uhr war er gestorben, just am Nationalfeiertag der Unabhängigkeitserklärung. Sein Hinscheiden durfte das symbolträchtige Datum nicht überschatten, so beschlossen damals die Politbüro-Götter, die über Leben und Tod wachten. Demnach wurde dem Volk und der Welt offiziell mitgeteilt, der erste Mann Vietnams sei am 3. September 1969 gestorben – um 9.47 Uhr. Erst zwei Jahrzehnte später, nachdem eben doch aus dem inneren Kreis der Macht die Fälschung durchgesickert war, bestätigte der VI. Parteitag das wirkliche Todesdatum.

Daß wir in langer Besucherschlange durch ein Mausoleum geführt werden – ein Gebäudeklotz, von dem es heißt, er sei viermal größer als das Mausoleum Lenins –, ist nicht im Sinne Ho Chi Minhs. Als er noch im klaren Besitz seiner Sinne war, schrieb er in seinem Testament:

»Wenn ich einst nicht mehr am Leben sein werde, soll eine große Beerdigung vermieden werden, damit das Geld des Volkes und seine Zeit nicht verschwendet werden. Ich möchte, daß meine sterblichen Überreste eingeäschert, das heißt verbrannt werden. Ich hoffe, daß die Feuerbestattung allgemeine Praxis wird. Es ist nicht nur unter hygienischem Gesichtspunkt von Vorteil, es erhält auch landwirtschaftlich nutzbares Land. Wenn wir eines Tages eine ausreichende Stromversorgung haben, wird die ›elektrische Einäscherung‹ sogar noch besser sein. Meine Asche soll in drei Teile aufgeteilt werden, die in drei Keramikbehältern aufbewahrt werden sollen: Einer ist für den Norden des Landes bestimmt, einer für das Zentrum und einer für den Süden. In jedem Landesteil soll der Behälter auf einem Hügel bestattet werden. Auf dem Grab soll keinerlei Steinstele oder Bronzestatue errichtet werden. Statt dessen soll dort ein einfaches, geräumiges, solide gebautes und kühles Haus stehen, wo Besucher ausruhen können. Es sollte ein Plan gemacht werden, nach dem auf den Hügeln und ringsherum Bäume gepflanzt werden. Auch Besucher können Gedenkbäume pflanzen. Im Laufe der Zeit werden aus diesen Bäumen Wälder, die der Landschaft und der Landwirtschaft zugute kommen. Ältere Leute aus der jeweiligen Region sollen mit der Pflege der Bäume beauftragt werden.«

Der letzte Wille blieb unerfüllt. Das Regime, das den politischen Nutzen des Personenkults von Moskau und Peking gelernt hatte und mit Bürokratie und feudalistischer Praktik der Machtdurchsetzung der Tradition der alten Mandarine folgte, stellte die den Staatsapparat stabilisierende Todesmystifikation über den Respekt vor dem ausdrücklichen und in seinen revidierten und ergänzten Testamentspapieren mehrfach unzweideutig formulierten Wunsch Ho Chi Minhs. Die offizielle Rechtfertigung:

»Der Grund, warum Onkel Hos Wunsch, seine sterblichen Überreste zu verbrennen, bis jetzt noch nicht bekanntgemacht wurde, ist, daß das Politbüro des 3. Zentralkomitees der Partei es in Anbetracht der Gefühle und Wünsche des Volkes für notwendig befunden hat, Onkel Hos Körper zu erhalten, so daß in Zukunft die Bevölkerung des ganzen Landes, insbesondere unsere Landsleute aus dem Süden, aber auch unsere ausländischen Freunde kommen können, um ihn zu verehren und ihre tiefen Gefühle für ihn auszudrücken. Das war der Grund, warum wir baten, anders zu verfahren als von ihm selbst bestimmt.«

Auch eine andere Passage seines Testaments wurde von den Nachfolgern im obersten Machtapparat ignoriert: Nach seinem Tode sollte den Bauern Vietnams für ein Jahr die Steuerlast erlassen werden:

»Wenn einst der vollständige Sieg errungen sein wird, sollen nach meinem Vorschlag alle Landwirtschaftsgenossenschaften für ein Jahr von der Landwirtschaftssteuer befreit werden, um die Menschen zu erfreuen und glücklich zu machen und um ihre Begeisterung anzufachen, sich um eine Steigerung der Produktion zu bemühen.«

Bei der Veröffentlichung des Testaments waren einst auch diese Zeilen unterschlagen worden. Später wurde als entschuldigende Begründung die angespannte Wirtschaftslage des Landes genannt. Bui Tin, Offizier und Publizist, hat als gut informierter Insider in jenen Jahren die Machenschaften beobachten können. In seinem Buch »Following Ho Chi Minh, Memoirs of a North Vietnamese Colonel« (London 1995) beschreibt der Abtrünnige im Pariser Exil den manipulatorischen Umgang mit Ho Chi Minhs Testament als Topsecret-Instrument in den Händen von Politbüro-Mitgliedern:

»Das alles kam zwanzig Jahre danach ans Licht, als sich Hos Sekretär Vu Ky entschloß, diese Dinge geradeheraus zu veröffentlichen und zum Wohle der Bauern die Partei zu korrigieren.«

Wer Politik macht, Machtpolitik zumal, mit dem wird eben auch Politik gemacht. Ho Chi Minh ist noch posthum ein Opfer, das selbst einmal Täter gewesen ist. Wir wallfahren bedächtig im Karree um den Schrein herum. Da ist der Übervater der Nation aufgebahrt; einer, der offiziell erst starb, als es die Parteigrößen für richtig hielten, und der nun jeden Tag aufs neue die allen Kulten, Religionen und Ideologien eigene Vorstellung zu geben hat, über den

Tod hinaus gegenwärtig zu sein. Da Volksfrömmigkeit mit an drei verschiedenen Orten verteilter Asche offenbar nichts anfangen kann, wird Körperlichkeit konserviert. Nehmet hin meinen Leib. Die Partei hat nicht nur immer recht, sie stellt auch den Tod in ihre Dienste, aus den Praktiken der alten Ägypter ebenso lernend wie von der katholischen Kirche. Heiliger Ho, bitte für uns. Zumindest bei Marx und Lenin müßte er Gehör finden, denn die beiden und andere Revolutionäre hoffte Onkel Ho im Jenseits zu treffen – so die Formulierung in seinem Testament. Heilbringer unter sich.

Der Zünd- und Reizstoff reicht über die Generationen hinweg. Auf dem Vietnam-Symposium zum 100. Geburtstag von Ho Chi Minh im Sommer 1990, das von der Universität Passau unter Federführung von Prof. Bernhard Dahm organisiert wurde, äußerte sich Prof. Le Thanh Khoi in provokanter Weise, an die kleinen Leute Vietnams denkend, nicht an die Polit-Größen. Der vietnamesische Historiker, der mit seinem Buch »Dreitausend Jahre Vietnam« einst unter den Linken in aller Welt zur Pflichtlektüre zählte und heute im Pariser Exil lebt, schloß sein Referat mit der Bemerkung, das Geld für das Mausoleum und andere Ho-Chi-Minh-Monumente sei dem Volk gestohlen worden; man solle sie abreißen und mit dem toten Ho so verfahren, wie er im Testament verfügt hatte. Erst dann sei der Weg frei, ernsthaft über eine Reform mit Bezug auf Ho Chi Minh zu reden. Aus Protest über diese Bemerkung verließ Dr. Dang Xuan Ky, der Sohn von Ho Chi Minhs Parteigänger und Parteiideologen Truong Chin, demonstrativ und protestierend das Auditorium. Dr. Dang Xuan Ky war zu jener Zeit Direktor des Zentrums für Marxismus-Leninismus-Studien in Hanoi.

Wir dürfen nicht verweilen. Die Bewegung verlangt Bewegung. Weiter um Onkel Ho links herum. Schließlich schauen wir auf seine rechte Seite. Kaum eine Minute wird im Durchlauf zugebilligt. Wer war dieser Mann, der da mittels Kunst und Chemikalien russischer Einbalsamierungs-Experten mit seiner Hülle in dieser Welt gehalten wird? Ein Mythos, der mal Mensch gewesen ist. Von seinem Privatleben durfte nur bekannt werden, was in die parteioffizielle Legendenbildung paßte: Gottvater. So sprießen denn die Spekulationen ins publizistische Kraut. War er nicht doch verheiratet, zweimal sogar? Hatte er eigene Kinder? Der Mann, der doch stets als kinderfreundlicher Junggeselle dargestellt wird, mit der Partei im Ehebunde und Vater aller Vietnamesen?

Ein paar Ecken vom Mausoleum entfernt steht in einem romantischen Park, der einst zum französischen Machtzentrum kolonialer Zeiten gehörte, mit kleinem, ruhigen See, Palmen und rotblühenden Kambodschabäumen das hölzerne Wohnhaus, in das sich der Präsident immer wieder zurückgezogen hat von der Politbühne und den späten Schlachtfeldern seines Lebens. Grüngestrichen die Bretter, zwei Zimmer auf Stelzen: der Schlafraum, das Büro. Stilisierte Einfachheit, Bescheidenheit. Von 1958 an bis zu seinem Tode lebte und arbeitete er hier in einer rustikalen Mischung von Bauernhaus und Mönchsklause. Die Nachttischlampe, der Wecker, das Bücherbord: Die simple Hinterlassenschaft hat menschliche Dimensionen, wenngleich der aufmerksame Gast vergeblich nach sanitären Einrichtungen sucht. Zu profan? Zu menschlich? Auch das Holzhaus des Bauern Ho nur eine museale Inszenierung? Ein Bühnenbild?

Das sozialistische Theater um Ho Chi Minh hat im Museum ein paar Schritte weiter andere bemerkenswerte Schauplätze. Zu seinem 100. Geburtstag am 19. Mai 1990 wurde der weiße Prachtbau eröffnet – eine jener Ho-Immobilien, die ob ihres Materialaufwandes den Zorn solcher Männer wie Prof. Le Thanh Khoi auslösten. Übrigens ist auch das Geburtsdatum umstritten. Aber an dieser Biographie, die im Museum greifbar, sichtbar ausgebreitet wird, bleibt vieles noch zu interpretierender Gegenstand für Historiker und sonstige Nachfahren. Wie sollte das anders sein bei einem Mann, der eigentlich Nguyen Tat Than hieß, Sohn einer annamitischen Beamtenfamilie war, in bescheidenen Verhältnissen aufwuchs, in Hue das Gymnasium besuchte und 1911 Vietnam verließ, auf daß er in den folgenden drei Jahrzehnten unter schätzungsweise 50 verschiedenen Decknamen rund um die Welt im Dienste der kommunistischen Internationale für die Revolution und die nationale Wiedergeburt Vietnams kämpfte, auf diplomatischem Parkett ebenso wie im Dschungel des Partisanenkrieges und aus dem Gefängnis heraus, in das er in Hongkong gesteckt worden war. Ein Revolutionär von Berufs wegen; eine Profession, die allmählich ausstirbt.

Über dem schneeweißen Museumsportal leuchten Stern, Hammer, Sichel und die Banner des Fortschritts. Die gigantische Plattenbau-Architektur türmt sozialistischen Realismus in massiger Protzigkeit auf. In der Aufgangshalle begrüßt Onkel Ho überlebensgroß in Goldbronze auf weinrotem Marmorsockel seine Gäste, die Rechte lässig erhoben, ein jovialer Hausherr mit scharfkantigen Bügelfalten. Dahinter geht wie ein Heiligenschein die Sonne auf oder unter – wer weiß das schon? Wieder diese bemühte, verkrampfte Feierlichkeit, deren glänzender Marmorboden ein Heer von Putzfrauen erfordert. In den eigentlichen Schauräumen, die Hos Lebenslauf und den wechselnden Zeitumständen gewidmet sind, wird's origineller. Eine sehenswerte Kombination aus Heimatmuseum, historischer Dokumentation, Geschichtsklitterung und moderner Kunstgalerie. Hos verschlungener und verschlagener Lebensweg aus dem ländlichen Zentralvietnam in die große, weite Welt des epochalen Umbruchs wird eindrucksvoll präsentiert.

Der Besucher geht durch eine Landschaft der Torsi, Trümmer und Träume, aus denen Ho und seine Mitstreiter das neue Vietnam zu formen versuchten. Kriegsszenen werden zu plastischer Kunst aufgemöbelt. Ein riesiger Tisch, zwei gigantische Stühle in Schieflage, Bananen, Äpfel, Ananas für eine Super-Schaufensterdekoration in Gullivers Land als Symbole des – noch immer ausbleibenden – Wohlstandes für alle. So etwas könnte seinen Ausstellungsplatz auch auf der Dokumenta in Kassel haben. Die Museumsgestalter und Innenarchitekten durften freizügige Einfälle in Objekte umsetzen.

Neben der rudimentären Dorfhütte der Ho'schen Herkunft mit Lotosblüten tut sich ein Spiegelkabinett der Jahrhundertwende auf. In Glas gebannte Motive der geistig-künstlerischen Herausforderung Europas zeigen andeutungsweise, was den jungen Nguyen Tat Than, lange bevor er Ho Chi Minh wurde, in die Alte Welt gelockt hat: verwirrende Durch- und Einsichten mit Einstein, Chaplin, dem Ehepaar Curie, Picasso, Lenin; eine Nähmaschine der Marke »Deutschland«, die französische Verlockung von *liberté, fraternité, egalité.*

Da ist etwas zu spüren vom intellektuellen Aufbruch des jungen Mannes, der sich bei seinen weiteren Studien in Französisch, Englisch, Deutsch und Mandarin den Geist des Ostens und des Westens erschloß, der als Küchenjunge auf einem französischen Schiff, als Gärtner, Kellner, Fotoretoucheur, als Heizer und Redner, Pamphletist und Organisator die Lektionen seines Lebens erlernte. Mit knapp 30 Jahren wollte er bei der Friedenskonferenz von Versailles 1919 dem amerikanischen Präsidenten Woodrow Wilson seinen Unabhängigkeitsplan für Vietnam vorlegen. Ein Nationalist, aus dem ein Revolutionär wurde.

Ein Visionär, der erst als 51jähriger in seine Heimat zurückkehrte und sich als Erleuchteter, als Aufklärer – so die Bedeutung von Ho Chi Minh – an die Spitze des Kampfes für das nationalselbständige Vietnam setzt, bald unangefochten und charismatisch agierend, in Moskau ebenso wie in Peking geschult. Doch in der Erklärung zur Unabhängigkeit an jenem 2. September 1945 bezieht er sich auf ganz andere Quellen als die von Marx und Lenin. Ausdrücklich werden da die Werte der Französischen Revolution und der amerikanischen Menschenrechtsdeklaration beschworen:

»Wir sind der Ansicht, daß alle Menschen gleich geschaffen sind; daß sie von Geburt einige unverbrüchliche Rechte mitbringen, darunter das Recht auf Leben, Freiheit und Glück. Diese unsterblichen Worte stehen in der Unabhängigkeitserklärung der Vereinigten Staaten von Amerika, die im Jahre 1776 ausgerufen wurde. In weiterem Sinne bedeuten sie: Alle Völker der Erde sind gleich; jedes Volk hat das Recht auf Leben und Glück und Freiheit. Die Erklärung der Menschen- und Bürgerrechte, die von der Französischen Revolution im Jahre 1789 verkündet wurde, besagt ebenfalls: Die Menschen werden frei und gleichberechtigt geboren und bleiben es. Das sind unumstößliche Tatsachen.«

Die Franzosen, damals noch Herren im Lande, und die Amerikaner, die so gerne Herren geworden wären, wollten solche Worte aus dem Munde eines Ho Chi Minh weder hören noch akzeptieren. Aber wer nicht hören wollte, sollte fühlen...

Nur: Was ist aus solchen Idealen schließlich geworden, nachdem die fremden Machthaber vertrieben worden sind? Der Überwachungsstaat totaler Bevormundung, der sich die Schnüffelspezialisten der Stasi zum Aufbau seines Geheimdienstes ins Land holte – beispielsweise. Da spürt der Museumsbesucher den politisch-humanitären Visionen eines Ho Chi Minh nach und muß daran denken, was in den Vitrinen, Dokumenten, Schautafeln ausgespart bleibt: die Realität der jahrzehntelangen Verfolgung der Andersdenkenden, der Denkenden schlechthin; die Ausrottung jener individuellen Bedürfnisse nach Selbständigkeit und Eigenverantwortung – jener Eigenschaften, die im heutigen Vietnam der Marktwirtschaft so gefragt und geschätzt sind.

Die letzten Fotos der historischen Bildersammlung zeigen die Aufnahme Vietnams in den Verband der ASEAN, vollzogen in Brunei am 28. Juli 1995, und die Aufnahme diplomatischer Beziehungen mit den USA im August 1995, als sich die Außenminister Warren Christopher und Nguyen Manh Cam die Hände schüttelten. Irgendwie wirkt das wie ein Schlußpunkt im großen Theater Vietnams, eher beiläufig und unauffällig. Ein Vierteljahrhundert nach dem Tode Ho Chi Minhs.

Ach, noch ein Foto ist uns aufgefallen, ein altes Motiv in schwarz und weiß. Es zeigt Onkel Ho, wie er im Januar 1960 ein privates Geschäft in Hanoi besucht. Die Aufnahme ist erst in jüngster Zeit den Lebensbildern des einstigen Präsidenten beigefügt worden. Erst neuerdings wird sie opportun. So wird scheinbare Kontinuität illustriert. Seht her, schon damals ermutigte Onkel Ho private Unternehmer. Hos Geist als Motor der neuen Wirtschaftspolitik *Doi Moi*. Rührend, wie da im alten sozialistischen Stil geschichtlicher Anpassung und jeweiliger Nützlichkeit das Neue als völlig selbstverständlich und in scheinbarer Abfolge ungebrochener Entwicklung gepriesen wird. Ganz so, als sei nicht zuvor das Private verboten und verfolgt, als sei nicht Unternehmerinitiative radikal behindert worden. Da lächelt nun der Ho von vorgestern im kapitalistischen Laden und erscheint postum als Verkünder der freien Marktwirtschaft. Lange, lange nach seinem Hinscheiden, dem am 2. und dem am 3. September 1969.

Wer hat damals auf den Straßen lauthals Ho-Ho-Ho-Chi-Minh gerufen – so weit weg von Vietnam? Sind wir das gewesen?

Nguyen Ngoc Bich:
»... dafür werde ich jetzt gut bezahlt«

Die Planwirtschaft nach sowjetischem Vorbild hat auch in Vietnam ausgedient. Aber die Einführung einer unkontrollierten Marktwirtschaft spaltet die Gesellschaft in einige Gewinner und die große Mehrheit von Verlierern. Auf unserer Reise sprechen wir mit Dr. Nguyen Ngoc Bich, einem an der amerikanischen Harvard-Universität ausgebildeten Juristen und angesehenen Rechtsanwalt in Ho-Chi-Minh-Stadt. Er hat alle Illusionen an der »Kommunistischen Partei Vietnams« verloren, bleibt aber trotzdem im Lande und setzt sich für einen sozialen Umbau des sozialistischen Systems ein. Von 1975 bis 1988 war er im »Umerziehungslager« – ein Jahr davon sogar in Einzelhaft. 13 Jahre Haft und Gehirnwäsche für seine sogenannten »Westkontakte«. Auch heute noch werden ihm die Bürgerrechte vorenthalten, so beispielsweise die Lizenz für eine eigene Kanzlei. Er arbeitet jetzt in einem Büro für Wirtschaftsrecht, das Unternehmen und Investoren »aus dem Westen« berät.

»Wofür ich 1975 inhaftiert wurde, dafür werde ich jetzt gut bezahlt«, beschreibt er mit Bitterkeit seine jetzige Lebenssituation. Er hat uns zum Mittagessen in ein Restaurant seinem Büro gegenüber eingeladen. Ein nobler Platz für den Mittagstisch höherer Angestellter, ein Gartenrestaurant mit überdachten Terrassen und französischem Charme, gut versteckt und geschützt vor dem Lärm der Straße und den vielen Bettlern an allen Ecken der Altstadt. Die Springbrunnen rauschen unter den Palmenstauden im Atrium, während wir die Köstlichkeiten der französisch-vietnamesischen Küche genießen: Krabben in Currysauce, gebratene Reisröllchen, würzigen Reis in frischer Ananas und reichlich »333«, das vietnamesische Bier aus französischer Brautradition Indochinas.

Wir hatten Herrn Bich 1993 zu einem Seminar über die Entwicklung Vietnams in die Südostasien-Informationsstelle in Bochum eingeladen und ihm Vorträge in verschiedenen deutschen Städten vermittelt. Bei seinem Deutschland-Aufenthalt gab es viele Irritationen: Verwunderung bei ihm über die Anhänglichkeit deutscher Linker am Sozialismus und Erstaunen bei seinen Zuhörern über sein engagiertes Plädoyer für die freie Marktwirtschaft zur Befreiung von der sozialistischen Planwirtschaft. So findet auch eine Fortsetzung der Gespräche von damals statt.

Unsere erste Frage ist, wie es ihm persönlich geht. »Als Privatperson ist es mir noch nie so gut gegangen, aber als Bürger fühle ich mich schlecht«, beschreibt er nicht ohne Ironie sein Befinden; eine handliche Formel für den privaten Reichtum von Nutznießern der wirtschaftlichen Liberalisierung auf Kosten der Mehrheit der Bevölkerung.

Nach dem Pariser Friedensabkommen von 1973 war er mit Elan und großen Erwartungen nach Vietnam zurückgekehrt, um nach der Befreiung des Landes seine Kenntnisse in Wirtschaftsrecht für den Aufbau außenwirtschaftlicher Beziehungen anzubieten. In den USA hatte er sich für die Parolen Ho Chi Minhs von einem unabhängigen Vietnam und einer gerechten Gesellschaft begeistert. »Es gibt nichts, was schöner und herrlicher ist als Unabhängigkeit und Freiheit«, hieß es damals, und Ho Chi Minh gab das Versprechen aus: »Nach dem Krieg werden wir unser Land zehnmal schöner wieder aufbauen.«

Ob ihm denn bei der kritischen Beobachtung des vietnamesischen Sozialismus keine Bedenken gekommen seien? Der rigorose Charakter der »Demokratischen Republik Vietnam« im Norden war auch von ihm als kriegsbedingte Härte entschuldigt und hingenommen worden. Und immerhin gab es im Untergrund des Südens, bei der »Nationalen Befreiungsfront« (NLF), tatsächlich demokratienahe Strukturen.

Als Wirtschaftsrechtler nahm er 1973 eine Tätigkeit in der südvietnamesischen Behörde für Erdölförderung auf. Amerikanische und japanische Ölfirmen waren während des Krieges vor der Küste Vietnams auf Öl- und Gasvorkommen gestoßen. Nach 1975 war dann die Förderung vom sowjetisch-vietnamesischen Kombinat VIETSOVPETRO aufgenommen worden. Heute liegt die Erdölförderung fest in der Hand der großen internationalen Ölmultis; der entscheidende Grund für die USA, 1995 das Wirtschaftsembargo gegen Vietnam aufzuheben.

Nguyen Ngoc Bich wurde kurz nach dem Einmarsch nordvietnamesischer Truppen in Saigon 1975 einzig wegen seines Studiums und seiner Beziehungen zu Institutionen in den USA verhaftet und in die »Umerziehung« geschickt, zunächst in Saigon, später in der Landprovinz Song Be nördlich von Saigon. Das war eine schlimme Zeit. Noch schmerzlicher als die physischen Strapazen des langen Lagerlebens und der Einzelhaft ist für ihn der Verrat der kommunistischen Partei an seinen Idealen und am politischen Engagement einer ganzen Generation. Wie er hatten sich viele junge Vietnamesen im Ausland für die Unabhängigkeit des Landes eingesetzt und sich mit dem Kampf für eine gerechte und soziale Gesellschaft identifiziert.

Die schlechte Ernährung im Lager spielt er herunter, ebenso seine dort durchlittenen Erkrankungen und die für ihn besonders schmerzhaften körperlichen Belastungen. Er leidet seit seiner Geburt an einer verkrümmten Wirbelsäule. Seine Stimme wird heftig und hart, wenn er vom Unrecht des Regimes und vom Zynismus des vietnamesischen Sozialismus spricht. Unbedarfte Kader hätten ihn im Lager über Marxismus-Leninismus belehren wollen und ihn gezwungen, irrwitzige Wirtschaftstheorien zu vertreten, um ihn intellektuell zu demütigen. Es gab keinen Rechtsbeistand und auch keine Möglichkeit, sich zu erklären oder zu rechtfertigen. Während seines Aufenthalts im Lager durfte er keinen Kontakt zu seinen Angehörigen pflegen, auch nicht zu seiner Verlobten und jetzigen Frau. Was ihm Kraft gegeben und womöglich das Leben gerettet habe, war seine Überzeugung, daß er niemandem etwas Übles angetan hatte und seine Unschuld ans Licht kommen würde. Das ist ihm besonders für das Ansehen seiner Familie wichtig, seiner Frau und seiner beiden Kinder.

In dieser einen Biographie steckt das Schicksal einer ganzen Generation. Beim Essen im feinen Restaurant klingt es an, gedämpft, gelassen, aber ungeheuerlich. Der Sieg im Jahre 1975 war zugleich eine Niederlage für die Kämpfer der »Nationalen Befreiungsfront« (NLF) und aller Sympathisanten und Mitstreiter. Die »Befreiung Saigons« bedeutete das Ende einer demokratischeren, ungleich weniger dogmatischen Variante des Sozialismus und der nationalen Befreiung. Denn mit den Panzern aus Nordvietnam wurden im April 1975 nicht nur die letzten Amerikaner vertrieben und die Herrschaft verschiedener südvietnamesischer Diktatoren beendet. Mit den Panzern kamen auch die uneingeschränkte Parteiherrschaft und die Administration des Nordens in den Süden. War die Guerilla der NLF durch die Parteiführung in Hanoi bereits früher davon abgehalten worden, einen Volksaufstand gegen das südvietnamesische Regime zu mobilisieren und ohne Hilfe Dritter zum Sieg zu kommen, so wurde sie jetzt zu einer Art »Empfangskomitee« für die Einheiten Nordvietnams degradiert. Die »Provisorische Revolutionsregierung«, das Bündnis aller revolutionären Kräfte des Südens und gleichberechtigter Partner bei den Pariser Friedensverhandlungen bis 1973, wurde entmachtet und aufgelöst. Nur einige Vertreter erhielten Alibiposten, so die Außenministerin und Verhandlungsführerin der »Provisorischen Revolutionsregierung« in Paris, Frau Nguyen Thi Binh. Sie wurde zunächst Erziehungsministerin, später Vizepräsidentin der Nationalversammlung und stellvertretende Staatspräsidentin in Hanoi.

Nach dem Sieg der von der nordvietnamesischen Armee dominierten Befreiungskräfte gab es keine Debatte über die weitere Gestaltung eines vereinigten Vietnams und auch keine Diskussion über die politischen, ideologischen und wirtschaftlichen Vorstellungen der aus dem Süden stammenden politischen Kräfte. Die NLF teilte weitgehend das Schicksal der sogenannten »Dritten Kraft«. Ihre Vorstellungen darüber, wie das neue, vereinigte Vietnam aussehen sollte, waren nicht mehr gefragt. Ebensowenig gab es Ansätze zur Integration der Bevölkerung, die politisch, religiös und kulturell zutiefst gespalten war. Statt dessen propagierte die vor allem aus Kadern des Nordens bestehende Parteiführung eine ideologische Säuberung der »versklavten, dekadenten, entfremdeten und zutiefst reaktionären Kultur« der südvietnamesischen Gesellschaft. Es war sogar von der »konsequenten Ausrottung dieser Überreste« die Rede. Dies war jedenfalls die Vorstellung von Ho Chi Minhs Nachfolger, dem Parteisekretär Le Duan, dem es einzig am Herzen lag, »den neuen Menschen zu formen und eine neue Kultur zu schaffen, den Marxismus-Leninismus und die Linie und die Politik der Partei zu propagieren, die Erziehungsarbeit in diesem Sinne zu führen, damit der Marxismus-Leninismus das absolute Übergewicht im politischen und geistigen Leben des ganzen Volkes erlangt und damit die Kader, Parteimitglieder und die Volksmassen die Politik der Partei zutiefst begreifen«. Dieser offiziellen Politik fiel Nguyen Ngoc Bich zum Opfer. Man zählte ihn zu den etwa 120 000 »dekadenten und parasitären« Elementen, die zur »Umerziehung« in Lager verschleppt wurden. Die Mehrzahl wurde nach einigen Monaten wieder entlassen, viele aber waren sehr lange, manche bis zu 20 Jahren, ohne Anhörung und Verteidigung oder Verurteilung inhaftiert. Von Recht und Gerechtigkeit keine Spur!

In den vierziger Jahren hatte die Partei den Marxismus-Leninismus aus der Sowjetunion importiert. Diese Staatsphilosophie erwies sich als ein für die weitere gesellschaftliche und politische Entwicklung Vietnams wenig nützliches Instrument. Die Konzentration aller Kräfte auf die Befreiung des Landes und die Zentralisierung aller zivilen und militärischen Strukturen hatten zwar 1954 den Sieg über die französische Kolonialmacht und 1975 die Vertreibung der amerikanischen Kriegsmaschinerie samt ihrem internationalen Anhang zur Guerillabekämpfung (»Counterinsurgency«)

ermöglicht, wenn auch mit unermeßlichen Opfern. Aber für den Aufbau der Gesellschaft unter Friedensbedingungen hatte die dogmatische Anwendung marxistisch-leninistischer Lehrsätze verheerende Folgen. Die Zwangskollektive auf dem Lande entmündigten die Kleinbauern, die sich zuvor mit einem Stück eigenen Bodens versorgt hatten. Nicht nur der wurde ihnen genommen, sondern auch das Mitspracherecht über ihr eigenes Leben. Die rigoros durchgesetzte Kollektivierung bot keine Alternative. Der Reis war reif, aber verfaulte auf den Feldern.

Bis heute leitet die Parteiführung die Legitimation für ihren absoluten Machtanspruch aus den Befreiungskriegen ab und blockiert weitergehende politische Reformen. Die Entwicklung einer zivilen Gesellschaft wird von der Mehrheit der Partei als Gefahr für den wirtschaftlichen Fortschritt interpretiert, weil damit Chaos und Anarchie ausbrechen würden. Für die Massen gilt der patriotische Idealismus von »Unabhängigkeit, Freiheit und Glück« – auch in den späten neunziger Jahren die allgegenwärtige Parole im Lande –, während Parteikader auf »dialektischen Materialismus, Klassenanalyse und Diktatur des Proletariats« eingeschworen werden. Der »demokratische Zentralismus« soll die Klammer zwischen der Denkweise der Massen und der Ideologie der Parteiführung bilden.

Trotz der Wirtschaftsreform seit 1986 bleibt der »demokratische Zentralismus« als Prinzip der politischen Führung und der Steuerung der gesellschaftlichen Entwicklung in Kraft. Noch 1994 heißt es in einer Weisung der Parteileitung zum Thema »demokratischer Zentralismus«: »Ein Teilstück ist dem Ganzen unterworfen, die Minderheit fügt sich der Mehrheit, untere Ränge gehorchen den oberen, und lokale Einrichtungen folgen den Anweisungen der Zentrale.« Dem theoretischen Lehrsatz nach gibt es also kaum Raum für traditionelle Formen von Autonomie, Selbstverwaltung und Mitsprache in der Dorfgemeinschaft, einem Betrieb oder einer Schule. Wenn der Lehrsatz des »demokratischen Zentralismus« stimmt, dann hat das vietnamesische Sprichwort »An der Grenze des Dorfes endet die Macht des Mandarins« seine Gültigkeit verloren.

Mit der Wiedervereinigung im Jahre 1976 wurde das Land in »Sozialistische Republik Vietnam« umbenannt, und die »Vietnamesische Arbeiterpartei« hieß fortan »Kommunistische Partei

Bauer in Nordvietnam

Vietnams«. Innen- und außenpolitisch steuerte die Parteiführung das Land auf den Kurs der »Kommunistischen Partei der Sowjetunion« (KPdSU), wie er in der Sowjetunion in den zwanziger Jahren festgeschrieben worden war. In den Dokumenten des IV. Parteitages der »Kommunistischen Partei Vietnams« vom Dezember 1976 interpretierte man die »Befreiung« des Südens 1975 als Sieg des sozialistischen Lagers und als ein weiteres Vorrücken des internationalen Proletariats. In der Verfassung von 1980 wurden die »Diktatur des Proletariats« und der Kampf gegen den internationalen Kapitalismus als Staatsziele festgeschrieben und die USA und China zu Hauptfeinden der Menschheit erklärt.

Es gab kritische Intellektuelle in der Partei, die eine offene Debatte des Entwicklungsweges und der Bündnispolitik des wiedervereinigten Vietnams forderten und auf die von der Sowjetunion völlig unterschiedliche Ausgangssituation Vietnams als Agrarland hinwiesen. Ein solcher Kritiker ist zum Beispiel Prof. Nguyen Khac Vien. Er formulierte zu fast jedem Parteitag seit 1981 seinen Widerspruch und mahnte die Rückbesinnung auf soziale und gerechte Lebensverhältnisse der Bevölkerung als zentralen Inhalt des Reformkurses an. Aber seine Vorschläge verhallen ebenso wie die anderer Kritiker weitgehend ungehört.

Bislang hat die Parteiführung nahezu alle eigenständigen Entwicklungsansätze, die auf der Integration von »Tradition und Revolution« basieren – den Vorstellungen von Reformern aus den dreißiger und fünfziger Jahren, von denen auch Ho Chi Minh beeinflußt war – als »anachronistisch« abgetan, ihre Verfechter diskreditiert und der Kollaboration mit dem bürgerlichen Kapitalismus und der Konspiration verdächtigt. Die Beschuldigung der Konspiration mit dem kapitalistischen Ausland gegen Partei und Staat ist bis in die Gegenwart die häufigste Methode, Kritiker auszuschalten. Allein die Möglichkeit, mit dem Ausland zu kooperieren, reicht für die Repression durch den Partei- und Staatsapparat. Offensichtlich war das auch ausschlaggebend für die langjährige Internierung von Dr. Nguyen Ngoc Bich.

Die Wirtschaftskrise und die chronische Nahrungsmittelknappheit in den achtziger Jahren sind vor allem auf die Reglementierung von Eigeninitiativen durch die zentrale Planung und Steuerung des Staatsapparates zurückzuführen. Nach außen wurde sie aber mit den Folgen der Kriege und Naturkatastrophen begründet.

Unter Leitung des Sonderbeauftragten der Partei für den Süden, Do Muoi – seit dem VII. Parteitag von 1991 Parteisekretär –, wurde das nordvietnamesische Wirtschaftsmodell schematisch auf den Süden übertragen. Die rücksichtslose Kollektivierung führte nicht nur in Saigon zur Verstaatlichung aller wichtigen Betriebe und Handelseinrichtungen. In der »Reisschüssel« des Mekong-Deltas brachten die staatlichen Genossenschaften die Reisproduktion völlig zum Erliegen.

Der Aufbau moderner Sektoren wurde zentral vom »Rat für gegenseitige Wirtschaftshilfe« (RGW) in Moskau gesteuert und in die Arbeitsteilung des Ostblocks integriert. Und solange Vietnam für die Sowjetunion als asiatische Basis gegen China und als Sprungbrett für den asiatisch-pazifischen Raum nützlich war, blühte die Wirtschaftshilfe. Die Sowjetunion unterstützte Ende der achtziger Jahre den vietnamesischen Haushalt und den Krieg in Kambodscha täglich mit umgerechnet zwei Millionen US-Dollar, was ironischerweise genau der Finanzhilfe der USA an Südvietnam bis zum Ende des Krieges 1975 entspricht. Der andere tragische Irrwitz der Geschichte ist, daß während der vietnamesischen Invasion und Besetzung Kambodschas bis 1989 über 50 000 vietnamesische Soldaten gefallen sind, fast so viele, wie Soldaten der USA in Südvietnam umgekommen sind, von den Opfern auf der jeweiligen Gegenseite ganz zu schweigen.

Als sich die wirtschaftliche Lage Ende der siebziger Jahre zuspitzte und Menschen hungerten, wehrte sich die Bevölkerung. Teilweise mit Billigung der örtlichen Parteiführer, die damit ihre Karriere riskierten, »durchbrach man die Zäune« des zentralstaatlich reglementierten Wirtschaftens, wie es in der vietnamesischen Sprache anschaulich heißt. Das private Wirtschaften wurde vielerorts zum anerkannten Prinzip einer »doppelten Ökonomie«.

1981 erkannte die Parteiführung solche teilweise »privaten Wirtschaftsformen« in der Landwirtschaft als ein mögliches Modell zur Überwindung gewisser Übergangsprobleme auf dem Weg zu einer kollektiven Form der Agrarwirtschaft an. Solche Reformen der Landwirtschaft, wie ähnliche Versuche in der Industrie, blieben aber halbherzig. Als die Produktion weiter stagnierte und die Inflation 1985 eine Höhe von rund 800 Prozent erreicht hatte, folgte die Umkehr, die eigentlich eine Rückbesinnung war. Auf dem VI. Parteitag 1986 beschloß man die Einführung grundlegender wirtschaftlicher Reformen. Der Markt sollte zukünftig Produktion und Verteilung von Gütern und Dienstleistungen regeln, und neben der staatlichen sollten auch andere Wirtschaftsformen erlaubt sein. Die von den Bauern erfolgreich betriebene »Familienwirtschaft« wurde auf diesem Parteitag als eine Form der »nichtstaatlichen« Produktionsweise offiziell anerkannt. Die Beschlüsse des Reformparteitages von 1986 gelten seitdem als »Kehrtwende« und »Erneuerung« (»Doi Moi«) und werden von der Partei als Ergebnis sorgfältiger Analysen und weiser Entscheidungen ausgegeben. In Wirklichkeit entstammen sie der Notsituation und sind von »unten«, von Bauern, kleinen Produzenten, Händlern sowie von mutigen Mitarbeitern beziehungsweise Leitern von Staatsbetrieben und lokalen Parteiführern eingeleitet worden. Dieser Druck und die Einsicht reformbereiter Kräfte in der Partei haben die Reformen auf den Weg gebracht: die Freigabe der Preise und des Wechselkurses, die Auflösung der Kooperativen, das Recht auf individuelle Bodennutzung für die Landwirte und die Zulassung privater Investitionen. 1988 wurde ein Gesetz für Auslandsinvestitionen verabschiedet, das ausländischen Investoren große Freiheiten einräumt und hohe Profite garantiert. Letztendlich wurden die freie Marktwirtschaft zugelassen und auch Familienbetriebe und private Unternehmen gestattet. Durch die Beibehaltung der »führenden Rolle des Staatssektors« werden diese Entwicklungen von der Parteiführung als eine Art »friedliche Evolution« interpretiert; eine neue Formel für den letztlich unvermeidlichen »Übergang zum Sozialismus« – so die offizielle Lesart.

Die Bevölkerung stürzte sich nach den ersten Lockerungen der Planwirtschaft Mitte der achtziger Jahre, wie aus der Haft entlassen, auf alles, womit man arbeiten und Geld verdienen kann, und zeigte einen unermeßlichen Nachholbedarf an allem, was ihr zwanzig Jahre lang vorenthalten worden war. Der volkswirtschaftliche Erfolg bestand darin, daß nach zwei Jahren sogar wieder Reis exportiert werden konnte. Vietnam gehört seit Anfang der neunziger Jahre mit jährlich etwa 1,5 Millionen Tonnen nach den USA und Thailand zu den größten Reisexporteuren auf dem Weltmarkt. Statistisch gesehen stieg das jährliche Wirtschaftswachstum auf über acht Prozent. In den ersten zehn Jahren nach der Wende hatten die Zusagen an Auslandsinvestitionen 20 Milliarden Dollar erreicht, wenn auch erst 30 Prozent umgesetzt waren, hauptsächlich in den profitablen Bereichen der Tourismus-, Öl- und Bauindustrie.

Aber es gibt keine Planung, unzureichende gesetzliche Rahmenbedingungen und kaum soziale Kontrollmöglichkeiten. »Wir erleben einen wilden Kapitalismus ohne soziale Auflagen, der ohne Vorgaben und Rahmenpläne wuchert und nur dem Instinkt folgt«, kritisiert Nguyen Ngoc Bich. »Wer zum Dollar-Belt der neuen Wirtschaft gehört, schwelgt in ungeahntem Reichtum, an der Peripherie versinken die Menschen in Armut.«

Am härtesten ist die Landbevölkerung in den nördlichen und südlichen Teilen Mittelvietnams betroffen. Die Menschen leben auf kargen Böden und haben keine nennenswerten Handelsmöglichkeiten. In den Dörfern der traditionellen Herstellung von Bastmatten in der Provinz Thanh Hoa oder in den kleinen Keramik-Betrieben in Da Nang/Quang Nam ist der Lebensstandard auf zehn Prozent des städtischen Niveaus abgesunken. Dagegen wird in der Innenstadt von Ho-Chi-Minh-Stadt oder in den neuen Villenvierteln von Hanoi ein Lebensstil zur Schau gestellt, der dem Luxus der Eliten in den USA oder Europa in nichts nachsteht. Kein Wunder, daß arbeitslose Jugendliche und Subsistenzbauern von den Städten angezogen werden und ihre Dörfer verlassen. Von den vier bis sechs Millionen Einwohnern von Ho-Chi-Minh-Stadt sind ein Drittel Landflüchtlinge aus den letzten fünf Jahren.

Landesweit ist schätzungsweise jeder vierte ohne Arbeit, bei jugendlichen Berufseinsteigern jeder zweite. In den etwa 150 ausländischen Betrieben werden nicht mehr als 100 000 Arbeitnehmer beschäftigt. Genau wie in den einheimischen Betrieben arbeitet man auch dort größtenteils ohne Arbeitsverträge und soziale Absicherung. In den von Südkoreanern geführten Betrieben sind beispielsweise tägliche Arbeitszeiten von 16 Stunden ohne bezahlte Überstunden üblich, außerdem rüde Umgangsformen bis hin zu körperlichen Mißhandlungen. Für ausländische Betriebe wurde vom Arbeitsministerium ein monatlicher Mindestlohn je nach beruflicher Qualifikation und Standort des Betriebes von umgerechnet 30 bis 45 Dollar festgelegt. Selbst wenn er eingehalten würde, reicht er für die angemessene Lebensführung einer Durchschnittsfamilie nicht aus, für die in Hanoi monatlich umgerechnet 150 Dollar veranschlagt werden. Ohne Nebentätigkeiten ist für die Mehrheit der Bevölkerung kein Überleben möglich. Der gewerkschaftliche Organisationsgrad ist niedrig und der Einfluß der Gewerkschaften gering. Unabhängige Gewerkschaften sind nicht zugelassen. Gestattet sind lediglich betriebliche Vereinbarungen durch Vermittlung der Parteivertretung. Kündigungsschutz, Regelung von Überstunden, Arbeitsschutz im Krankheitsfall oder Umweltschutzbestimmungen existieren nicht einmal in Ansätzen.

Unabhängige Kritiker, wie Nguyen Ngoc Bich, aber auch kritische Parteimitglieder, wie Prof. Nguyen Khac Vien, fordern gerechte Arbeitsbedingungen als Ausdruck von Sozialismus unter den neuen Verhältnissen der Marktwirtschaft und ausländischer Investoren. Dafür sind unabhängige Arbeitervertretungen und die Bildung von starken Gewerkschaften erforderlich. Aber die Parteiführung wacht mit Argusaugen über ihr Machtmonopol. Eher läßt sie eine Wirtschaftspolitik zu, die sich gegen die Mehrheit der Bevölkerung richtet, deren Interessen sie vorgibt zu vertreten.

Vielen Parteikadern geht es nicht mehr um die Sicherheit des Landes und eine funktionierende Gesellschaft. Was sie interessiert, ist ihre persönliche Sicherheit und das materielle Wohlergehen, meint Nguyen Ngoc Bich. Und er hat gute Gründe für diese Annahme. Denn bei der Auflösung maroder Staatsbetriebe treten Parteifunktionäre in Managementposition in der Regel als Konkursverwalter auf und lassen sich den verbliebenen Besitz persönlich überschreiben. Sie entlassen den größten Teil der Belegschaft und gründen mit einheimischen Unternehmern und ausländischem Kapital Joint-ventures. Auch wenn die Belegschaft aufgrund ihres Verständnisses vom »Volkseigentum« Mitsprache an der Entscheidung oder Anteile am verbliebenen Besitz verlangt, so gelingt es den Funktionären durch ihre Verbindungen in der Parteihierarchie, ihre Interessen durchzusetzen.

Durch sogenannte »Sanierungsmaßnahmen« von Staatsbetrieben entstehen eigenwillige Unternehmensformen. Die neuen Firmen von Parteifunktionären, privaten einheimischen Unternehmern und ausländischem Kapital können von niemandem kontrolliert werden. Versagt das Unternehmen und erklärt den Bankrott, steht die Staatsbank aus formalen Gründen für die Verluste ein.

Ähnlich läuft die Umstrukturierung oder Auflösung landwirtschaftlicher Kooperativen. Parteifunktionäre in Managementfunk-

Boom-Town Ho-Chi-Minh-Stadt

tion eignen sich die Konkursmasse der Kooperativen an oder lösen Teile für sich heraus und entwickeln daraus profitable Privatunternehmen. Sie betreiben den Verkauf von Kunstdünger und landwirtschaftlichen Geräten und gründen eigene Transportfirmen. Sie verschaffen sich außerdem große Teile der »Landnutzung« – die neue Form des Landbesitzes – und üben damit die Kontrolle über die Dorfkomitees aus.

Für die Dorfbevölkerung bedeutet das die Rückkehr zu Lebens- und Arbeitsverhältnissen, wie man sie vor und während der Kolonialzeit kannte. Nur das Ausmaß von Abhängigkeit und Ausbeutung ist aufgrund marktwirtschaftlicher Effizienz härter. Die neuen Unternehmer, Betriebsführer und Agrarier verlassen keinesfalls die Partei. Im Gegenteil, sie pochen auf ihre Zugehörigkeit und ermuntern ihre Kinder zum Beitritt. So profitieren sie von den persönlichen Privilegien der Mitgliedschaft und der wirtschaftlichen Sonderstellung der Staatsbetriebe.

Nguyen Ngoc Bichs Urteil deckt sich mit Untersuchungen und Beobachtungen von Professor David Marr, Historiker und Vietnamforscher an der »Australian National University« in Sydney: »Eine Mischung aus wirtschaftlichem Opportunismus und sozialer Unverantwortlichkeit bilden das Ethos im heutigen Vietnam. Die Partei hat keine andere Orientierung anzubieten, als ethische Aphorismen von Ho Chi Minh zu zitieren. Exemplarisch werden ein paar untere Kader bestraft oder Ausländer für Mißstände verantwortlich gemacht, weil sie angeblich gegen die ›friedliche Evolution‹ konspirieren.«

Einerseits wird die unkontrollierte Marktwirtschaft mit all den bekannten sozialen Auswirkungen eingeführt, andererseits an der sozialistischen Planwirtschaft als Machtbasis der Partei festgehalten. Dieser Widerspruch wird nicht kritisch analysiert oder zur Debatte gestellt. Vielmehr folgt man dem alten Anspruch und Ziel: »Wenn wir nicht den staatlichen Sektor und die Genossenschaften pflegen und nicht die Joint-ventures kontrollieren, können wir keinen Sozialismus haben«, so Parteisekretär Do Muoi im Vorfeld des VIII. Parteitages im Juni 1996. Auf dem Parteitag selbst wurde der staatliche Sektor erneut als Hauptfaktor für die Steigerung des Volkseinkommens festgeschrieben, wenn auch nicht zu 60 Prozent, wie von den Hardlinern gefordert. Immer, wenn es mit der Marktwirtschaft als Instrument der gesellschaftlichen Entwicklung auf dem Wege zum Sozialismus unvermeidliche Krisen gibt, werden Sündenböcke bemüht.

Do Muoi ist schnell mit der Verdächtigung feindlicher Kräfte im Ausland zur Hand, wie in einer unveröffentlichten Rede an Parteikader: »Mit ihren Waffen haben sie versagt, jetzt setzen sie Dollar gegen uns ein und stiften Zwietracht, damit wir uns gegenseitig zu Fall bringen.« Die »Diktatur des Proletariats« sei daher unabdingbar und gegen die »Aggressoren und jene Vietnamesen, die die Interessen des Vaterlandes und des Volkes verraten«, einzusetzen. Unverändert sei Klassenkampf nach Lenins Devise »Wer siegt über wen« angesagt. Denn im Grunde spitze sich alles auf den alten Widerspruch zwischen nationaler Unabhängigkeit und Sozialismus einerseits und Kapitalismus andererseits zu.

Vor dem Hintergrund einer solch orthodoxen bipolaren Weltanschauung erscheint jedes Projekt aus dem westlichen Ausland verdächtig. Es macht dann für die Partei keinen Unterschied, ob die Clinton-Administration Demokratie und Menschenrechte außenpolitisch instrumentalisiert oder Nicht-Regierungsorganisationen mit ihrem Verständnis von Zivilgesellschaft und Universalität von Menschenrechten auf die Einhaltung von Bürger-, individuellen und sozialen Menschenrechten drängen und ihre Kooperation zur Verwirklichung anbieten.

Andererseits gibt es auch innerhalb der Partei Kräfte, die an »demokratische Strömungen« in den fünfziger Jahren anknüpfen. Sie plädieren für die Entwicklung zur »sozialen Marktwirtschaft« und propagieren den Abschied vom »demokratischen Zentralismus« zugunsten eines gesellschaftlichen Pluralismus mit Gewaltenteilung und einer umfassenden Beteiligung der Bürger am Erneuerungsprozeß des Landes. Es existieren viele Kreise, die sich kritisch mit der Entwicklung auseinandersetzen. Doch für sie ist es gefährlich, öffentlich aufzutreten.

Das Innenministerium in Hanoi hatte vor dem VIII. Parteitag Dissidenten gewarnt und eine Liste von 130 oppositionellen Gruppen veröffentlicht. Eine Reihe namhafter Kritiker wurde Ende 1995 festgenommen und zu einer Haftstrafe bis nach dem Parteitag im Juni 1996 verurteilt. So wurde der ehemalige Direktor des »Instituts für Marxismus-Leninismus-Studien«, Hoang Minh Chinh, im November 1995 zu zwölf Monaten verurteilt, Do Trung Hieu aus dem »Club ehemaliger Widerstandskämpfer« ebenfalls im November 1995 zu 15 Monaten. Zu den Verfolgten zählen auch Persönlichkeiten wie der Biologe Nguyen Xuan Tu und der ehemalige Staatssekretär im Innenministerium, Le Hong Ha, die im Dezember 1995 verhaftet wurden. Ähnlich erging es auch Nguyen Trung Thanh, Mitglied der Parteiorganisation, der von der Sicherheitspolizei verfolgt und im Juni 1995 aus der Partei ausgeschlossen wurde.

Zeitweise konnte man sogar den Eindruck gewinnen, als ob auf dem VIII. Parteitag im Juni 1996 der Reformkurs völlig zurückgenommen werden sollte. In einer großangelegten Kampagne gegen »soziale Übel« wurden Anfang 1996 Front gegen ausländische Einflüsse gemacht, ausländische Medien eingeschränkt, »dekadente« Musik und Literatur verboten und englischsprachige Reklameschilder übermalt. Damit sollten offensichtlich die Reformer getroffen werden, die sich jedoch behaupten konnten.

Der Widerstand gegen Reformen stammt hauptsächlich von Parteiideologen im Politbüro, aus dem Sicherheitsapparat und teils aus dem Militär, angeführt vom Generalsekretär der Partei Do Muoi und vom General und Staatspräsidenten Le Duc Anh. Dagegen setzen sich Premierminister Vo Van Kiet, die Wirtschaftsinstitute und das Außenministerium für Reformen ein.

Die Troika mit Do Muoi (80), Le Duc Anh (76) und Vo Van Kiet (74) wurde auf dem Parteitag im Juni 1996 erneut bestätigt. Ein Generationswechsel wäre für den Reformprozeß zu abrupt gewesen, heißt es. Weitergehende Reformen, wie die politische Liberalisierung, Pluralismus oder gar eine Mehrparteiendemokratie, wurden ausdrücklich abgelehnt.

Wie wird die weitere Entwicklung aussehen, fragen wir den Wirtschaftsjuristen Nguyen Ngoc Bich. Nach seiner Auffassung werden sich die Kräfte und Mechanismen der Marktwirtschaft durchsetzen. Dafür ist das Land inzwischen auch außenwirtschaftlich zu sehr in die Region und den Weltmarkt eingebunden. Für ihn ist die eigentliche Frage die Ausformung des Rechtsstaates, der »gesetzlich geregelten Staatsführung«, wie es genannt wird. Es gibt Fortschritte; beispielsweise sind anstelle unüberschaubarer Dekrete und Verordnungen 1986 ein Strafgesetzbuch und 1989 eine Strafprozeßordnung eingeführt worden. Und im Oktober 1995 hat die Nationalversammlung ein »Bürgerliches Gesetzbuch« verabschiedet. Aber die Auslegung ist willkürlich und basiert auf dem autoritären Grundverständnis der Partei von Staat und Gesellschaft. So wird beispielsweise die Strafverteidigung als Gnadenersuch angesehen, die Unschuldsvermutung nicht ernst genommen, und ständig finden Vorverurteilungen in den Medien statt. Das individuelle Recht wird dem Staatsinteresse untergeordnet.

Der Jurist Nguyen Ngoc Bich meint, daß die Widersprüche zwischen sozialistischer Planwirtschaft und kapitalistischer Marktwirtschaft, in denen sich die Parteiführung ausweglos verstrickt hat, durch Kompromisse gelöst und durch Gesetze geregelt werden könnten.

Kann es einen Rückschlag geben? Er glaubt es nicht, denn mit der Einführung des Marktmechanismus sind die Brücken zur Vergangenheit abgebrochen, die ohnehin nur zur dunklen Periode Ende der achtziger Jahre zurückführen könnten. Für die Nutznießer der wirtschaftlichen Liberalisierung sind gute Zeiten angebrochen. Aber genauso groß ist die Angst in der Bevölkerung vor der neuen Armut.

Die Pragmatiker um Premierminister Vo Van Kiet sind offensichtlich davon überzeugt, daß das Land auf dem eingeschlagenen Weg reich und stark werden kann. Das ist der Rest an Patriotismus, der von den großen Parolen übriggeblieben ist.

Solange die Reformer wirtschaftliche Erfolge nachweisen können, haben sie alle Argumente auf ihrer Seite, wie zuletzt auf dem VIII. Parteitag im Juni 1996 zu sehen war. Sobald aber Krisen eintreten, sind offene Machtkämpfe zwischen den Fraktionen zu erwarten. Denn der Wandel der Wirtschaft vollzieht sich in einem rückständigen politischen System, das keine politische Kultur zur demokratischen Austragung politischer Gegensätze kennt. Viel schwerwiegender aber ist das Fehlen eines sozialen Mechanismus, mit dem sich die Bevölkerung selbst vor dem Zugriff der Marktwirtschaft schützen könnte, denn Kapital und Markt kennen keine soziale Moral.

Das noble Restaurant in der Altstadt ist voll von Vertretern des neuen wirtschaftlichen Fortschritts ohne soziale Verantwortung, wie ihn die Partei propagiert. Für sie sind goldene Zeiten angebrochen. Der hervorragende Lunch in solch gepflegter Atmosphäre gehört zum Status dieser Elite. Herr Bich ist Teil dieser Generation geworden, wenn auch mit gespaltenem Bewußtsein und Schmerzen über diese Entwicklung seines Landes.

Van Mieu: Der Weg der Weisheit und die Macht der Mandarine

Geschrei, Aufregung, stockender Verkehr. Im Nu verkeilen sich die Mopeds und Motorräder, eben noch im Fluß sogenannten Fortschritts, zu einem heillosen Durcheinander. Einer der Raser ist gestürzt. Das Zweirad verbeult, der Mann am Boden mit schmerzverzerrtem Gesicht. Vorläufiges Ende einer Fahrt in die Zukunft. Knochen und vermutlich Illusionen sind zu Bruch gegangen auf der Van-Mieu-Straße im alten Hanoi. Mit der Gelassenheit des unbeteiligten Fußgängers nimmt man solches Malheur zur Kenntnis, weicht dem Auflauf gaffender Zuschauer aus und kann seiner Wege gehen; beruhigt, selbst noch einmal von Mißlichkeiten verschont geblieben zu sein. Der Weg führt zu jener Anlage, die der Straßenname benennt: Literaturtempel, Van Mieu, so die vietnamesischen Worte.

Wir überschreiten die imaginäre Schwelle zur Vergangenheit. Kathedralen-Gefühl. Plötzlich bleibt das Banale, das Lärmende, Lamentierende der Zeitgenossen zurück, und eine andere Dimension von Raum und Geist umfängt einen. So ist das auch mit dem Tempel der Literatur. Doch der ist nicht bloß ein Gebäude, hat nicht nur ein Tor, einen Hof. Eine weitläufige Parkanlage ist's, im langen ummauerten Rechteck vor raumgreifender Neubebauung gerettet; herausgehalten aus dem Trubel der Veränderungen. Das Verkehrsgeknatter gedämpft hinter dem Schatten großer, alter Bäume. Gehupe als leises Geräusch wie der Aufschrei einer fernen Welt. Eintauchen in diese andere, übriggebliebene Welt musealer Konservierung der kulturellen Pfeiler des Staates und der Wurzeln seines in die Gegenwart reichenden Machtgefüges. Hoch ragen die Tore aus weißem Gestein und dunkelbraunem Holz auf, ziegelgedeckt die Pagodendächer. In Teichen schweben die rotgezackten Sterne der Lotosblüten. Steinerne Drachen säumen die Portale. Rot- und goldgelackt glänzt der Haupttempel mit überlebensgroßen Männern aus geschnitztem Holz, verschwenderisch in Rot und Gold auch diese würdigen Herren.

Alles im rechten Winkel angelegt, die Teiche, die Wege, die Höfe. Die Heiterkeit des Parks wird von der Strenge der Gesamtanlage erdrückt. Hier wurde nie der Gedanken lockerer Höhenflug gefördert, sondern Disziplin, Ein- und Unterordnung waren einzuüben im Geiste des Khong Tu, wie die Vietnamesen den Konfuzius nennen. Jener Staatsmann, der 551 bis 470 vor Christi in China lebte, setzte die Maßstäbe fürs Regieren und Regiertwerden, die in Asien die Jahrtausende überdauerten: nicht als Religion, sondern als ethisches System des Obrigkeitsstaates.

Die für die Mächtigen so hilfreiche Lehre des Konfuzianismus kam vor 2 000 Jahren mit den Chinesen nach Vietnam. Die in dieser Tradition stehende Ly-Dynastie begründete den Literaturtempel. Kaiser Ly Thanh Tong richtete die Stätte 1070 ein, um Gelehrten und Literaten einen Ort geistigen Austauschs zu bieten. Sechs Jahre später wurde darin die erste Universität Vietnams etabliert, lange Jahre bevor vergleichbare Lehreinrichtungen in Europa ihre Pforten öffneten. Die ersten Studenten waren Söhne der königlichen Familie, später kamen die Söhne der Mandarine, der Aristokraten hinzu. In den folgenden sieben Jahrhunderten wurde hier die Elite des Landes gedrillt.

Der nach eindeutigem Oben und Unten ausgerichtete Lehrplan, der bedingungslose Disziplin verlangte, ist in den Anlagen des Literaturtempels bis heute atmosphärisch spürbar geblieben, obwohl natürlich um- und angebaut worden ist von all den folgenden Generationen, die den Weg der Weisheit suchten. Fünf Höfe hatten sie zu durchschreiten, die künftigen Mandarine, ganz so wie der heutige Besucher auch – er schaffts freilich schneller. Fünf Räume als symbolische Bereiche der fünf essentiellen Grundlagen konfuzianischer Ordnung.

Die kennt fünf Elemente, nämlich Metall, Holz, Wasser, Feuer, Erde; fünf Tugenden, als da sind Mildtätigkeit, Rechtschaffenheit, Höflichkeit, Wissen, Treue; des weiteren fünf Verbote: zu morden, zu stehlen, sich der Lust hinzugeben, zu lügen, zu trinken; fünf irdische Plagen: das Leben in Gänze, das Alter im besonderen, Krankheit, Tod, Trennung; schließlich fünf Beziehungen und wechselseitige Abhängigkeiten, die Sein und Haben regeln als wichtigstes Bindeglied im Geben und Nehmen, im Befehlen und Gehorchen, im Tun und Lassen, wie es Konfuzius und seine Schüler festlegten zwischen: König und Untertanen, Vater und Sohn, Ehemann und Ehefrau, zwischen Geschwistern und zwischen Freunden.

Nichts, was dem Individuum allein überlassen bliebe; jeder Schritt ist festgelegt, jedes Mit- und Gegeneinander in klarer Abstufung benannt. Das zu erlernen, zu verinnerlichen, schließlich im staatlichen Amt zu überwachen und durchzusetzen mit der Autorität des Kaisers, waren Sinn und Zweck für die Söhne der Oberschicht, hier zu erscheinen. Frauen gehörten nie zu den Auserwählten; fast überflüssig, dies im Zusammenhang konfuzianischer Gesetze zu erwähnen. Ein Mann wie Ho Chi Minh lebte und wirkte ganz in der geistigen Nachfolge derartiger Machtverhältnisse; er hatte wohl auch keine Mühe, Nachbarschaften über die Kontinente und Epochen hinweg zu entdecken: »Meinen Sie nicht, daß Konfuzius, Jesus, Marx und Sun Yatsen eine ganze Menge gemeinsamer Ansichten hatten? Alle wollten das Gute für die Gesellschaft. Lebten sie heute noch, und lebten sie ziemlich nahe beisammen, ich bin sicher, sie kämen gut miteinander aus.« So das Zitat von Onkel Ho aus dem Jahre 1965.

Wir machen Rast vor den mannshohen Steintafeln, die auf den Rücken von Schildkröten stehen. Über und über sind die Stelen mit chinesischen Schriftzeichen bedeckt: Es sind die Namen der promovierten Absolventen der Examina im Literaturtempel. 82 solcher kompakter Erfolgsmeldungen sind erhalten geblieben. Seinen Namen verewigt zu wissen, galt als höchste Ehre und erstrebenswertes Ziel der Büffelei. Von 1442 an wurde dieser Brauch praktiziert, die erste Stele 1484 aufgestellt. Da auf jeder Tafel eine feste Anzahl von ausgezeichneten Doktoren festgehalten ist und man weiß, daß bis 1779 derartige Examina stattfanden, läßt sich errechnen, daß 30 weitere steinerne Zeugnisse verlorengegangen sind. Fast ein Wunder ohnehin, daß es diese Tafeln noch gibt: Wind und Wetter haben ihnen sowieso schon arg zugesetzt. Während des Krieges schützten Sandhaufen und Mauern die unersetzliche Hinterlassenschaft des einstigen Lehrbetriebes vor den befürchteten Schäden durch amerikanische Bomben.

Seit 1994 stehen die Stelen mit ihren Schildkröten aufgereiht in vier Abteilungen zu beiden Seiten der Wege zum Haupttempel, von Ziegeldächern im Pavillonstil beschirmt. Das ist ein Ergebnis umfangreicher Restaurierungsarbeiten mit internationaler Finanzierung. Daß der Krieg weit zurückliegt und sich neue Interessen zusammenfinden, zeigt sich daran: Den Schutz der Stelen förderte auch American Express. Die Begründung leuchtet ein: »Als

Reiseunternehmen ist uns die Bedeutung jener Zeugnisse des kulturellen Erbes zutiefst bewußt; und uns liegt sehr daran, das zu bewahren, was Besucher ins Land zieht.« Die Schildkröten mit dem erstarrten Breitmaulgrinsen bringt auch solche Fürsorge nicht aus ihrer in Jahrhunderten eingeübten Ruhe.

Wir atmen etwas ein von wohltuend beglückender Zeitlosigkeit. Hier also wurden die Bürokraten, die Gelehrten, die Philosophen, die Steuereintreiber und Staatsmänner in die Grundlagen ihrer Zuständigkeiten eingewiesen: Geist und Macht in engster Nachbarschaft. Es heißt, daß mancher Mandarin zugleich ein Dichter war. Mit den Worten unserer Zeit wurden hier die Hofbarden und Wirtschaftsbosse herangezüchtet, die Poeten im Dienste und die Funktionäre nach von ganz oben festgelegten Auswahlkriterien. Bei den wichtigsten Examen stellte der Kaiser selbst die Fragen. Abweichler hatten keine Chance.

Wir sitzen neben den Schildkröten mit ihrem schwergewichtigen Namensregister und rufen uns eine historische Interpretation in Erinnerung, die die vietnamesische Schriftstellerin Pham Thi Hoai in einem Interview gab, befragt nach den Freiheiten der Intellektuellen im heutigen Vietnam: »Gar keine Freiheiten. Das war nicht nur im Sozialismus so, sondern in der ganzen Geschichte Vietnams. Die Schicht, die schreiben, lesen und deshalb auch dichten konnte, war restlos der Macht verschrieben. Und sie machte auch die herrschende Ideologie und alles, was die Macht betraf, zu ihrer eigenen Ideologie. Viele sprechen über diesen Aspekt nur im Hinblick auf ein halbes Jahrhundert Sozialismus. Aber das finde ich gar nicht so wichtig. Denn 50 Jahre können ein Volk nicht so prägen wie 2 000 Jahre. Die 50 Jahre Sozialismus sind keine abrupte Unterbrechung dieser Tradition, sondern eigentlich nur eine glatte Verlängerung.«

Dies sagte die teils in Hanoi, teils in Berlin lebende Autorin im Zusammenhang der Deutschen Buchmesse im Frühjahr 1996. Zum erstenmal hatten sich in Hanoi und Ho-Chi-Minh-Stadt deutsche Verlage, Autoren und Hersteller von Büchern in Vietnam präsentiert, um über deutsche Gegenwartsliteratur und ins Deutsche übersetzte vietnamesische Schriftsteller zu informieren. Prompt erregten sie bei den Zensoren und ehedem von der ostdeutschen Stasi ausgebildeten Überwachern geistiger Mitteilung üblen Anstoß. Die deutschen Ausgaben von Duong Thu Huong und eben auch von Pham Thi Hoai mußten von den Büchertischen verschwinden.

Pham Thi Hoai hat da so ihre Erfahrungen. 1960 in Hanoi geboren, hatte und hat sie unter den Restriktionen des Denkens, wie sie im Literaturtempel vor Jahrhunderten begründet wurden, selbst zu leiden. Ihr erster Novellenband durfte 1983 nicht in ihrer Heimat erscheinen, weil er nach offizieller Lesart »die Würde der Frau in den Schmutz zog«. Weitere Werke kamen in erster Auflage zensiert heraus, ehe sie später vollständig gedruckt werden durften. Eher gelassen stellt sie fest: »Vietnam ist nach wie vor ganz hartnäckig ein sozialistisches Land mit einer KP und einer Diktatur. Zensur ist Alltag.«

Diesen Alltag spießt gerade Pham Thi Hoai mit spitzer Feder auf; sie ignoriert die Tabus à la Literaturtempel einfach mit der intellektuellen Souveränität einer neuen Generation. Unter dem Titel »Sonntagsmenü« sind elf ihrer unverwechselbaren Geschichten auf deutsch erschienen. Für Pham Thi Hoai ist der Vietnamkrieg kein eigentliches Thema mehr. Ihre Generation ist danach aufgewachsen. Ihre Geschichten behandeln die unmittelbare Gegenwart des heutigen Vietnam – was da draußen passiert, jenseits der Mauern des Literaturtempels. Was da beispielsweise in »Sonntagsmenü« literarisch aufgetischt wird, ist ein buntes, turbulentes, satirisches, erotisches Durcheinander von Menschen, Meinungen, Möglichkeiten. Verwirrend zuweilen, phantastisch zugespitzt, auf extreme Situationen ausgerichtet; mal Kabarett, mal Krankenhaus. Pham Thi Hoai erzählt vom Generationenkonflikt, von Prostitution, von enttäuschter Liebe, von frustrierten Intellektuellen, von den Träumen kleiner Leute – und von den Verhältnissen, in denen solche Träume gar keinen Platz haben. Alltagsgeschichten, banal und simpel eigentlich; aber wie sie daraus ein originelles Feuerwerk der sprachlichen Raffinesse aufleuchten läßt, macht sie zu einer der eigenwilligsten Gegenwartsautorinnen Vietnams.

Auch daran ist im Literaturtempel zu denken. Wir bummeln durch die rechteckige Insel des gegängelten Geistes. Hinter dem rotgoldenen Haupttempel, der dem Konfuzius gewidmet ist, breitet sich eine freie Fläche aus. Mopedfahrer drehen auf dem Platz ihre Runden, von Männern mit Megaphon dirigiert: links, rechts, stop, weiter. An hölzernen Tischen sitzen Männer mit Listen und Formularen. Mopedfahrer in Schlangen davor. Seltsames Geschehen am Rande des Literaturtempels, ganz und gar ausgehendes 20. Jahrhundert mit seinen Knattermaschinen. Erst auf Anfrage bei den Männern mit Beamtengehabe erfahren wir: Hier wird die Führerscheinprüfung für motorisierte Zweiradfahrer abgenommen.

1802 hatte die Nguyen-Dynastie ihren Hof von Hanoi nach Hue verlegt und auch den Sitz der königlichen Hochschule in die neue Residenz verlagert. So war die Tradition der großen Examen im Literaturtempel verschwunden. Mit dem Mopedtest der späten neunziger Jahre erlebt das Areal eine dieser Gegenwart angemessene neue Bedeutung. In Stein freilich wird kein examinierter Prüfling mehr verewigt – es sein denn, auf einem Grabstein nach einem Unfall mit letalem Ausgang. So ändern sich die Zeiten auch in Vietnam.

Der neue Ton:
Kara-okee bringt die Kader auf die Palme

Wir tuckern durch eine Märchenwelt. An versteinerten Drachen fährt das Boot vorbei, an im Wasser liegenden Löwen, an einem riesigen Segelschiff, das in Urzeiten auf Grund gelaufen ist. Immer wieder neue Einblicke in das Naturwunder der Halong-Bucht. Wie von einem Giganten in verschwenderischer Freigiebigkeit ausgestreut, so ragen da Hunderte von Inseln auf, geformt in phantasieanregender Vielfalt.

Auf dem Eiland Dan Go sind wir in die gewaltige Grotte gestiegen und haben das Gefühl, ins Innere der Erde zu dringen, immer tiefer, immer geheimnisvoller. Die gezackten Umrisse der Felsöffnung bleiben als Tor zur Außenwelt zurück, bläuliches Licht sendend – bis uns Finsternis umfängt, nur noch von Taschenlampen spärlich erhellt. Welch eine Laune der Natur! Die ganze Insel scheint hohl zu sein, so der beklemmende Eindruck. Und später bei Sonnenuntergang setzen wir die Fahrt durch den Archipel der erstarrten Fabelwesen fort. Aus dem gleißenden Tag tauchen wir ein in eine gespenstische Schattenwelt. Die Inseln werden zu

Scherenschnitten. Graue Umrisse, Umrisse des Grauens. Mit schwindendem Licht bedarf es kaum noch der Phantasie, um in den Eilanden die zur Unbeweglichkeit verdammten Akteure eines ungeheuren Kampfes zu erkennen. Urkräfte für alle Zeiten gebannt. Eine Welt aus Wasser, Fels und Schweigen.

Solcherart gelandet und zurückgekehrt ans Ufer der Gegenwart, überfällt einen deren Aufdringlichkeit in besonders erschreckender Weise. Entlang der Küste bei Bai Chay wuchern die Hotels. Auch hier drängt sich der Gedanke auf, ein Riese müsse seine Hand im Spiel haben, so viele Pensionen, Herbergen, schlanke vier-, fünfgeschossige Häuser sind da innerhalb weniger Jahre in den Himmel gestellt worden. Dem Massentourismus eine Bleibe; und der Bauriese heißt Privatwirtschaft. Das ist keine Märchenwelt mehr, sondern die beliebige Kulisse, die Rimini, Cancun oder Djerba heißt. Man staunt, in welch kurzer Zeit auch Vietnam den Anschluß geschafft hat.

Vor einer Restaurantsterrasse, die offenkundig von zwei konkurrierenden Lokalitäten geteilt wird, werden wir von den getrennt auftretenden, aber gemeinsam schreiend, gestikulierend, uns als potentielle Gäste nach rechts, nach links drängenden Kellnerinnen empfangen. Die stürmische Werbung ist eher abschreckend als einladend. Hier herein! Nein, bei uns ist's besser! Wer das miese Desinteresse sozialistischer Einheitsgastronomie in Erinnerung hat, einst von Karl-Marx-Stadt bis Hanoi zu erleben, der ist bei einem solchen Überfall privatwirtschaftlicher Geschäftigkeit verblüfft. Von einem Extrem ins andere.

Nachdem wir uns in eines der beiden Restaurants vorgeschoben haben, be- und abgedrängt gleichermaßen, beruhigen sich die burschikosen Animierdamen. Nun schallt ein ganz anderer Lärm durch den frühen Abend. Lautstark. Männergesang. Dröhnend durch die moderne Technikanlage *made in Korea* weithin zu vernehmen. Der Mann verfolgt mit stierem Blick die Tanzbewegung eines jungen Mädchens auf dem Bildschirm des Fernsehers und singt dazu nach dem durchlaufenden Text, das Mikro fast zwischen den Zähnen. Mit leidenschaftlicher Verbissenheit schreit er sich den vorgegebenen Liebessong aus der Kehle. »Kara-okee«, erklärt unsere Kellnerin, und sie betont das OK so, als wolle sie ihre volle Übereinstimmung mit diesem letzten Schrei der neuen Zeit ausdrücken.

Der ist der neue Ton im Lande. Kein Kriegslärm mehr, schon lange nicht. Nun wird aus allen Lautsprechern in Karaoke eingestimmt. Ein wahres Fieber ist da ausgebrochen, angesteckt von Japan und Korea. Zu Hunderten öffneten in den Städten die Karaoke-Bars. Man singt, schluchzt, brüllt, krächzt mit im Sound der elektronisch fabrizierten Songs. Der Rummelplatz der kommerziellen Unterhaltung hat auch Vietnam vereinnahmt. Karaoke-Kakophonien tönen lauter als kommunistische Parolen und sind populärer geworden als die Marschlieder von gestern.

Deshalb verdammen die Parteikader solchen Gesang; schelten ihn als eines der »social evils«, der neuen sozialen Übel. Auf den Politpostern in den Straßen von Hanoi und andernorts werden sie derb und deftig dargestellt und gebrandmarkt: Aids und Pornovideos gehören dazu und Drogen und eben diese Karaoke-Gesänge mit Videobegleitung. Eine starke rote Faust zerdrückt die bösen Importe der Marktwirtschaft. Auf Propagandatafeln ist das so einfach. In der Wirklichkeit gehören die fragwürdigen Freizeitbeschäftigungen zu den Folgen eben der marktpolitischen Öffnung, die das katastrophale Erbe der Kommandowirtschaft überwinden soll. Da wurden Geister gerufen, die sich selbständig machten. Unüberhörbar!

Wir genießen den gebratenen Fisch, schauen in die glitzernde, schimmernde Halong-Bucht der nun von der Schwärze der Nacht verschlungenen Fabelwesen und haben keine Chance zu einem Gespräch. Die Beschallungsanlage der Karaoke-Elektronik könnte das Massenpublikum demonstrierender Arbeiter und Bauern auf Defilee-Plätzen aufrütteln. Doch dort schweigen nun die Lautsprecher. So ist das mit den »social evils« – oder sind es »devils«? In der Halong-Bucht ist alles Kara-okee.

Hochzeit: Die Braut trägt Weiß in Gotha und Haiphong

Das »Hôtel du Commerce« in Haiphong erinnert an Zeiten, da die Franzosen noch den Ton angaben im Lande. Ocker gestrichen die bürgerliche Fassade aus den dreißiger Jahren, als hier Europäer in der größten Hafenstadt des nördlichen Vietnam die Herrscher und Händler waren. Langgezogen die Gänge, großzügig die Zimmerfluchten im Hotel. Man reiste mit Bedienung. Es ging ums Geschäft, noch nicht um Tourismus. Eine Kulisse der Geschichte, gepflegt und bewohnbar für die Nachfahrenden. Noch. Aber wie lange noch? Das Modell der neuen Zeit überragt die Vergangenheit schon zehngeschossig. Gleich neben dem »Hôtel du Commerce« wurde jüngst das »Hotel Huu Nghi« gebaut. Weiß und glatt, funktional und austauschbar in der Welt der organisierten Gruppenreisen und jettenden Handelsvertreter, die keines Ambientes bedürfen, sondern Fax-Verbindungen und E-Mail-Kontakte brauchen und zur Entspannung das CNN-Geflimmer verfolgen. In solcher Umgebung internationaler Sterilität trifft sich auch die neue einheimische Mittel- und Oberschicht, die vom Wandel von Marx zur Marktwirtschaft profitiert.

Im hell erleuchteten Foyer versammelt sich eine Hochzeitsgesellschaft. Dunkle Anzüge, modisch schicke Kleider. Die Braut trägt Weiß in verschwenderischem Stoffverbrauch. Limousinen japanischer Herkunft und solche mit einem Stern aus Untertürkheim fahren vor. Mehrere Videokameras nehmen die Selbstdarstellung der Aufsteiger in den Fokus. Die Cyclo-Fahrer auf der Straße machen Platz und rollen weiter.

Wir beobachten das gesellschaftliche Ereignis von der anderen Straßenseite wie eine Filmszene aus dem Erfolgsepos »Die Neureichen«.

»Eine schöne Hochzeit, nicht wahr?« bemerkt eine Frau hinter uns, offenkundig unsere Zustimmung erwartend. Die Frau drückt ihre Bewunderung in deutscher Sprache aus. Erst in diesem Moment nehmen wir die kleine Person wahr. Sie steht neben einem Glaskasten mit Zigaretten, Kaugummi, Süßigkeiten bekannter amerikanischer Marken. Davor zwei Plastiktische von geringer

Höhe und einige niedrige Plastikstühle, die weniger zum Sitzen als zum Hocken geeignet sind, an Kindermöbel denken lassen, aber landesübliches Format eines Straßenimbisses haben.

»Eine schöne Hochzeit«, bestätigen wir die Einschätzung der kleinen Frau und wollen natürlich wissen, wie es kommt, daß sie dies in der uns vertrauten Sprache mitteilen könne. Ein freundliches Lächeln aus dunklen Augen. Sie scheint sich zu freuen wie über ein Lob. »Ach, es geht gar nicht mehr gut mit dem Deutschen«, wehrt sie geschmeichelt ab, »mit wem sollte ich hier schon deutsch reden?« Die Frau trägt ein einfaches Kleid, Plastiksandalen; die schwarzen Haare zum Pferdeschwanz gebunden. Sie wirkt zierlich, ganz der Typ der unauffälligen Arbeitsfrauen, die die Straßen Haiphongs bevölkern, Kuchen, gebrauchte Kleider und Postkarten feilbieten, zum Markt unterwegs sind und mit Gelegenheitsjobs versuchen, ihre Familien über Wasser zu halten. Kleine Frauen zumeist, zäh und ausdauernd, denen die tägliche Plackerei schon in jungen Jahren den Schmelz der Jugend raubt.

»Wollen Sie nicht einen Kaffee bei mir trinken?« lädt sie mit einer eher schüchternen Geste ein und weist zu den roten und blauen Plastikmöbelchen. Wir lassen uns nieder und haben nun das Hochzeitsgeschehen fast aus der Froschperspektive im Blick. Anrollender Luxus, dem noch etwas Hausbackenes anhaftet; bloß die Kopie jener mondänen Vorbilder bei ähnlichen Anlässen in Thailand, Malaysia, Taiwan, aber ganz vom zur Schau gestellten Willen inszeniert, Moden und Gehabe des neuen Asiens zu übernehmen, wo Marken- und Selbstbewußtsein eine pragmatische und kostspielige Ehe eingehen.

Unsere Wirtin vom fliegenden Straßencafé stellt zwei Gläser mit Aluminiumaufsatz auf ein Tischchen. *Café sua.* Zwei fingerbreit dicke, gezuckerte Dosenmilch sind bereits auf dem Boden des Gefäßes, heißes Wasser tropft oben durch den Siebfilter mit Kaffeepulver. Eine vietnamesische Spezialität, die die französischen Erfinder und Genießer von einst nicht verleugnet. Die kleine Frau mit dem Pferdeschwanz schaut begeistert und distanziert zugleich den Hochzeitsgästen auf der anderen Straßenseite zu, so wie kleine Leute die Reportagenfotos von einem Fest der Prominenz in der Illustrierten betrachten.

»Ich hatte auch eine schöne Hochzeit«, beginnt sie zu erzählen und ist hörbar bemüht, ihren deutschen Wortschatz vorzuführen.

Bei der Erwähnung des eigenen Eheschlusses scheint sie echter Frohsinn zu erfüllen und nicht nur der geborgte Abglanz des Ereignisses vor und im »Hotel Huu Nghi«. »In Gotha ist es gewesen«, läßt sie ihre Erinnerung lebendig werden, »kennen Sie Gotha? Damals in der DDR. Ich habe von 1982 bis 1989 als Vertragsarbeiterin dort gelebt.«

Die Worte gehen nun leicht über die Lippen, nur mit den Jahreszahlen hapert es. Wir helfen nach. Dede-err spricht sie in einer Art Stakkato aus wie ein Kürzel, das als Inbegriff wichtiger Lebensjahre zu verstehen ist: oft, sehr oft ausgesprochen, bis es von der Wiederholung abgeschliffen war wie eine der vielen sozialistischen Parolen.

»Ich habe in einer Fabrik gearbeitet, die Teile für den ›Wartburg‹ herstellte, das Auto, kennen Sie, nicht wahr? Es war damals eine große Ehre für uns, in der DDR arbeiten zu dürfen. Nach dem Krieg ging es hier nicht besonders gut. Wir konnten in der DDR Geld verdienen, wir hatten Arbeit. Ja, und die Hochzeit«, in ihre Erzählung kommt Schwung, und die aktuelle Hochzeit da drüben verliert an Interesse, »das war ein großes Fest. Wir feierten auch in einem Hotel. Die Vietnamesen vom Betrieb waren alle eingeladen. Wie viele? Mehr als hundert waren es. Und auch die deutschen Kollegen waren dabei. Meinen Mann hatte ich in der Fabrik kennengelernt. Wir hatten getrennte Wohnheime. Es war gar nicht so einfach, zusammenzukommen.« Sie lacht. »Unsere Hochzeit mußte erst vom zuständigen Komitee genehmigt werden.« Und als müsse sie einen überzeugenden Beweis erbringen, daß es tatsächlich eine große Veranstaltung gewesen ist, sagt die kleine Frau: »6 000 Mark hat unsere Hochzeit gekostet, nein«, sie streicht sich die Haare aus der Stirn, »nein, es waren sogar 6 800 Mark. Wir mußten lange sparen. Viel Geld für uns, sehr viel.«

In ihren Augen flammt etwas auf von jenem Fest, das das Fest ihres Lebens gewesen ist und Jahre später am Straßenrand in Haiphong einen freudigen Schimmer jener Erinnerung belebt, einmal im Mittelpunkt allgemeiner Bewunderung gestanden zu haben.

»Ich hatte auch ein weißes Kleid«, sagt sie und zeigt nun abermals Neugier am Geschehen auf der anderen Straßenseite, sich offenbar wieder ganz des unüberwindlichen Grabens dazwischen bewußt werdend. Ein kleiner Junge kommt aus dem Hauseingang hinter uns auf sie zugetrippelt. »Dung, mein Sohn«, erklärt die Mutter und nimmt ihn auf den Arm, »hier in Vietnam geboren.« Die kleine Frau öffnet den Glasschrank und steckt dem Söhnchen einen Schokoladenriegel in die Hand.

Ihr Mann? »Oh, der ist noch in Deutschland. Er fuhr nach unserer Rückkehr zurück. Deutsche Wiedervereinigung, Sie wissen ja, wir mußten als Vertragsarbeiter heimkehren. Aber was heißt: heimkehren? Keine Arbeit hier«, ihre Miene verfinstert sich. »Mein Mann versuchte es noch einmal. Er fand eine Arbeit als Klempner. Doch nun ist er die auch los. Papiere. Keine guten Papiere. Er schrieb, daß er Deutschland nun endgültig verlassen muß.«

Die kleine Frau umfaßt zärtlich die Schultern des Jungen, der genüßlich und das Gesicht verschmierend seine Schokolade in sich hineinstopft. »Was soll er hier machen? Keine Arbeit. So ein Straßenhandel bringt doch nichts ein. Zu viel Konkurrenz. Wir wissen nicht, was er hier machen kann. Wovon leben?«

Die Erinnerung an die Hochzeit ist verflogen. Die Gesellschaft drüben im Hotel hat sich in die Innenräume zurückgezogen. Eine junge Frau setzt sich zu uns auf einen der Hocker. Sie wirkt müde, abgespannt. Die Lippen auffallend geschminkt, hochhackige Schuhe, kurzer Rock, ausgeschnittene Bluse, die Haare aufgesteckt. Eine professionelle Aufmachung. Ihr Lächeln wirkt gequält. Hastig trinkt sie den heißen Kaffee. Auch eine Arbeiterin, die Pause macht. Armut von Rouge übertüncht. Wir schlürfen die letzten Schlucke, süß und bitter zugleich. *Café sua*. Dann drücken wir der kleinen Frau, die in Gotha geheiratet hat, zum Abschied die Hand, eine harte Hand, die rauh ist wie Sandpapier.

Nguyen Thi Oanh: »Wir werden unseren eigenen Weg aus dem Dilemma finden«

Wir haben uns mit Frau Nguyen Thi Oanh in der Straße Tu Xuong in Ho-Chi-Minh-Stadt verabredet, der Straße, in der sie vor 1975 in der Caritas-Schule Sozialarbeiter ausgebildet hatte. In der Schule ist jetzt das »Zentrum zur Rehabilitation unterernährter Waisenkinder« (CROM) des Sozialministeriums untergebracht, das von *terre des hommes* in Deutschland finanziell unterstützt wird. Unser Treffpunkt ist das »Ökumenische Zentrum« der »Union der Patriotischen Katholiken«, wo sie jetzt gelegentlich katholische Kader der parteinahen Union unterrichtet.

Tu Xuong, nicht weit vom Stadtzentrum entfernt und abgelegen vom Lärm der Durchgangsstraßen, ist eine Schulstraße geblieben. Die Kindergärten, Grundschulen und Nachhilfezentren werden seit der »Wende« wieder kommerziell betrieben und von Kindern der neuen Oberschicht besucht, genau wie vor 1975 von denen der alten. Wir zwängen uns durch ein Chaos von abgestellten Hondas vor einem Restaurant, von denen die Stadt voll ist und die Ho-Chi-Minh-Stadt den alten Namen »Honda-Ville« aus der Zeit vor 1975 zurückgegeben haben. Das populäre Restaurant, der Vorgarten einer alten französischen Villa, ist am frühen Abend vollbesetzt mit Angestellten der neuen Unternehmen der Stadt, die es sich leisten können, zum Essen auszugehen, Freunde einzuladen und einen Kasten »Saigon-Bier« zu spendieren.

Wir setzen uns an einen der kleinen Tische mit Plastikstühlen und stecken unsere Köpfe zusammen, um im Lärm des Restaurants und bei dem Geknatter der Hondas überhaupt reden zu können. Berge von frischem Gemüse werden aufgetischt, die wir in Reispapier rollen und in würzige Fischsauce tunken. Auf dem Tisch steht ein kleiner Ofen mit glühender Holzkohle, auf dem eine köstliche Fischsuppe köchelt.

Nguyen Thi Oanh hat viel aus ihrer eigenen Erfahrung mit der jüngsten Entwicklung des Landes zu erzählen. Sie hat die dramatische Geschichte seit 1945 miterlebt. Sie war 1973 in der Euphorie des Pariser Friedensabkommens vom Studium in den USA und auf den Philippinen zurückgekehrt. Ihre Unterstützung der »Nationalen Befreiungsfront« (NLF) und die Mitgliedschaft in der »Union der Patriotischen Katholiken« hatte sie 1975 vor der »Umerziehung« bewahrt. Aber als Soziologin und Professorin für Sozialarbeit konnte sie nicht wieder tätig werden. Sie war über zehn Jahre als Beraterin für Werktätige in Staatsbetrieben eingesetzt, als Betriebspsychologin für reibungslose Produktionsabläufe, wie sie es nennt.

Erst Mitte der achtziger Jahre, als die sozialen Probleme des Sozialismus überhandnahmen und durch die Einführung der Marktwirtschaft eine Menge zusätzlicher sozialer Probleme sichtbar wurden, besann man sich wieder auf die Sozialarbeit als Heilmittel und Ausweg aus der Misere und beauftragte Nguyen Thi Oanh 1987, die Sozialarbeit im Ausland zu untersuchen, um wieder Anschluß an internationale Standards zu finden. So kam sie auch wieder auf die Philippinen und recherchierte an der »University of the Philippines«, am »Asian Social Institute« in Manila und in anderen Instituten gesellschaftspolitischer Forschung und Ausbildung.

Inzwischen waren grundlegende Veränderungen eingetreten. In vielen Ländern der sogenannten »Dritten Welt« hatte sich die Sozialarbeit von der Funktion als »gesellschaftliche Reparaturarbeit« verabschiedet und sich vom Mißbrauch für »counterinsurgency« (Guerillabekämpfung) befreit. Die Gemeinwesen-Entwicklung (»community development«) ohne gesellschaftliche Veränderungen war von Gemeinwesen-Organisationen (»community organizations«) abgelöst worden, um landlose Bauern, städtische Randgruppen, benachteiligte Minderheiten und Frauen zu befähigen, sich zu organisieren und ihre Rechte selbst zu erkämpfen (»empowerment«).

Aber das erste Tauwetter in Vietnam war nur von kurzer Dauer. Geschockt und verunsichert durch den Zusammenbruch des Sozialismus in Osteuropa und aus Angst vor der Demokratiebewegung in China hatte die Parteiführung 1989 alle Reformansätze außerhalb der Wirtschaft unterbrochen. Doch Anfang der neunziger Jahre erwachte wieder Interesse an der Sozialarbeit zur Lösung sozialer Probleme. Zur selben Zeit wurden auch kommerziell betriebene und selbstfinanzierte Bildungseinrichtungen zugelassen. Jetzt konnte Nguyen Thi Oanh zusammen mit Mathematikern, Informatikern und Managern auch Sozialarbeiter an der »Offenen Universität« von Ho-Chi-Minh-Stadt ausbilden. Die »Offene Universität« gehört zu den ersten Einrichtungen dieser Art im Lande. Sie wurde mit privatem Kapital aufgebaut und finanziert sich mit privaten und öffentlichen Forschungs- und Bildungsaufträgen.

Davon berichtet Frau Oanh. Sie freut sich, endlich wieder Sozialarbeiter für die Bedürfnisse des Landes ausbilden zu können und sie an die sozialen Probleme des Landes heranzuführen. In den Dörfern und Slums, in denen ihre Studenten tätig sind, ist sie genauso zu Hause wie an der Universität. Man sieht es ihr an, ihre Haut ist von Sonne und Witterung gegerbt, und sie trägt die dunkle Bluse und die flatternde, schwarze Hose einer Bäuerin. Allerdings merkt sie an, daß im Gegensatz zur wirtschaftlichen Forschung die Finanzierung von sozialwissenschaftlichen und sozialpolitischen Projekten besonders schwierig sei. Außerdem sei die Ausbildung in solchen gesellschaftsnahen Disziplinen mit Beteiligung der Zielgruppen am Erkenntnis- und Veränderungsprozeß politisch brisant und werde von der Partei beargwöhnt. Es fehle zwar nicht an Unterstützung von Hilfsorganisationen und Nicht-Regierungsorganisationen aus dem Ausland. Das Problem liege allerdings darin, daß diese mit dem Geld auch das Programm mitbestimmen wollten. Fast immer fehle ihnen das Fingerspitzengefühl für die prekäre Lage des Landes, und sie verstünden nicht das Bedürfnis nach eigenständigen Ansätzen in der sozialen Bildungsarbeit.

Bis zu ihrer Vertreibung 1975 seien es die USA und in ihrem Schlepptau der ganze Troß westlicher Hilfsorganisationen gewesen, die während des Krieges mit Geld und Programmen das Land auf antikommunistischen Kurs getrimmt hatten. Anschließend war es die Sowjetunion mit ihren Hilfskräften aus dem Ostblock – vor allem aus der DDR –, die alle Erfahrungen aus Tradition und Unabhängigkeitskämpfen mißachtet und Vietnam in ihren Kampf gegen den Westen eingespannt hatte.

Jetzt kämen die internationalen Hilfsorganisationen und Nicht-Regierungsorganisationen und wollten mit Geld und neuen Rezepten die post-kommunistische Gesellschaft nach ihrem Verständnis umbauen. Sie alle zeigten keine Bereitschaft, sich selbst in Frage zu stellen und gemeinsam Perspektiven für den Aufbau einer zivilen Gesellschaft in Vietnam und ihren eigenen Ländern zu suchen. Nguyen Thi Oanh schmunzelt und meint, daß die Marktwirtschaft mit Angebot und Nachfrage auch für Nicht-Regierungsorganisationen aus dem Ausland gelten solle. Sie sollten sagen und zeigen, was sie anzubieten haben und was sie vertreten. Sie würden dann schon erfahren, ob man sie in Vietnam sehen und mit ihnen kooperieren wolle. Denn dieses Mal möchte man in Vietnam den eigenen Weg aus dem Dilemma finden.

Noch ein anderer Hinweis ist ihr wichtig. Während der Befreiungskriege habe die internationale Linke alle Wünsche nach einer freien, unabhängigen und emanzipierten Gesellschaft auf Vietnam projiziert und sich sozusagen die eigene Identität bei der

NLF ausgeliehen. Jetzt solle man nicht in den umgekehrten Fehler verfallen und die Enttäuschung und Frustration über das mißlungene Sozialismus-Projekt nochmals auf Vietnam abladen. Man müsse Vietnam und die Bevölkerung so nehmen, wie sie sind. Warum sollten die Chancen auf Bildung einer zivilen Gesellschaft für ein sozialistisches Land nicht genau so gut sein wie für ein kapitalistisches?

Wir wollen von ihr mehr über ihre Einschätzung der Kommunistischen Partei und die Rolle ihrer Funktionäre im Reformprozeß hören, da sie über viel Erfahrung mit den Kadern auf der Arbeitsebene verfügt.

Nguyen Thi Oanh hat, wie viele andere auch, die Erfahrung gemacht, daß die alten Kader nur den Guerillakampf kennen und keine Kenntnisse und Erfahrungen mit dem schwierigen Aufbau der Gesellschaft nach dem Krieg besitzen. Sie kompensierten ihre Unkenntnis häufig mit Arroganz und seien sehr auf ihre Privilegien bedacht, sagt Nguyen Thi Oanh. Hinzu komme der Komplex der Nordvietnamesen, dem Süden Moral und Diziplin beibringen zu müssen. Wer aus dem Norden komme, habe Schwierigkeiten, die traditionelle Liberalität des Südens und die völlig anderen Erfahrungen aus dem Umgang mit den Amerikanern während des Krieges zu verstehen. Daher griffen die Menschen in Ho-Chi-Minh-Stadt und im gesamten Süden so begierig die Lockerung der Planwirtschaft auf und seien die Vorreiter des wirtschaftlichen Wachstums geworden. Der Süden übe jetzt mit seiner wirtschaftlichen Überlegenheit Rache an der politischen Bevormundung des Nordens.

Sehr zurückhaltend spricht Nguyen Thi Oanh über die Parteiführung und das sozialistische System, wie wir es auch häufig bei anderen Gesprächspartnern feststellen. Ihrer Meinung nach garantiert die Partei die Stabilität des Landes und bewahrt es vor einem Chaos, wie es in der ehemaligen Sowjetunion nach dem Zusammenbruch des Sozialismus ausbrach. Die Legitimation der Partei aus erfolgreichen Befreiungskriegen sei ungebrochen, auch wenn die heute 20jährigen und Jüngeren keine persönlichen Erfahrungen mit dem Krieg und den Siegen ihrer Väter verbänden. Nguyen Thi Oanh teilt unsere Beobachtung, daß die Stabilität des Landes und die Autorität einer zentralen Organisation in der konfuzianisch geprägten und vom Katholizismus beinflußten Gesellschaft Vietnams besonders heilige Güter sind. Und daß die Verankerung von Sicherheit in einer Demokratie intensiver gesellschaftspolitischer Bildungsarbeit und der Erfahrung mit den Vorzügen einer demokratischen Gesellschaft bedarf.

Frau Oanh verehrt nach wie vor Ho Chi Minh. Soweit er Fehlentscheidungen getroffen habe, führt sie diese auf schlechte Berater zurück. Sie sagt aber auch mit einem ironischen Unterton, es sei gut für ihn gewesen, 1969 auf dem Höhepunkt seines Ansehens zu sterben. So sei ihm das Schicksal erspart geblieben, ein Fidel Castro Vietnams zu werden.

So positiv wie Frau Oanh denken nicht mehr viele Menschen in Vietnam über Ho Chi Minh. Das Verhältnis zu dem Nationalhelden hat sich stark verändert. Dazu trägt sicherlich bei, daß die Partei ihn ständig strapaziert und für ihre Interessen einspannt. In Ermangelung eigener Visionen und Konzepte begründet die Partei neuerdings wieder alle Entscheidungen mit dem »Marxismus-Leninismus und Ho Chi Minhs Gedanken«. Man scheint nicht einmal zu spüren, daß man Ho Chi Minh auf großflächigen Plakaten mit dem Telefon in der Hand als Symbol der neuen Zeit der Lächerlichkeit preisgibt. Und die neue Generation kann nicht viel mit seinen Bronzestandbildern anfangen, auf denen er als Zeichen seiner Liebe zur Jugend ein Kind auf dem Schoß hält. Aber auch in der Partei wächst Kritik an Ho Chi Minhs ideologischer Fixierung auf Lenin und die blutigen Befreiungskämpfe als einzige Möglichkeit, die Unabhängigkeit des Landes zu erlangen.

Außerdem verlangen viele ältere Kader eine Aufklärung der Säuberungen der Partei von bürgerlich-nationalistischen Kräften nach der Unabhängigkeitserklärung von 1945 und von pro-chinesischen Parteimitgliedern in den sechziger Jahren und fordern ihre eigene Rehabilitierung. Solche Vorstöße werden von der Partei scharf unterdrückt, weil sie Ho Chi Minhs Image beschädigen und die eigene Legitimation schwächen könnten. Es gibt eine lange Liste von Genossen, die in den letzten Jahren wegen solcher Vorstöße zu Gefängnis und Hausarrest verurteilt worden sind. Hoang Minh Chin, ehemaliger Leiter des »Instituts für Marxismus-Leninismus-Studien«, ist das prominenteste Beispiel aus jüngster Zeit. Er wurde 1990 erneut verhaftet und im November 1995 zu einem Jahr Gefängnis verurteilt, dann aber wegen schwerer Erkrankung Anfang 1996 vorzeitig aus der Haft entlassen.

Sehr kritisch zeigt sich Frau Oanh gegenüber der wirtschaftlichen Liberalisierung. Sie scheut sich nicht, den eingeschlagenen Kurs als »Sozialdarwinismus« zu bezeichnen. Durch neue Allianzen von Unternehmern, Funktionären und ausländischem Kapital entstünden Firmen, deren Bosse über Leichen gingen. Die geringen Löhne in Verwaltung und Staatsbetrieben und die festgelegten Mindestlöhne von monatlich 30 US-Dollar in Joint-ventures reichten nicht zum Lebensunterhalt aus. Trotzdem sieht sie in der Lockerung der Planwirtschaft und in der wirtschaftlichen Liberalisierung eine gute Chance, Anschluß ans Ausland zu gewinnen und sich vom Komplex der Zurückgebliebenen zu befreien. Mehr aber noch als um die sozialen Konsequenzen der Liberalisierung zeigt sie sich um die kulturelle Entfremdung besorgt: »Der neue Konsumrausch frißt unsere Seele.« Das Restaurant ist ein geeigneter Ort, darüber nachzudenken. Bierflaschen türmen sich neben den Tischen, und der Ton der Männerrunden ist laut und ausfällig. Die Bosse winken ihre Kumpane zu sich und schicken sie mit neuen Aufträgen fort. Auf der Straße werden sie von ihren Mädchen erwartet.

Frau Oanhs Befürchtungen werden häufig geäußert. »Pragmatismus« nennen es Studenten, was sie zum Studium der Wirtschaftswissenschaften motiviert. Sie wollen Geld verdienen und nichts mehr von Ideologie und Politik hören. Sie spotten darüber. Aber hinter ihrem zynischen Lachen steckt häufig ein Idealismus, meint Professor David Marr, Vietnamforscher an der »Australian National University« in Sydney. Sie verabscheuen und verurteilen die allgegenwärtige Korruption und die weitverbreitete Begünstigung aufgrund persönlicher Beziehungen. Viele haben sich in der Schule für den Sozialismus zur Überwindung repressiver Gesellschaftsformen des Konfuzianismus begeistert, den sie in ihrer eigenen Familie als autoritäre Beschneidung ihrer Freiheiten erfahren.

Auffällig ist die starke Zuwendung von Jugendlichen zu den Religionsgemeinschaften. Man sucht offensichtlich in den buddhistischen Pagoden, katholischen Kirchen, den taoistisch-konfuzianistischen Tempeln oder auch bei Wunderheilern und Wahrsagern einen emotionalen und mystischen Halt als Alternative zur sinnentleerten Ideologie des Marxismus-Leninismus und zum gescheiterten Sozialismus.

Die Massenmedien im neuen Gewand haben offensichtlich einen starken Einfluß auf die Neuorientierung der Bevölkerung, wogegen die Partei mit ihrer Vorstellung von einer sozialistischen Kultur machtlos ist. Die bunte, aggressive Werbung und die poppig gemachten Fernsehprogramme aus dem Ausland üben eine große Faszination aus, scheinen aber auch eine ebenso große Verwirrung zu stiften. Der Verkauf von Fernseh- und Videogeräten boomt, und Satellitenschüsseln werden aus China ins Land geschmuggelt, wo sie ebenso verboten sind wie in Vietnam. Ausländische Popmusik hat die Cafés erobert. Programme der BBC, von Voice of America, Deutsche Welle oder Radio Australia können nicht länger kontrolliert werden und haben mehr Zuhörer und Zuschauer als die staatlichen Programme des Landes. Die neu aufgebauten Telefonsysteme, Fax, E-Mail und der Zugang zum Internet vermitteln das Gefühl, Anschluß an die Welt gefunden zu haben.

Die Arbeitsmöglichkeiten, die Nguyen Thi Oanh mit Selbsthilfegruppen, Fraueninitiativen und unabhängigen Genossenschaften in der »Offenen Universität« hat, lassen darauf schließen, daß die Durchlässigkeit des sozialistischen Einheitsstaates Vietnam größer geworden ist, als allgemein vermutet wird. Sozialwissenschaftler sind der Meinung, daß auf der lokalen Ebene der Dörfer und Distrikte die »Tagespolitik« das Leben immer stärker bestimmt hat als zentrale Anweisungen, die nur nach Bedarf umgesetzt wurden.

Die Organisation von Selbsthilfe zur Überwindung der katastrophalen wirtschaftlichen Lage Ende der siebziger Jahre, auch »Durchbrechen der Zäune« genannt, mußte offensichtlich von zentralen Stellen hingenommen werden und hat weitergehende Eigeninitiativen vorbereitet. Abgesehen von der traditionellen Eigenständigkeit der Dörfer sind Selbständigkeit und Spontaneität der Bevölkerung offensichtlich von den Erfahrungen im Guerillakampf beeinflußt.

Das ist ganz deutlich in der »Reisschüssel« des Mekong-Deltas zu beobachten, wo sich die Bauern erfolgreich gegen die kollektive Bewirtschaftung der Reisfelder gewehrt haben. Bei der Freigabe der landwirtschaftlichen »Familienbewirtschaftung« 1989 waren nicht einmal sieben Prozent des Landes in Genossenschaften überführt, im Vergleich zu 100 Prozent in Nordvietnam. Die Erfahrung und Fertigkeit der Bevölkerung, sich in »doppelten Struk-

Mattenweberin in Thanh Hoa (Nordvietnam)

turen« zu bewegen, ist bemerkenswert. Ob in Dörfern, Betrieben, Schulen oder Krankenhäusern, überall arbeitet man »mit rechts und links«, wie man ironisch die Zugehörigkeit zu mehreren Institutionen und mehrfache Einkommen nennt. Die Fähigkeit, sich Realitäten mit Hingabe anzupassen und auf diese Weise Probleme zu lösen, sei in Vietnam, bedingt durch buddhistisches Realitätsverständnis, besonders ausgeprägt, heißt es, im Gegensatz zum christlich-calvinistischen Verständnis von Beherrschung und aggressiver Veränderung von Wirklichkeit.

In vielen Landprovinzen, in denen staatlich kontrollierte Produktionsgenossenschaften zugunsten von »Familienbewirtschaftung« aufgelöst wurden und das Betriebseigentum ordnungsgemäß auf das »Volkskomitee« des Dorfes übertragen wurde, werden neue Genossenschaften auf freiwilliger Basis gegründet. Die Mitglieder organisieren selbst die Vermarktung landwirtschaftlicher Erzeugnisse, den Einkauf von Gebrauchsgütern und gründen Spar- und Kreditgenossenschaften. Die Partei versucht, die Genossenschaften unter Kontrolle zu halten, was jedoch gewöhnlich in völligem Bankrott und in der Aneignung des Betriebseigentums durch Parteikader endet.

Die offiziellen Massenorganisationen unter dem Dach der »Patriotischen Front«, also der »Allgemeine Gewerkschaftsbund«, der »Vietnamesische Bauernverband«, der »Ho-Chi-Minh-Jugendverband« und die »Vietnamesische Frauenunion«, haben inzwischen viel von ihrer Bedeutung und ihrem Ansehen bei der Bevölkerung verloren. Während der Kriege dienten sie als Hilfsorganisationen für die Guerilla. Ihre Mitglieder verfügen jedoch über viel Erfahrung bei der Lösung von Problemen unter schwierigen Bedingungen.

Seit Ende der achtziger Jahre gibt es einen regelrechten Boom in der Gründung sogenannter Nicht-Regierungsorganisationen, die sich mit sozialen Fragen, Erziehung, Fortbildung, der Erneuerung von Traditionen, Kunst und Kultur, Wissenschaft und Technologie befassen. Bislang erhielten sie ihre Zulassung vom »Volkskomitee«, von der »Patriotischen Front« oder den zuständigen Ministerien. Seit Mitte 1996 ist ein neues Dekret in Kraft, das die Zulassung von lokalen wie ausländischen Nicht-Regierungsorganisationen durch eine zentrale Instanz regelt.

Im Gegensatz zum sozialen, wissenschaftlichen und kulturellen Engagement von Nicht-Regierungsorganisationen sind politische Aktivitäten außerhalb der Kommunistischen Partei und der von ihr kontrollierten Massenorganisationen untersagt. Auf die Einhaltung dieser Regel wird streng geachtet, und Verstöße werden hart geahndet. Opfer dieses Verbots wurde beispielsweise der »Club der ehemaligen Widerstandskämpfer« in Ho-Chi-Minh-Stadt, der im Januar 1990 aufgelöst wurde. Die meisten seiner Anführer wurden unter Hausarrest gestellt. Ein ähnliches Exempel wurde an der Bürgerrechtsinitiative »Hohe Zeit des Humanismus« im November 1990 statuiert, deren Vorsitzender, Dr. Nguyen Dan Que, inhaftiert und 1991 »wegen Aktivitäten zum Sturz der Regierung« zu 20 Jahren Gefängnis verurteilt wurde. Dasselbe Schicksal erfuhren auch Doan Viet Hoat, Herausgeber der Zeitschrift »Freiheitsforum«, und sieben weitere Redakteure, die im November und Dezember 1990 verhaftet und zu Gefängnisstrafen von vier Monaten bis zu 15 Jahren verurteilt wurden.

Nguyen Thi Oanh gehört zu den Personen, die an neuen Ansätzen für eine Sozialstruktur unter den Bedingungen des Übergangs zur Marktwirtschaft arbeiten. Eine ihrer Empfehlungen heißt beispielsweise, die Joint-ventures mit ausländischer Kapitalbeteiligung zu derselben Gesundheits- und Sozialversorgung für ihre Mitarbeiter zu verpflichten, wie die Investoren sie in ihren Ursprungsländern kennen. Solche Vorschläge stoßen jedoch auf eine scharfe Ablehnung, denn ausländische Firmen sind gerade deswegen nach Vietnam gekommen, um solchen sozialen Verpflichtungen zu entgehen.

Abzuwarten bleibt, welche Rolle die neue Generation von Studenten in der Formulierung von Reformen und – vergleichsweise mit China – in der Herausforderung von Partei und Staat spielen wird. Die neuen Universitäten, die wegen der wirtschaftlichen Notsituation im Bildungswesen zugelassen worden sind, stehen zwar auch unter staatlicher Kontrolle, besitzen aber ein großes Maß an Selbständigkeit. Die erste dieser Art ist die Thang-Long-Universität in Hanoi, die 1988 von der Professorin für Mathematik, Informatik und Management, Hoang Xuan Sinh, gegründet wurde und inzwischen in Ho-Chi-Minh-Stadt ein Gegenstück gefunden hat. Zu diesen Neugründungen gehört auch die »Offene

Universität« in Ho-Chi-Minh-Stadt, an der Nguyen Thi Oanh die Ausbildung von Sozialarbeitern aufgenommen hat.

Frau Oanh hat gleichzeitig gegen zwei Widersacher anzurennen, gegen borniere Kader der Partei und hemmungslose Unternehmer in der neuen Marktwirtschaft. Sie hat den ungleichen Wettlauf aufgenommen. Es ist sehr beeindruckend, mit welchem Optimismus sie bei so viel frustrierenden Erfahrungen auf die langfristige Veränderung der Gesellschaft setzt und mit welchem Elan sie junge Menschen für die sozialen Aufgaben ausbildet. Sie weiß jedoch selbst, daß ihre Arbeit viel Kraft und Ausdauer erfordert.

Theater:
Wo sich Drachen über Wasser halten

Es spritzt und planscht und schwappt. Das Dorf steht unter Wasser, und eine vergnügte Schar bunter Gesellen taucht und tobt im trüben Naß. Derweil pflügt ein Bauer mit seinem Büffel die Fluten. Tänzerinnen mit schmetterlingshaft-duftigen Gewändern vollführen ein Ballett, das sich märchenhaft in den Wellen spiegelt. Feuerspeiende Drachen peitschen mit ihren Schwänzen die Gischt. Kaum hat sie sich beruhigt, defiliert in feierlicher Prozession der Mandarin mit großem, farbenprächtigen Gefolge hoch zu Roß über das schwankende Element hinweg. Sieben Musikanten mit schmeichlerischen Stimmen und traditionellen Instrumenten begleiten das wäßrige Treiben von sicherer, trockener Empore aus. Beim ausgelassenen Spiel der Dorfkinder schwillt der Gesang zu übermütigem Lachen und Heiterkeit an. Den würdigen Aufmarsch der Noblen trägt ein lobpreisendes Lied davon. Der Drachen und Schlangen wildes Gemenge wird mit Gongs und Geschrei dramatisch aufgewühlt.

Die Musikanten sind lebendige Menschen. Die sichtbaren Akteure im und auf dem Wasser sind Puppen. Die turbulenten Szenen spielen sich vor Hunderten von Zuschauern ab. Begeistert sehen sie der überschäumenden Inszenierung uralten vietnamesischen Wassertheaters zu. In jüngster Zeit erhielt es dank Tourismus und wieder friedlicherem Zeitvertreib im Lande neuen Auftrieb.

Es ist ein phantastisches Drunter und Drüber. Vor Beginn der Vorstellung vermag das ungeübte Auge gar nicht einzuschätzen, was sich da in der braunen, noch unbewegten Brühe der Bühne ereignen wird. Im ehemaligen Kino am Hoan-Kiem-See mitten in Hanoi beispielsweise. Das Theater der Lichtspiele mit aufsteigenden Sitzreihen wurde mit einem Bassin ausgestattet und zum Schauplatz der Wasserspiele umgebaut. So fern wähnt sich der Betrachter, so klein scheinen ihm zu Beginn die Figuren. Doch dann lassen Phantasie und zauberhafte Bilder in der amphibischen Welt die Entfernungen schrumpfen. Mit Witz und Wunderkerzen wird eine versunkene Zeit der Kinderträume lebendig, in denen die Grenzen zwischen Festem und Flüssigem wahrlich dahinschwimmen. Poesie auf schimmerndem Grunde. Was so schwerelos einherschwebt, Schabernack vollführend, die Haltlosigkeit des Wassers verspottend, ist lang einstudierte Kunst.

Zu Beginn der Planscherei versucht der Neuling im Parkett, die Technik zu ergründen. Bald ist er mitgerissen vom Strom der ausgelassenen Episoden im überschwemmten Dorf und vergißt, an das Gestänge unter der Wasseroberfläche zu denken. Erst zum Schluß, wenn sich der Vorhang hinter der sparsam angedeuteten ländlichen Kulisse hebt, tauchen die eigentlichen Künstler auf: in Gummihosen, die bis zur Brust reichen. Wenn die Spieler erscheinen, tief im Wasser stehend, ist's aus mit der Illusion. Die Puppen verkleinern sich wieder auf das Normalmaß ihrer 30 bis 80 Zentimeter. Der Applaus gilt der Perfektion, mit der ihre Meister eben solche Miniaturen mit prallem Leben erfüllten.

Ein ausgeklügeltes System von Stangen, Drähten, Schnüren erlaubt es, virtuos gehandhabt, den Puppen die Beweglichkeit und scheinbare Selbständigkeit zu verleihen, die mit physikalischen Grundgesetzen scherzt. Jede Puppe ist aus Holz geschnitzt; bevorzugt wird das des Feigenbaumes benutzt, es ist weich und trotzdem haltbar. Kräftige Lack- und Goldfarben geben den Figuren den unverwechselbaren Ausdruck: weiß die Gesichter, berauschend bunt die Gewänder. Jede Puppe ein Unikat, gefertigt in Handarbeit; zwischen einem und fünf Kilo schwer. Einzelne Glieder sind lebensecht zu bewegen und, mittels kompliziertem Unterwasser-Apparat aus dem Hintergrund, durch den Vorhang von den Spielern zu bedienen. Jede Puppe ein kleines Kunstwerk, jeder Auftritt ein artistisches Kabinettstückchen. Zu den Verwandten gehören die Chinesische Oper und das javanische Stockpuppenspiel, Wayang Golek, und die vielen Marionetten in aller Welt.

Mit den vietnamesischen Holzfiguren lassen sich eine Wasserschlacht tollender Dorfkinder ebenso darstellen wie ein Bilderbogen aus legendärer Überlieferung, höfische Empfänge und Szenen aus dem nationalen Werden des Landes. Die Geschichte vom wundertätigen Schwert aus dem Hoan-Kiem-See, das nach gewonnener Schlacht gegen die Chinesen von der Schildkröte dem Helden Le Loi wieder abverlangt wird, gehört zum beliebtesten Repertoire. Wassertheater vom Feinsten! Bootswettfahrten, kämpfende Büffel, fleißige Fischer. Auf den Wellen kommen alle zum Zuge.

Die Wurzeln des Wassertheaters reichen wie tief verschlungene Ranken der Lotosblüten weit in die Geschichte zurück. Literarische Quellen aus dem 12. Jahrhundert preisen es bereits als höfische Unterhaltung der Könige. Was heute in städtischen Theatern dargeboten wird, war ursprünglich ein dörfliches Ereignis mit kultisch-religiösen Inhalten. Im wasserreichen Delta des Roten Flusses, in Nordvietnam, dürfte das beziehungsreiche Spiel einst begonnen haben. Da sind die Reisfelder, die Bäche, Kanäle, Teiche, Seen, aus denen heraus eine ganze Kultur erwuchs. Im Wassertheater verschwimmen die Traditionen einer ländlichen Lebensweise, die sich mit dem Reisanbau aus dem Wasser als dem Element des Lebens heraus entwickelte. Nach der Ernte, wenn allen guten Geistern Dank zu sagen war für ihren Beistand, begann die Zeit des Wassertheaters. Stets mehr als bloßes Spiel; vielmehr Abbild des Lebenskampfes, wie dem Wasser und wie mit dem Wasser die Früchte der Arbeit abzugewinnen waren. Das Wasser zu bändigen, zu leiten, zu kanalisieren und in Zeiten des Überflusses zu speichern; in Zeiten der Trockenheit sparsam mit jedem Tropfen umzugehen: das wurde Wesenselement vietnamesischer Kultur in den Dörfern. Wenn dann in Gestalt der Reisgarben der Lohn der Mühen eingebracht war, begannen die Tage der Feste mit dem Wassertheater als Ausdruck der Freude, mit dem Lebensspender freundlich und auf Gedeih und Verderb verbunden zu existieren.

Das alles ist auch in Vietnam längst Vergangenheit in einer nüchterner, im übertragenen Sinne trockener gewordenen Welt. Doch in manchen Dörfern stehen noch in kleinen Seen steinerne Tempel, die einmal Bühne des Wassertheaters waren. Die Spieler agierten in pagodenähnlichen Gemäuern, das Publikum saß am Ufer. Die Schnitzer erfreuten sich hohen Ansehens im Dorf, die Spieler ebenso; sie waren in Gilden vereint. Heute gibt es noch etwa zwei Dutzend solcher organisierter Theatergruppen in den Dörfern. Mit den Aufführungen in städtischen Häusern bildeten sich professionelle Ensembles; auch das Wassertheater wurde kommerzialisiert. Gleichwohl: In seinen Wellen der Lebensfreude schwingen Kult und Kunst der Vorväter mit, Ritual und Spiel zugleich – und ein spritziges Vergnügen.

Ninh Binh:
Die Geschichte vom hölzernen Fisch

Der Zug zottelt südwärts. Hanoi liegt ein paar Stunden hinter uns. Über der weiten, flachen Landschaft abgeernteter Reisfelder breitet sich ein grauer Schleier aus. Gelegentlich kantige Felsen, die der Tristesse etwas Bizarres geben. Einzige leuchtende Farbkleckse zwischendurch: die Orangen der Händlerinnen auf den Bahnhöfen. Ach ja, und die roten Werbetafeln für Coca-Cola über brüchigen Verkaufsbuden entlang der Nationalstraße 1, die stellenweise parallel zur Eisenbahnstrecke verläuft. Symbole gefällig im neuen Vietnam?

Der hagere Schaffner fegt Abfall aus dem Gang. Die Uniform des Mannes ist so grau wie die Landschaft da draußen. »Ninh Binh heißt die Provinz«, sagt unser Begleiter The, durchs beschlagene Fenster schauend, »die Region ist wegen ihrer Armut berühmt«, fügt er an, » es heißt, die Hunde fressen hier Steine; die Hühner picken Kiesel auf.« The sagt es in deutscher Sprache, die er einst beim Studium in der DDR gelernt hat.

Er lehnt sich auf der harten Bank zurück. »Man erzählt sich hier die Geschichte vom Holzfisch«, berichtet er, während der Schaffner mit mißtrauischer Miene unsere Tickets kontrolliert, als handele es sich um gefälschte Reisedokumente, »wenn nämlich ein Bettler um etwas Reis bittet und um Fischsoße dazu, dann legt er sich einen angemalten hölzernen Fisch in den Reis und tut so, wenn ihm jemand beim Essen zuschaut, als verzehre er auch den.« The lacht mit einer Spur von Bitterkeit. »Sie verstehen nicht? Ganz einfach: Man schämt sich hier der Armut. Niemand will zugeben, daß er keinen wirklichen Fisch auf dem Teller hat.«

The kennt sich aus. »Wenn ich Reisfelder sehe, spüre ich noch immer dieses kalte Wasser«, erinnert er sich. »Als Kinder mußten wir da durchwaten. Wir suchten Pflanzen als Futter für die Schweine.« Er schüttelt sich, als sei er eben aus einem dieser schwarzen Teiche gestiegen, die so abgrundtief wirken unter regenverhangenem Himmel. Der Schaffner vertreibt ein junges, barfüßiges Mädchen, das den Reisenden kleine Büschel Bananen verkaufen will. Noch so ein Farbtupfer im Grau. Das halbwüchsige Kind duckt sich unter den Schlägen und flitzt in den nächsten Waggon. The schaut ihr nach. »Kommt mir sehr vertraut vor«, sagt er unfroh, »als kleiner Junge habe ich auch in den Zügen Früchte verkauft und bin rausgeschmissen worden. Wir waren arm.«

Bei jedem Dorf, an dem der Zug vorbeirattert, ragt ein mattrosafarbenes Monument auf: »Von Generation zu Generation denken wir an die Leistungen der Gefallenen«, steht darauf zu lesen. Oder: »Das Vaterland honoriert eure Leistung.« Der Krieg, seit zwei Jahrzehnten vorbei, verhakt sich im Gedächtnis.

Als der Zug im Bahnhof der Stadt Ninh Binh steht, zeigt The auf eine Kirchenruine, die von schäbigen Steinhäusern und TV-Antennen an langen Stangen umgeben ist. »Amerikanische Bomber haben sie zerstört. Das war 1966 bis 1968. Die Kirche ist nie mehr aufgebaut worden.« Da ist an eine andere zerbombte Kirche zu denken, die mitten in Berlin steht.

The erzählt ungefragt; der Anblick nährt unauslöschliche Erinnerungen. »Hier, in dieser Gegend habe ich meine Kindheit verbracht. Die täglichen Bomberstaffeln von damals höre ich noch heute. Die Schreie der Menschen. Angst? Natürlich hatten wir Angst. Immer. Abgeschossene Beine. Blut. Doch das war es nicht nur. Es war die Ohnmacht, nicht helfen zu können. Man sieht krepierende Menschen. Keine Möglichkeit, sie wegzuschaffen. Keine Fahrzeuge. Wohin auch? Kein funktionierendes Krankenhaus mehr. Ich war zehn Jahre alt damals. Amerikanische Aggressoren – das ist ein Wort, mit dem ich aufgewachsen bin.«

Der Waggon ruckt an. Langsam verschwindet der Kirchenstumpf aus dem Fensterausschnitt. »Wenn ein US-Bomber abgeschossen wurde, haben wir uns gefreut; alle, die Erwachsenen, die Kinder.« The lacht. »Und wer solche Angriffe überlebte, hat geklatscht. Aus Freude. Aus Erleichterung.« Spontan klatscht er in die Hände. Unbewußt vermutlich, weil er die Schrecken damals so bewußt erlebte. Der Zug zottelt weiter südwärts im opferreich vereinten Vietnam.

Selbsthilfegruppen: Frau Le macht sich den Hof

Zwischen den Gemeinden Long Hoan im Mekong-Delta und Halinh im Norden Vietnams liegen 1 200 Kilometer. Die Bewohner der ländlichen Regionen haben keine Beziehungen zueinander. Gemeinsam ist ihnen die Armut und der Wille, sich damit nicht schicksalsergeben abzufinden. In beiden Gemeinden haben sich die Menschen beispielhaft in Selbsthilfegruppen zusammengetan, die von *terre des hommes* unterstützt werden.

Frau Le Thi Le ist Mutter von vier Kindern, 36 Jahre alt, klein, eher zierlich; abgearbeitet die Hände wie bei Bauersfrauen üblich. Lesen und schreiben kann sie nicht, aber Rechnen hat sie gelernt und neuerdings Kalkulieren. Wer denn das Geld der Familie verwalte, wer über die Rückzahlung von Krediten entscheide und über die Ausgaben für Enten und Hausbau? Frau Le lacht und sagt spontan: »Ich natürlich.« Sie sagt es im neuen Häuschen mit Kachelfußboden und soliden Holzbalken und Ziegeldach. Es steht an einem der vielen verschlungenen Seitenarme des Flußsystems im Mekong-Delta.

Reisfelder, Palmen, weithin verstreute Holzhäuser der Gemeinde Long Hoan. Für westliche Augen fast eine idyllische Landschaft nahe der Provinzhauptstadt Can Tho. Was nicht auf den ersten Blick zu erkennen ist: Die Hälfte der Kinder ist unterernährt und besucht niemals oder nur sporadisch eine Schule. Das Trinkwasser wird den Flüssen entnommen, vielerorts nur noch Kloaken. Denguefieber, Malaria, Diphtherie sind übliche Krankheiten. Während der Regenzeit werden weite Landstriche überschwemmt. Wege sind nur noch Schlammlöcher. Ein Drittel der Menschen in der Provinz kann kein Reisland bebauen, sondern muß sich mit kleinen Gärten und Gelegenheitsarbeiten über Wasser halten. Buchstäblich! Die Bewohner der sich über mehrere Quadratkilometer erstreckenden Gemeinde Long Hoan gehören meist zu diesem Drittel.

Wir sind mit einem Motorboot gekommen und haben kurz vor dem Haus der Familie Le einer Schar von Dutzenden weißer Enten ausweichen müssen. »Die gehören uns«, erklärte Frau Le mit sichtlichem Stolz. Die Enten spielen in den Berechnungen, die Frau Le mit Eifer zu bewältigen hat, eine große Rolle. Mit Zahlen und Bezahlen plagt sie sich freilich nicht alleine herum. Seit Frau Le zur Frauenselbsthilfegruppe »Binh Nhut« gehört, hat sich ihr Leben überhaupt sehr verändert.

»Wenn wir die Frauen ansprechen, erreichen wir die ganze Familie. Wenn wir den Kindern helfen wollen, müssen wir den Frauen helfen. Wenn sie ihr Einkommen steigern können, kommt dies den Kindern und der ganzen Familie zugute«, so bringt es Frau Le Thi Ngoc Tanh auf den Punkt. Sie arbeitet an der Landwirtschaftlichen Universität Can Tho in der Abteilung für Alternativenergie. Dessen Leiter, Do Ngoc Quynh, und Frau Tanh haben mit den Frauen von Long Hoang die Selbsthilfegruppe aufgebaut. Das akademische Wissen um Entwicklungsmöglichkeiten und die leidvolle Erfahrung individueller Armut kamen da zusammen; und *terre des hommes* unterstützt damit ein Projekt, das gewissermaßen Neuland ist: In den mehr als zwei Jahrzehnten des Engagements des Kinderhilfswerkes in Vietnam war es das erste Mal, daß sich arme Bäuerinnen zu einer Selbsthilfegruppe zusammenschlossen. 40 Frauen und damit 40 Haushalte haben den Anfang gemacht, die wiederum in Gruppen von jeweils fünf Frauen den engeren Kontakt halten. Nun sind bereits mehr als hundert Frauen beteiligt.

Frau Le gehörte zu den Habenichtsen in der Gemeinde, denen nicht einmal mehr ein privater Geldverleiher etwas borgte. Das will was heißen bei den horrenden Zinsen, die einen Schuldner in lebenslange Abhängigkeit von einem Gläubiger bringen. Aus Projektmitteln konnte Frau Le mehrere kleine Kredite aufnehmen, mit denen die Enten gekauft wurden. Mit deren Aufzucht, dem Verkauf der Eier und einzelner Enten wird nun Geld verdient, das in den gemeinsamen Projekttopf zurückgezahlt wird. Das klingt einfach und banal. Doch die Tücke liegt im täglichen Kleinkram. Eine Frau wie Le Thi Le hat keine Erfahrung im Umgang mit Geld; ihr fehlt die praktische Kenntnis, damit zu wirtschaften. In Familien wie der ihren lebt man von der Hand in den Mund, stopft ein Schuldenloch mit den nächsten, höheren Schulden. Ein Teufelskreis.

Frau Tanh von der Universität kennt die Wege von Can Tho hinaus in die flußdurchzogene Ebene von Long Hoan mittlerweile fast im Schlaf. Jede Woche ist sie zwei-, dreimal draußen. Bevor überhaupt Kredite vergeben werden, muß eine Organisation aufgebaut, müssen Zuständigkeiten geklärt, die Frauen in lebenswichtigen Dingen wie Hygiene, Familienplanung, Kinderpflege, Kleintierhaltung, Gemüseanbau geschult werden. Gleichzeitig werden Gruppenarbeit und gemeinschaftliche Verantwortung eingeübt. Für die Mitarbeiter von der Universität und die Landfrauen gleichermaßen ein Lernprozeß. Was muß getan werden, damit sich Entenzucht wirtschaftlich lohnt? Kann Frau Le der Kauf eines Schweines empfohlen werden? Ist die Investition in das VACB-System sinnvoll? Dahinter steckt eine Kombination von Fisch- und Schweinezucht, die mit einer Anlage für Biogas verbunden ist. Dr. Quynh gehört zu den Verfechtern dieses Farmmodells. Eine Familie in der Gemeinde Long Hoan hat VACB als Piloteinrichtung bereits begonnen.

Das alles hat etwas mit Geld und Sachkenntnissen zu tun, letztlich aber entscheidet die Motivation der Beteiligten über Erfolg oder Fiasko eines solchen Projektes. »Hop Tac Xa« ist die Bezeichnung der sozialistischen Genossenschaft, in der alles von oben bestimmt wurde; niemand ganz unten war in Entscheidungen einbezogen. »Eine solche Genossenschaft im alten Sinn ist ein Instrument der Planwirtschaft, wie damals auch in der DDR und der Sowjetunion«, erklärt Dr. Quynh den Unterschied; er hat sein Landwirtschaftsstudium in Stuttgart-Hohenheim absolviert; er kann vergleichen. »Die Selbsthilfegruppen, die wir nun fördern, gehen den Weg gegenseitiger Unterstützung. Eigene Initiative hat eine Chance. Betroffene und Beteiligte entscheiden selbst, was sie tun. Wir können nur beraten.«

Die Erfahrung mit Zwangskollektivierung à la »Hop Tac Xa« weckt auch in der Gemeinde Halinh 1 200 Kilometer weiter nördlich in der Provinz Thanh Hoa böse Erinnerungen. »Viele Familien haben hier Hunger gelitten. Manch einer ist tatsächlich verhungert«, berichtet Nguyen Ngoc Giao, ein stattlicher schlanker Mann, 39 Jahre alt, Vater von drei Kindern. Bis 1988 beherrschte die Genossenschaft sozialistischer Hierarchie den Alltag der Gemeinde mit 8 700 Einwohnern. Das Land ist hügelig, weithin abgeholzt; die Reisfelder in den Tälern sind immer wieder der Gefahr von Überschwemmungen ausgesetzt. Eine Mißernte löst eine Katastrophe aus. Die ganze Provinz zählt zu den ärmsten Vietnams. Von den als landwirtschaftlich nutzbar ausgewiesenen Flächen in Halinh ist nur gut die Hälfte wirklich mit Reis, Mais und Maniok zu bebauen. Zu Zeiten der unproduktiven, weil den einfachen Bauern übergestülpten Genossenschaften mußte man immer wieder als Bittsteller bei der Provinzverwaltung antreten, um überhaupt leben zu können.

Im baufälligen Gemeindehaus hängt noch der Spruch an der Wand: »50 Jahre Aufbau und Verteidigung des Vaterlandes«. Ho Chi Minh auf dem Bild lächelt gütig. Doch von Parolen will hier kaum noch jemand etwas wissen. Jetzt sind die Macher gefragt. Nguyen Ngoc Giao ist einer. Die einstige Genossenschaft ist auf reine Dienstleistungen reduziert worden. Maschinenverleih, Wasserregulierung. Drei Mann versuchen, mit dieser neuen Selbständigkeit ihr Geld zu verdienen.

Nguyen Ngoc Giao, aus einer alten Bauernfamilie stammend, ist nun sein eigener Herr. Er kann einen halben Hektar mit Reis und zwei Hektar hügeliges, karges Gelände bewirtschaften. Das Land gehört weiterhin dem Staat, aber einer Familie wird das Nutzungsrecht übertragen, das sogar an die Kinder weitergegeben werden kann. Bauer Giao gibt sich damit nicht zufrieden. Er weiß, daß auch eine einzelne Familie nicht auf einen grünen Zweig kommen kann, wenn nicht das Dorf, die Region entwickelt, wenn nicht mehr und mehr Menschen in den Prozeß der Veränderung einbezogen werden.

Davon berichtet er in der schäbigen Baracke des Gemeindesaals. Leise, unaufdringlich, aber mit einer Begeisterung, die offenbar ansteckend wirkt. Der Parteisekretär ist dabei, der Bürgermeister, einige Bauern. Sie und andere Männer von Halinh haben sich zu einem Bauernklub zusammengetan. Die Männer von Giao kehren das in Verruf gekommene Prinzip um: Sie wollen von unten nach oben wirken. Über die Kontakte zur Landwirtschaftsbehörde in der eine halbe Tagesreise entfernten Provinzhauptstadt Thanh Hoa kamen Gespräche mit Vertretern von *terre des hommes* zustande und schließlich das Projekt, das unter dem Namen »Halinh« weit über die Dorfgrenzen hinaus bekannt ist und auch andernorts Pläne zur Nachahmung anregte.

Nicht in traditionellen Anbaumethoden liegt die Zukunft, sondern in Neuerungen, als da sind: Tierzucht und Anbau von Litschi-Bäumen. Rinder und Ziegen und diese kleinen weißen Früchte in roten Schalen bieten eine Einkommensalternative, die die natürlichen Gegebenheiten nutzt. Mit Projektmitteln konnte begonnen werden. Die bedürftigsten Familien waren eingeladen, sich zu beteiligen. Ihnen wurde das Startkapital – *seed money* – gegeben, um Kälber und/oder junge Ziegen und/oder Litschi-Pflanzen zu kaufen.

Die Idee ist klar: Rinder und Ziegen bleiben im Besitz der Ersterwerber, Kälber und Ziegennachwuchs müssen an die bedürftigen Nachbarn weitergegeben werden, die der Bauernklub auswählt. Wenn später einmal Geld durch Tierhandel in die Kassen gelangt, soll dies für allgemeine Dorfaufgaben wie Schul- und Kindergartenbau und die Anlage einer Sanitätsstation verwendet werden. Wer sich für Litschis entscheidet, bedarf in den ersten Jahren zusätzlicher Hilfe. Erst ab dem sechsten Jahr kann geerntet werden. Die Einnahmen von einem Hektar Litschi entsprechen etwa denen von vier Hektar Reis. Bis jetzt sind 170 Familien am Projekt beteiligt. 800 von insgesamt 2 100 in Halinh lebenden Familien sollen einmal mitmachen. Prinzip: Schneeball. Die Macher um Giao haben sich für den ehrgeizigen Plan eine Frist von fünf Jahren gesetzt.

Der Rundgang macht deutlich, daß da Initiative von ganz unten in Gang gekommen ist. Über die Hügel ziehen die ersten hundert Rinder. Auf dürftigem Boden grasen Ziegenherden. Litschi-Pflanzungen, in denen Familien beschäftigt sind. Überall treffen wir Leute, die gern von ihrer neuen Arbeit erzählen. Männer, Frauen, Jugendliche. Die dörfliche Betriebsamkeit fällt auf. Es ist, als müßten Arbeiten nachgeholt werden, die lange liegengeblieben waren. Der Übergang von Plan- zur Marktwirtschaft – *Doi Moi* – findet nun auch in abgelegenen Landstrichen statt.

Nguyen Ngoc Giao: »Wissen Sie, diese Lebensform entspricht doch mehr unseren Bedürfnissen als das, was wir in der Vergangenheit hatten. Die Bauern haben nun mehr Freiheit für die Produktion. Dadurch wird ihr Leben besser.« Er lächelt. Die Worte klingen noch etwas hölzern und unbeholfen. Wir sind immerhin die ersten Europäer, die je in der Gemeinde Halinh aufkreuzten und dem Bauern Giao solche Fragen stellen.

Terre des hommes wird im Vietnamesischen übrigens mit »gute Erde« übersetzt.

Geschäfte: Die neue Zeit auf 100 Uhren

Im Laden der Familie Nguyen Huynh Quang hängen Dutzende von Wanduhren. Ihr Ticken und Design stammen aus China, Hongkong, Taiwan. Wohin der Blick auch schweift: Alle Zeiger bewegen sich in eigenwilligem Sekunden- und Minutentakt und verweigern offensichtlich synchronisierte Angaben temporärer Vergänglichkeit. Das mag den verwirren, der just in einem solchen Fachgeschäft an Vietnams Nationalstraße Nr. 1 nach präziser Information ausschaut und wissen will, wie spät es ist. Doch das Kaleidoskop der käuflichen Zifferblätter, rund, eckig, oval, so uneinig in der minutiösen Festlegung wie vielgestaltig in Farbe, Dekor und Schlagwerk, gibt eindeutig über den Tag hinausweisende Kunde: die Kunde von der neuen Zeit schlechthin.

Die Frau des zweistöckigen Geschäftshauses in der zentralvietnamesischen Kleinstadt Quang Ngai wacht neben dem zur Straße hin offenen Eingang über die Kasse. Zwei Söhne sitzen im hinteren Teil des Ladens an kleinen Tischen und reparieren Armbanduhren. Der Hausherr kümmert sich um Kunden und ordert telefonisch neue Chronometer beim Handelspartner in Saigon. Seit der kommunistischen Machtübernahme des Südens durch den Norden des Landes heißt es Ho-Chi-Minh-Stadt, was verbaler Umständlichkeit wegen zunehmend wieder vom alten Namen verdrängt wird. Veränderungen. Zeitläufe.

Der Uhrenhändler führt uns stolz durch sein kleines tickendes, bimmelndes, gongendes Reich. Wir spüren: Da hat einer wieder Boden unter den Füßen. Der Mann lächelt. Sein Blick folgt dem unseren, daß wir auch alles wahrnehmen vom neuen Erfolg, der ihr aller Schicksal wurde: auf Gedeih und Verderb diesen Uhren ausgeliefert, die sich nicht auf eine Zeit einigen und doch ihrem Händler die neue, selbständige Einteilung seiner restlichen Lebensjahre ermöglichen.

Beim Essen im Hinterzimmer, als der Strom ausfiel und wir uns mit Petroleumfunzeln behelfen mußten, hatten wir die Geschichte, die Leidensgeschichte der Familie erfahren. Wir wußten von den Zusammenhängen. Der Mann mit dem verschmitzten, hintergründigen Lächeln konnte bis vor wenigen Monaten gerade mal seine eigene Uhr stellen; vom Handel mit Zeitmessern hatte er keine Ahnung. Lehrer ist er gewesen, vor langer, langer Zeit. Damals, als Südvietnam noch eine eigene Regierung hatte, von den Amerikanern in einen teuflischen Krieg gebombt wurde und ein Mann wie er sich schlecht und recht aus der Politik herauszuhalten versuchte. Nach 1975 wurden die Uhren auf nordvietnamesische Zeit mit der Rigorosität von Hammer und Sichel umgestellt. Nguyen Huynh Quang war der Willkür der Denunziation ausgeliefert, verschwand in einem Umerziehungslager, mußte Hefte und Bücher mit der Hacke des Bauern tauschen. Besuche der Familie waren selten erlaubt. Drei Jahre lang versuchten ihm und seinen Mitgefangenen die KP-Kader mit dem Anspruch von Kollektiv und Weltrevolution all jene individuellen Interessen und selbstbewußten Aktivitäten auszutreiben, die nun, seit dem Zusammenbruch des alle gleichmachenden Systems, als Ansporn für Geschäftsgründungen von derselben Partei propagiert werden. Verrückte Welt!

Der einstige Lehrer hat sich das Lächeln bewahrt. Keine Rente. Keine Ersparnisse. Nach langwierigem und kostspieligem Behördenkampf die Rückgabe des Familienhauses. Mit einem Kredit gründete er den Uhrenhandel. In den Worten dieser Erzählung klingt keine Bitterkeit; nur die anmaßend menschenverachtende Vokabel »Umerziehung«, »Re-education«, hat seine Miene verfinstert. Gestohlene Jahre, ja, stets am Rande des Zusammenbruchs.

Vorbei. Er sagt es erleichtert wie nach einem überwundenen Alptraum: »Vor fünf Jahren hätten wir mit Ihnen, einem Ausländer, nicht einmal reden dürfen.«

Eine ausgewanderte Schwester, die vor solcher Drangsal in die USA geflüchtet war, schickt nun etwas Geld. Der Dollar ist zur Zweitwährung Vietnams geworden. In fünf Jahren könnten die Schulden bezahlt sein, sagt der Lehrer, der Uhrenhändler wurde im 63. seiner Lebensjahre. »Dann«, so fügt er mit dem Lächeln der Schicksalsgläubigkeit an, »dann erst werden wir wirklich frei sein.«

Die neue Zeit hat viele Filialen in Vietnam. Entlang der Hauptstraße im Ort zählten wir drei weitere solcher Uhrengeschäfte.

Duong Quynh Hoa:
»Gesundheit hat mehr mit Politik als mit Medizin zu tun«

Frau Duong Quynh Hoa ist eine beeindruckende Persönlichkeit, selbstbewußt, kompetent und liebenswürdig. Sie hat uns in ihr »Zentrum für Kinderheilkunde, Entwicklung und Gesundheit« auf dem Gelände des ehemals französischen Hospitals Gral an der Hai-Ba-Trung-Straße in Ho-Chi-Minh-Stadt eingeladen. Sie nimmt kein Blatt vor den Mund über den Zustand des Gesundheitswesens und das Versagen der Parteiführung, die Befreiung von 1975 in soziale und demokratische Verhältnisse für das Land umzusetzen. Dank der Hochachtung vor ihrer Tätigkeit als Gesundheitsministerin der »Provisorischen Revolutionsregierung« in Südvietnam von 1969 bis 1975 und nicht zuletzt wegen ihrer Persönlichkeit kann sich Frau Hoa Kritik erlauben. Andere wurden für so freimütig geäußerte Kritik inhaftiert und in Arbeitslager geschickt.

1968 hatte die in Paris ausgebildete Kinderärztin schon Aufsehen erregt, als sie sich zusammen mit ihrem Mann, dem Mathematiker und Ministerialbeamten Dr. Huynh Van Nghi, den Befreiungskämpfern im Untergrund anschloß. Sie gehörte einer

Duong Quynh Hoa

gutsituierten Familie an und hatte eher durch bürgerliche Liberalität und intellektuelle Beschäftigung mit dem Marxismus eine revolutionäre Haltung gewonnen als durch die nationale Tradition von Widerstand oder eigene Erfahrung von Unterdrückung. Trotz aller Enttäuschung über die Revolution ist ihr Einsatz für eine gerechte Gesellschaft und ihre enge Verbundenheit mit den Opfern der Befreiungskriege ungebrochen. Sie hat auch selbst schmerzhafte Schicksalsschläge erlitten und ihre einzige Tochter in den Befreiungskämpfen verloren.

Frau Hoa entwickelte die Gesundheitsversorgung für die Guerilla der »Nationalen Befreiungsfront« (NLF), und mit ihren Helfern und Helferinnen organisierte sie einen Basisgesundheitsdienst für die Bevölkerung in den befreiten Regionen Südvietnams, der auf gut organisierter Gesundheitsvorsorge und Ernährungssicherung aufgebaut war. Sie verstand es, die Methoden der konventionellen Medizin mit der Anwendung traditioneller Heilverfahren zu verknüpfen. Ihr Konzept hatte Erfolg! Die »grünen« Krankenhäuser ihrer »Barfußärzte« im Untergrund Mittelvietnams waren besser und bei der Bevölkerung beliebter als die gut ausgestatteten, aber schlecht geführten Einrichtungen der südvietnamesischen Regierung und ihrer internationalen Hilfsorganisationen in Da Nang, Hoi An oder Quang Ngai. Allerdings wurde diese in der Not- und Mangelsituation entstandene »Basis- und Billigmedizin« (»community based and low cost«) in Vietnam – im Gegensatz zu anderen Ländern der sogenannten »Dritten Welt« – nicht weiterentwickelt. Vietnams heutige Gesundheitsversorgung basiert auf dem Einsatz konventioneller Medizin.

Es war dieser Richtungswechsel im Gesundheitswesen nach 1975, der für Frau Hoa zu dem Entschluß führte, sich von der Kommunistischen Partei Vietnams zu trennen, da die Parteiführung unter Generalsekretär Le Duan in allen Bereichen auf das Entwicklungsmodell der Sowjetunion und des Ostblocks setzte. Für das Gesundheitswesen bedeutete das ein Übergewicht klinischer Medizin und die Einführung ausländischer Kliniktechnik als Grundlage der Gesundheitsversorgung. Die Parteiführung hatte ihre Arbeit im Untergrund allerdings honoriert: Sie wurde Mitglied der Nationalversammlung und in den Vorstand der »Patriotischen Front« gewählt. Und 1976 bot man ihr sogar das Gesundheitsministerium für das wiedervereinigte Land an, was sie jedoch unter Protest ablehnte. Die Ansätze selbstbestimmter Gesundheitsvorsorge und präventiver Programme wurden als altmodisch abgetan und traditionelle Heilmethoden und die Anwendung von Heilpflanzen als Medizin für Arme und Unwissende diskreditiert. Die Verachtung traditioneller Medizin wurde auch in der Zusammenarbeit mit Hilfsorganisationen aus dem Westen deutlich. Eine Delegation von Hilfsorganisationen aus der Bundesrepublik wurde beispielsweise 1975 vom vietnamesischen Botschafter in Paris gebeten, die Gesundheitsversorgung aus der Zeit der Befreiungskriege zu vergessen und nicht weiter über die »primitive Medizin« zu reden. Statt dessen legte der Botschafter Anträge zur Finanzierung von Hospitaleinrichtungen, Ambulanzen und Medikamenten vor.

Als der »demokratische Zentralismus« aus Hanoi über Südvietnam gestülpt und die »Provisorische Revolutionsregierung« Südvietnams und ihre Minister entmachtet wurden, um die liberale Tradition der Südvietnamesen auszumerzen, trat Frau Hoa unter Protest aus der Partei aus. Mit ihr verließ eine Reihe führender Kader des Südens die Partei, unter anderen auch der angesehene Justizminister Truong Nhut Tan, der gegen die willkürliche Verhaftung und »Umerziehung« von Angehörigen des Saigoner Regimes und unabhängigen Persönlichkeiten aus der sogenannten »Dritten Kraft« protestierte. Lediglich Frau Nguyen Thi Binh, damals Außenministerin der »Provisorischen Revolutionsregierung«, beugte sich und wurde mit einem Ministeramt beauftragt. Sie war bis 1987 Erziehungsministerin und ist heute stellvertretende Vorsitzende der Nationalversammlung. Am meisten schmerzte Frau Hoa die Ablösung kompetenter Fachleute im Gesundheitswesen durch Parteikader, die durch nichts anderes als Verdienste im Befreiungskampf legitimiert und darauf bedacht waren, ihre jahrelangen Entbehrungen im Untergrund mit Privilegien und materiellen Vorteilen zu kompensieren.

Wir sitzen mit Frau Hoa in ihrem großen Büro, voll mit Büchern, Zeitschriften und Dokumenten, und führen ein langes und informatives Gespräch. Sie ist eine elegante Frau, sehr kommunikativ und versiert, geübt, ebenso vor zahlreichem Publikum zu sprechen wie im kleinen Kreis ihre Meinung zu vertreten. Wir fragen sie nach der politischen Lage seit der »Reform« von 1986 und welche Auswirkungen sie auf die Gesundheitsversorgung des Landes hat. Sie schaut uns einen Augenblick an und sucht nach Bildern, um uns die Veränderungen zu illustrieren

»Ich war sehr schockiert, als ich neulich auf dem Flughafen Tan Son Nhut von Saigon eine große Reklame von Coca-Cola mit der Aufschrift sah: ›Wir sind glücklich, nach Vietnam zurückzukehren‹. So etwas zu sehen, ist für mich beschämend. Ich kann nicht verstehen, warum unsere Führung zuläßt, daß ein solcher Slogan auf dem Flughafen aufgestellt wird.«

Aber ist die Situation in Vietnam nicht so, daß jeder über Geld redet?

»Richtig, jeder spricht vom Geld. Wir verurteilen, daß alle moralischen Werte verlorengehen. Während des Krieges war das unsere Stärke, daß wir moralische Werte besaßen. Mit der Korruption und dem Verlust von moralischen Werten verliert das vietnamesische Volk jetzt den Kampf um den Frieden.«

Aber Vietnam ist ein sozialistisches Land. Besteht nicht ein Widerspruch zwischen der Politik der Regierung und der Realität?

»In der Tat eine widersprüchliche Situation. Im Prinzip sind wir ein sozialistisches Land, weil die Führung des Landes in der Hand der Kommunistischen Partei liegt. Aber wenn man sich die Gesellschaft anschaut, kann man nicht sagen, ob wir sozialistisch oder kapitalistisch sind. Mein Eindruck ist, daß die Mehrheit der Vietnamesen von einem zivilisierten Kapitalismus träumt. Für mich leben Sie in Europa in einem zivilisierten, wir dagegen in einem wilden Kapitalismus. Die Mehrheit der Vietnamesen ist überzeugt, daß sie nach dem erfolgreichen Befreiungskampf in der Lage ist, einen zivilen Kapitalismus aufzubauen. Für mich ist es unvernünftig und dumm, zum Kapitalismus zurückzukehren. Wir haben den Sozialismus eingeführt und müßten jetzt auch den Mut haben, die Fehler des sozialistischen Systems einzugestehen. Für mich bedeutet Sozialismus in erster Linie mehr soziale Gerechtigkeit.«

Alle sprechen von Investitionen. Coca-Cola ist dafür sicher nur ein Symbol. Aber können die Probleme unter einer sozialistischen Regierung überwunden werden, wenn kapitalistische Investoren eine so entscheidende Rolle spielen?

»Das ist für mich schwer zu verstehen, die Regierung will eine Marktwirtschaft auf einer sozialistischen Grundlage aufbauen, und zwar mit kapitalistischem Management unter Führung der

Kommunistischen Partei. Für mich gibt es eine Menge Widersprüche in diesem Konzept. Ich meine, man muß die sozialistische Grundlage und das Management an die Realität anpassen und den Sozialismus verändern, möglicherweise zu einer besseren Form des Sozialismus.«

Sie haben im Krieg für ein besseres Vietnam gekämpft. Was ist aus Ihren Träumen geworden?

»Ich fühle mich nicht betrogen. Wir sehen, daß die Menschen in der dramatischen Revolution sehr mutig und intelligent waren. Das brachte uns die Freiheit und Unabhängigkeit. Das Problem setzte nach Beendigung der Revolution und mit dem Frieden ein. Für die Umsetzung von Frieden braucht man viele Kenntnisse und einen Sinn für Management. Mit gutem Willen allein kann man keine Probleme lösen. Man braucht für die neuen Aufgaben die entsprechenden Fähigkeiten. Das ist der eine Teil des Dramas. Die vietnamesische Regierung und die Kommunistische Partei haben 1986 erkannt, daß sie viele Fehler gemacht haben. Ich glaube, sie haben verstanden, daß diese Fehler von ihrer Unkenntnis stammen. Das war auch der Grund für die Öffnung. Aber der Widerspruch liegt jetzt darin, daß man das Land auch sozial und politisch öffnet. Das muß der nächste Schritt der Regierung sein.«

Die Zwischenbilanz der Veränderungen hat viele Schattenseiten. Die als wirtschaftliche Liberalisierung zugelassene Reform hat sich zuungunsten von Bildung, Sozialversorgung und Gesundheit und des Land-Stadt-Verhältnisses ausgewirkt. Heute ist fast jedes zweite Kind in Vietnam unzureichend ernährt, und 15 Prozent der Kinder sind schwer unterernährt, die meisten in ländlichen Gebieten, haben jüngere Untersuchungen ergeben. Vietnam ist zwar zum drittgrößten Reisexporteur auf dem Weltmarkt aufgestiegen, aber die Kaufkraft im Lande selbst ist so niedrig, daß über die Hälfte der Bevölkerung nach den Kriterien der Vereinten Nationen über die Versorgung von Grundbedürfnissen als arm gilt. 75 Prozent der Landbevölkerung haben keinen Zugang zu sauberem Trinkwasser. Dabei sind die regionalen Unterschiede sehr groß. Während die zentralen Gebiete Nordvietnams eine sogenannte Armutsquote von 75 Prozent haben, leben in Ho-Chi-Minh-Stadt und im Mekong-Delta 45 Prozent der Bevölkerung in Armut.

In den sechziger und frühen siebziger Jahren besaß Nordvietnam, gemessen an seinen wirtschaftlichen Möglichkeiten, ein leistungsfähiges Gesundheitssystem, das die gesamte Stadtbevölkerung und 80 Prozent der Landbevölkerung mit einem Basisgesundheitsdienst versorgte. Im Süden ist nach Ende des Krieges 1975 keine entsprechende Gesundheitsversorgung aufgebaut worden. Es mag politische und psychologische Gründe haben, denn die südvietnamesische Bevölkerung sträubte sich gegen alle zentral verordneten Institutionen. Zehn Jahre nach Ende des Krieges hatten beispielsweise nur 40 Prozent der Landbevölkerung im relativ reichen Mekong-Delta Zugang zu Gesundheitsstationen. Dagegen besitzen Elitekader und ihre Familien die Privilegien von Privatstationen in Hospitälern oder sogar Spezialkrankenhäusern.

Mit der Kürzung der Subventionen, der Einführung von Behandlungsgebühren und der Zulassung privater Kliniken seit 1989 brach das öffentliche Gesundheitswesen praktisch zusammen. Die staatliche Förderung wurde auf 15 Prozent reduziert. Überall investieren Ärzte und Krankenschwestern ihre Kraft und Motivation in private Behandlungen am Abend und an Wochenenden in sogenannten »Mondscheinkliniken« und verdienen das Vielfache ihres Monatseinkommens von umgerechnet 30 bis 50 US-Dollar. Zu den relativ geringen Gebühren in öffentlichen Hospitälern kommen so viele »Sonderkosten« für Behandlungen und zusätzliche Medikamente, daß Patienten die ebenso teuren, aber besser geführten privaten Kliniken vorziehen. Für die private Behandlung durch Ärzte, Zahnärzte und für Medikamente zahlt die Bevölkerung inzwischen sehr viel Geld, volkswirtschaftlich aufgerechnet genausoviel, wie der Staat für das gesamte öffentliche Gesundheitswesen ausgibt.

In der Bevölkerung wird der Ruf nach Ersatz für gestrichene Subventionen durch Sozialversicherungen laut. Betriebliche Sozialfonds, die teils von den staatlichen Betriebsverwaltungen oder Unternehmen eingeführt wurden, sind jedoch durch die Inflation in den achtziger Jahren und Mißmanagement in Mißkredit geraten. Ein staatlich kontrolliertes Versicherungssystem gibt es nicht. Ausländische Arbeitgeber und Joint-ventures wären neuerdings in der Lage, für ihre Mitarbeiter bei neugegründeten Versicherungsgesellschaften Beiträge für eine Sozialversicherung in vergleichbarer Höhe wie in ihren Ursprungsländern zu entrichten. Die meisten Firmen sind jedoch gerade deswegen nach Vietnam gekommen, um solche »Lohnnebenkosten« zu umgehen.

Es ist eine Binsenweisheit, die wir aus dem Munde von Frau Hoa erneut hören: »Ohne Entwicklung gibt es keine Gesundheit und ohne Gesundheit keine Entwicklung.« Und es ist so barsch wie brisant, diese politische Erkenntnis politisch umsetzen zu wollen. Für Frau Hoa war es schmerzlich und deprimierend, erfahren zu müssen, wie die unter den schwierigen Bedingungen des Krieges entwickelten Ansätze der Basisgesundheitsversorgung nach der Befreiung von 1975 der Entwicklungsstrategie mit Großprojekten und der technologischen Fortschrittsgläubigkeit der Kommunistischen Partei zum Opfer fielen. Persönlich wurde Frau Hoa ins Abseits gedrängt und isoliert, verließ jedoch nicht das Land und beschäftigte sich mit der Erforschung von Unterernährung von Kindern und der Anwendung traditioneller Heilmethoden und einheimischer Heilpflanzen. Nach zehnjähriger Diskreditierung wurden 1988 endlich ihre Forschungen anerkannt und sie persönlich rehabilitiert. Ihr Kinderforschungsinstitut Nr. 2 wurde zum »Nationalen Zentrum für die Erhaltung der Sozialmedizin und der öffentlichen Gesundheit« erklärt.

In ihrem Zentrum werden beispielsweise Methoden zur Feststellung von biologischen Ernährungsdaten für Kinder im Alter von 0 bis 18 Jahren entwickelt und Aufbaudiäten für mangelernährte Kinder erforscht. Durch neue Verfahren, den Vitaminhaushalt unterernährter Kinder zu stabilisieren, sind Tausende von Kindern vor Gehirnschäden und Erblindung geschützt worden. Aus den »grünen« Kliniken des Untergrundes stammt beispielsweise auch ihre Methode, Enzyme aus keimenden Maissamen zur leichten Verdauung von Stärke zu gewinnen, wodurch es geschwächten Müttern in Armutsgebieten auf dem Lande ermöglicht wird, ihre unterernährten Säuglinge mit gekochtem Reis zu füttern.

Ein weitgefaßter gesellschaftlicher Gesundheitsbegriff hat dazu geführt, daß die 150 Mitarbeiter des Zentrums sich auch mit allgemeinen Entwicklungsproblemen befassen, wie funktionaler Alphabetisierung von Erwachsenen, Trinkwasserversorgung, Beseitigung von Abwässern und Müllverarbeitung, aber auch mit der Verbesserung landwirtschaftlicher Anbaumethoden, Bewässerungssystemen, Fischzucht und Wiederaufforstung. Ein anderer Ansatz der selbstbestimmten Entwicklung ist die Gründung von Spar- und Kreditgenossenschaften, in denen individuelle Einlagen gespart werden und durch ein demokratisches Entscheidungsverfahren die Mitglieder an sich selbst Kredite vergeben.

Frau Hoa ist sich bewußt, daß sie und ihr Entwicklungszentrum ein »Sonderfall« sind, bedingt durch ihre revolutionäre Biographie, ihr Ansehen im Ausland und nicht zuletzt ihre Persönlichkeit. Mit diesem Bonus setzt sie sich jetzt für den Aufbau von Nicht-Regierungsorganisationen ein, die unabhängig von den parteiabhängigen Massenorganisationen zwischen »Staat und Markt« tätig sind und zur Entwicklung einer zivilen Gesellschaft beitragen.

Ihr Entwicklungsverständnis ist ganzheitlich. Deshalb ist sie so kritisch gegenüber der einseitigen Interpretation und Anwendung von »Doi Moi« als Wirtschaftsreform und kämpft jetzt gegen die Umstrukturierung des Gesundheitswesens nach marktwirtschaftlichen Gesichtspunkten. Gesundheit ist für sie ein Gemeingut und keine Handelsware. »Für uns ist die Gesundheit der Bevölkerung nur zu verwirklichen im Zusammenhang mit der Entwicklung des Landes, das heißt: im Zusammenhang mit einem fortgesetzten Prozeß der Demokratisierung, der Steigerung der Selbstverantwortung und der Möglichkeit, das eigene Schicksal selbst zu bestimmen, die Unabhängigkeit zu bewahren und die Menschenrechte zu achten«, sagte sie 1993 auf einer Konferenz europäischer Nicht-Regierungsorganisationen in Berlin.

Es ist ein langes und aufschlußreiches Gespräch mit Frau Hoa. Uns interessiert schließlich ihre Perspektive für die nächste Zukunft. Sie antwortet mit nachdenklicher Stimme und meint: »Ich glaube die neue Generation zwischen 20 und 30 wird die Hoffnung für Vietnam sein. Die 40- bis 50jährigen sind zu angepaßt, zu dogmatisch und zu sehr an Geld interessiert.«

Wird es nach dem Jahr 2000 noch die Kommunistische Partei geben?

»Ich glaube, nach dem Jahr 2000 gibt es eine andere kommunistische Partei mit einem neuen Namen, weil sich diese Partei nicht an die neue Realität anpaßt. Ich erwarte einen Wandel innerhalb der Partei, weil es in der Partei genügend Intelligenz gibt, um nicht auf der Stelle zu treten. Ich denke, wir sind dialektisch genug begabt, um uns zu verändern und zu bewegen.«

Kann es sein, daß auch begriffen werden muß, daß Vietnam ein Teil der ganzen Welt ist und internationale Beziehungen neu verstanden werden?

»Ja, man kann die Probleme nicht allein in Vietnam lösen, sondern muß die internationale Situation mit berücksichtigen. Wir haben erkannt, daß alle Probleme weltweit miteinander verknüpft sind. Ob man im Sozialismus lebt wie in China, Kuba, Nordkorea oder Vietnam oder im zivilisierten Kapitalismus wie in Deutschland oder Frankreich, es bestehen Zusammenhänge. Wir müssen für die junge Generation eine neue Lösung des Zusammenlebens finden. Und ich glaube, so können wir die Gefahr eines Weltkrieges abwenden und dadurch bessere Lebensbedingungen für die Welt verwirklichen.«

Entwicklungshelfer: Kein Honigschlecken

Seit 1963 gibt es den Deutschen Entwicklungsdienst (DED). Seit 1993 arbeiten Helfer des DED auch in Vietnam. Eine Herausforderung entwicklungspolitischer Zusammenarbeit, die hier auf dem schwierigen Feld von Sozialismus und Marktwirtschaft geleistet wird.

Thomas Kustermann kennt sich aus mit Bienen. Der Schwabe ist im süddeutschen Kirchheim/Teck zu Hause. Sein Landwirtschaftsstudium in Stuttgart-Hohenheim hat er mit den Honigerträgen von 50 Bienenvölkern finanziert. Eine besonders originelle Art, Hobby und akademische Ausbildung einträglich zu verbinden. Seine Diplomarbeit hat er selbstverständlich über Bienen geschrieben. Nun arbeitet er im Nationalen Bienen-Forschungs- und Entwicklungszentrum in Hanoi. Der einzige Ausländer in diesem Institut, das dem Landwirtschaftsministerium zugeordnet ist.

Thomas Kustermann gehört zu den ersten Mitarbeitern, mit denen der DED im Sommer 1993 seine Dienste der Sozialistischen Republik Vietnam zur Verfügung stellte. Drei Jahrzehnte nach seiner Gründung ließ sich damit der aus deutschen Steuergeldern finanzierte DED auf politisches Neuland ein.

Das sozialistische Vietnam, bis in die achtziger Jahre streng nach planwirtschaftlichen Regeln geführt, öffnet sich seither der Marktwirtschaft. Dabei sind nun auch Fachleute aus westlichen Ländern gefragt; und guter Rat ist ebenso willkommen wie kapitalintensive Investitionen.

Die Helfer vom DED verfügen nur über ein bescheidenes Budget und sind keine Unternehmer, die Geschäfte machen wollen. DED-Mitarbeiter bieten ihre Berufserfahrung an und sind bereit, zusammen mit einheimischen Kolleginnen und Kollegen gewissermaßen auf der Grasnarbe entwicklungspolitischer Probleme zu deren Überwindung beizutragen.

Die Honigerzeugung ist ein wichtiger Wirtschaftsfaktor Vietnams. Bienenvölker zu halten hat eine lange Tradition bei den Bauern. Die Imkerei ist für viele Landleute eine bei ihren geringen Einnahmemöglichkeiten begehrte zusätzliche Verdienstquelle. Heute, im Zeichen der Marktwirtschaft, die auch den freien Verkauf von Bienenhonig lukrativ macht, spielt es also eine noch größere Rolle, wie sich Erträge steigern lassen und Bienenvölker vor Krankheiten geschützt werden können.

Dazu leistet das Bieneninstitut in Hanoi die basisorientierte Forschung. Thomas Kustermann ist daran beteiligt. Was in den Labors mit Testreihen und Modell-Bienenstöcken zu neuen Erkenntnissen verhilft, wird weit weg von solcher Theorie auch praktisch erprobt. Im Cúc-Phuong-Nationalpark, knapp hundert Kilometer südlich von Hanoi, hat Kustermann über die Vermittlung des Bürgermeisters den Kontakt zu 50 Familien knüpfen können. Allesamt sind sie Nebenerwerbsimker. Ihnen konnte der Fachmann aus Deutschland seine eigenen Erfahrungen und die landesspezifischen Bienen-Beobachtungen aus dem Institut in Hanoi nahebringen.

Mit 17 Bienenvölkern fing dieses Außenprojekt an; nun sind es bereits 300 Völker, die in dem Modellvorhaben für Honig und Nebeneinnahmen der verarmten Landbevölkerung sorgen. Was die Tradition betrifft: Umweltbedingungen verändern sich, neue Krankheiten und Schädlinge tauchen auf. Die Erfahrung der Vorfahren reicht nicht mehr aus, den neuen Erfordernissen zu genügen. Da ist auch ein Praktiker und ein Tüftler wie Kustermann gefragt.

Gegenwärtig arbeiten 25 Helfer des DED in Vietnam. Sie sind Wirtschaftsberater, die bei der Vermarktung von Kaffee neue Ideen entwickeln sollen. Sie bringen langjährige Erfahrungen in die Orangenzucht ein. Sie sind bei Kleingewerbeförderung beteiligt, machen Betriebsberatungen, Produktentwicklung, geben soziale Hilfestellung in einem Jugendzentrum.

Peter Röhrig, bis 1998 DED-Beauftragter in Vietnam, nennt das Land das spannendste und schwierigste der Region. Er kann vergleichen. Röhrig hat als DED-Beauftragter in Schwarzafrika überseeische Erfahrungen gesammelt. Dann lenkte er als Beauftragter die Geschicke des DED in Thailand. Dort sollen die DED-Aktivitäten eingeschränkt und bis zum Jahre 2000 ganz eingestellt werden. Laos und Vietnam sind zu neuen Arbeitsfeldern geworden; beides Länder unter sozialistischen Vorzeichen mit marktwirtschaftlicher Öffnung. Was in Laos aber erst beginnt, ist in Vietnam bereits in vollem Gange.

Am 4. April 1993 wurde im Beisein des deutschen Außenministers Klaus Kinkel in Hanoi das Rahmenabkommen geschlossen, das die Präsenz des DED in Vietnam regelt. Es ist das erste und bisher einzige Abkommen, das Vietnam mit einem europäischen Entwicklungsdienst geschlossen hat.

Im März 1995 verlegte Peter Röhrig seinen Hauptarbeitssitz nach Hanoi. Noch steckt die Arbeit in den Anfängen. Vergleiche drängen sich auf. Peter Röhrig: »Vieles erinnert hier natürlich an das, was die ehemalige DDR in den vergangenen sechs Jahren durchgemacht hat. Wo können wir uns einbringen? Wir arbeiten in kleinen Betrieben mit, die die guten alten staatlichen Aufträge nicht mehr bekommen und sich jetzt umstellen müssen, Produkte herzustellen, die qualitativ so gut sind, daß sie abgesetzt werden können. Die Existenzprobleme von Betrieben, die sich umstellen müssen, erleben wir hautnah mit.«

Vietnam ist in jeder Beziehung ein Neuland. Peter Röhrig nennt als besondere Schwierigkeiten: »Während die Arbeit des DED in anderen Ländern ›normale‹ Projekte sind, kommen hier zusätzliche Schwierigkeiten hinzu. Man muß Rücksicht nehmen auf die politischen Gegebenheiten, auf die Sensibilität der politischen Entscheidungsträger. Die Entwicklungshelfer müssen sich einstellen auf die kulturellen Unterschiede, müssen sich einstellen auf die politischen Schwierigkeiten, die sich aus der speziellen Situation ergeben. Das heißt: Sie dürfen nicht so agieren, wie sie das vielleicht von Deutschland aus gewohnt sind, müssen Rücksicht nehmen – und das fällt dem einen oder anderen natürlich schwer.«

Ein Lernprozeß für alle Beteiligten! Daß die Arbeitswoche sechs Tage hat und die Privatsphäre in Vietnam ganz anders beobachtet wird, als es die deutschen DED-Helfer von zu Hause gewöhnt sind, ist für sie eine Extra-Bürde und ständige Prüfung für angepaßtes Verhalten. Daß die vietnamesischen Partner, vor allem in entlegenen ländlichen Regionen, kaum oder gar keine Erfahrung im Umgang mit Ausländern haben, westlichen zumal, erschwert die Zusammenarbeit. Es braucht Zeit, ehe Vertrauen wachsen kann und die vietnamesischen Sprachkenntnisse der Helfer auch für komplizierte Verständigung ausreichen.

An Fettnäpfchen, politischen wie moralischen, ist im sozialistisch geprägten Vietnam jedenfalls kein Mangel. DED-Helfer werden in jedem der drei Dutzend Länder, in denen der Dienst vertreten ist, von den Einheimischen aufmerksam und kritisch beobachtet. In Vietnam ist dies ganz besonders der Fall.

Die direkte Rede ist wie vielerorts in Asien verpönt, und die freie Meinungsäußerung ist bislang noch nicht vietnamesischer Umgangsstil. Von DED-Helfern, die in einem demokratisch-liberalen Land der westlichen Hemisphäre aufgewachsen sind, wird da ein hohes Maß an Zurückhaltung verlangt. Wenn Kritik, dann bitte konstruktive Kritik – so lautet die Maxime.

Erstaunt sind manche Helfer dann trotzdem immer wieder, wer was von ihrer Arbeit vor Ort erfährt. Das über so viele Jahrzehnte funktionierende Überwachungssystem in Vietnam hat auch heute noch sein Echo. Und doch empfinden es wohl die meisten DED-Mitarbeiter als eine Pionieraufgabe, gerade jetzt in der Auf- und Umbauphase eines Landes dabei zu sein, dessen Bewohner während der Vietnamkriege und der wirtschaftspolitischen Konfusion der achtziger Jahre so viel zu erleiden hatten. Der DED jedenfalls zeigt Flagge.

Der DED übernimmt in gewisser Weise auch das Erbe der DDR-Zeit, als in Nordvietnam zahlreiche Berater aus Ostdeutschland arbeiteten. Das Verhältnis Vietnam-Deutschland ist von vielen Besonderheiten geprägt. Spielt das eine Rolle im Zusammenhang mit Sympathie oder Antipathie gegenüber den Deutschen heute? Für den DED-Beauftragten Peter Röhrig ist klar: »Das spielt, meine ich, eine wesentliche Rolle. Der DED, die Deutschen spielen hier in Vietnam eine besondere Rolle deswegen, weil sie in vielen Punkten an das anknüpfen können, was früher Deutsche aus der DDR begonnen haben. Unsere Partner sprechen in ganz vielen Institutionen deutsch. Wenn sie über Deutschland sprechen, über die Vergangenheit, die vergangenen Jahre, die sie in Deutschland waren, kriegen sie oft Tränen in die Augen, vor Rührung und Sehnsucht sozusagen. Die Sympathie, die den damaligen DDR-Deutschen entgegengebracht wurde, wird fast nahtlos auf uns übertragen. Das macht die Arbeit in bestimmten Punkten hier auch leichter, weil die Kommunikation leichter ist – aber die Erwartungen sind deswegen auch wesentlich höher als gegenüber anderen Staaten.«

Hoi An:
Vom Fluß der Geister und Geschäfte

Sonnenuntergang am Thu-Bon-Fluß. Die chinesischen Handelshäuser von Hoi An leuchten auf in den schweren Farbtönen der Melancholie, und ihr Ocker und Braun unter altersroten Ziegeldächern verschwimmen als Spiegel der Zeitlosigkeit im sanft dahinströmenden Wasser. Längst ist der Fluß versandet und verweigert großen Schiffen die Einfahrt. Das nahe Da Nang ist zum bedeutenden Hafen an der zentralvietnamesischen Küste avanciert und hat Hoi An aufs Altenteil verwiesen wie einen betagten Mohren, der seine Schuldigkeit getan hat. Welche stimmungsvolle Nische der Geschichte. An diesen Ufern ist schon vor Jahrtausenden Handel getrieben worden. Die Schiffe der Cham legten hier an. Persische und arabische Dokumente vor der Jahrtausendwende erwähnten Hoi An. Chinesische und japanische Kaufleute segelten mit dem Nordostmonsun im Frühling nach Süden, blieben bis zum Sommer in Hoi An und reisten mit den südlichen Winden in ihre Heimathäfen zurück. Vier Monate lebten und handelten sie am Thu-Bon-Fluß. Sie hatten Lagerhallen, bauten weiträumige Geschäftshäuser. Seit dem 15. Jahrhundert kreuzten

Schiffe aus Portugal, Holland, Frankreich, England, Spanien, Indien, Thailand hier auf. Gewürze wechselten die Besitzer, Seide, Papier, Porzellan, Tee, Elfenbein, Perlmutt, Bienenwachs, chinesische Medikamente wurden gehandelt.

Über Geschäfte redeten die Fahrensleute aus allen Himmelsrichtungen, wenn die Sonne unterging im damals noch breiten und tiefen Thu-Bon-Fluß; doch gerade solch schimmerndes Zwielicht im Wechsel vom Tag zur Nacht wird auch die Zeit der geistigen Begegnung gewesen sein, da man sich über Religion und Philosophie, über Kunst und die Werte des Lebens austauschte. Hier trafen Ost und West zusammen. Die ersten europäischen Missionare christlichen Glaubens gingen in Hoi An von Bord. Alexandre de Rhodes war der berühmteste unter ihnen, der an dieser Stelle erstmals seinen Fuß auf vietnamesischen Boden setzte; jener französische Jesuit, der die auf dem lateinischen Alphabet basierende Schrift Quoc Ngu erarbeitete, die sich schließlich im 20. Jahrhundert überall in Vietnam durchsetzte und die von chinesischen Schriftzeichen abgeleitete Chu-Nho-Schrift ablöste.

Hoi An ist eine dieser Drehscheiben von Geld und Geist gewesen; kosmopolitischer Treffpunkt wie Malakka an der malayischen Westküste und Macao an südchinesischen Gestaden. Faszinierend der Gedanke beim Blick auf Fluß und Handelshäuser, welche Maße und Währungen hier galten, in wie vielen Sprachen nach welchen Spielregeln gefeilscht wurde an diesem weltoffenen Ort. Das von den Monsunwinden bestimmte Kommen und Gehen ließ Frei-Zeiten zu in der klassischen Epoche der Segelschiffahrt. So bildeten sich die Viertel in Hoi An, die Japaner, Holländer, Franzosen begründeten und damit ein Stück ihrer Kultur an die Ufer des Thu-Bon-Flusses verpflanzten in der Nachbarschaft der chinesischen Geschäftsleute. Deren Häuser, ein- oder zweigeschossig mit geschwungenen Dächern, prägen das Bild der kleinen Stadt bis heute.

Wir lassen uns von einer freundlichen Fischersfrau im hölzernen Kahn in die Nacht rudern. Alles gleitet, schwebt und schwimmt. Ein milder Wind trägt Stimmen von geheimnisvollen, dunklen Ufern zu uns herüber. Fast geräuschlos taucht das Paddel ein. Schwarze Inseln, aufgehender Vollmond. Andere Schiffe rauschen vorbei. Wir erkennen schwarz-weiße Augen am Bug, mandelförmig aufgemalt zum Schutz gegen böse Geister. Unsichtbare

Menschen rufen sich Botschaften durch die Dunkelheit zu, hörend nur, ohne Blickwechsel. Leben am Fluß. Leben im Fluß. Geschichten von Joseph Conrad fallen einem ein. Fast vergessene Bilder unausweichlicher Schicksalsfügung tauchen auf vor dem Auge der Phantasie.

Von einem buddhistischen Tempel dröhnt Trommelschlag durch die Stille der Nacht. Ein Boot treibt flußabwärts, und zwei Männer an Bord, Schemen nur, setzen flimmernde Lampions aufs Wasser. Es ist, als säten sie Lichtpunkte in langer imaginärer Kette. Die flackernde Prozession verteilt sich über den Fluß, geisterhaft: verlorene Seelen auf der Suche nach neuer Heimstatt. Die Grenzen zwischen Traum und Wirklichkeit zerrinnen; die Zäsur der Zeiten, die Gräben zwischen den Menschen lösen sich auf an diesem Abend im Boot auf dem Thu-Bon-Fluß bei Hoi An. Jedesmal, wenn eines der Lampions mit brennender Kerze im papiernen Rund verlöscht, ist es, als gebe ein Lebewesen seinen Geist auf. Gelbe und rote und grüne Lichtpunkte, die aus dem Nichts kamen und im Nichts verschwinden. Scheinbar. Anscheinend. Ein Schattenspiel der Vergänglichkeit. Flüchtig und unbegreifbar.

Die Farben am nächsten Morgen sind grell und bunt und von aufdringlicher Klarheit. Die chinesischen Tempel in Rot und Gold verschmähen Zwischentöne. In den Versammlungshallen der verschiedenen Volksgruppen chinesischer Herkunft wird Reichtum zur Schau gestellt. Das blitzt und funkelt zwischen Löwen aus Gips, riesigen Gemälden legendärer Götter und Dämonen und dicken roten Kerzen. Im Tempel der Fujian-Chinesen ist eine Wand über und über mit gelben Zetteln bedeckt, auf denen Namen und Summen der Spender vermerkt sind. Ein dicker Chinese sitzt davor, die Gelder zu registrieren; die Augen zwei Schlitze, eine leibhaftige Verkörperung der Wohlhabenheit, so will es uns scheinen: in sich ruhend und die Überzeugung ausstrahlend, etwas von Geld und Geschäften zu verstehen.

Wir kommen ins Gespräch. Der Mann erzählt von drei Häusern, die seine Familie einst besessen hat. Nach 1975 seien sie alle von den aus Nordvietnam vorgedrungenen neuen Herren enteignet worden. Schwierige Zeiten? Der vermeintliche Hüter unermeßlicher Schätze nickt unmerklich. »Umerziehung«, sagt er dann, »re-education camp«; vier Monate habe er solche Indoktrination über sich ergehen lassen müssen, bei der ihm die Fähigkeit ausgetrieben werden sollte, die seine Familie seit Generationen gerade in Hoi An zur Meisterschaft entwickelt hatte: zu handeln und mit Gewinn neue Geschäfte zu machen. Der Sohn flüchtete in die USA, die Tochter nach Australien. Ein Haus des Familienbesitzes sei ihnen 1993 wieder übereignet worden. Schwierige Zeiten? Der Mann mit dem Vollmondgesicht strahlender Gelassenheit deutet lächelnd an, daß es bei den alteingesessenen Familien seines Schlages in Hoi An stets ein Auf und Ab gegeben habe und es auf den Bestand der Generationen ankomme, nicht auf das Wohlbefinden einzelner Menschen.

Reiche und Regierungen, Ideologien und Wer-weiß-welche-Ismen blühen auf und vergehen, in Trümmern die einen, vergessen bald die anderen. Der wohlgenährte Chinese vor der Wand der gelben Spenderzettel lächelt uns aus den Tiefen asiatischer Selbstsicherheit an und vermittelt eine Ahnung davon, welche Kräfte stärker und dauerhafter sind als die tagesaktuellen Repräsentanten gegenwärtiger Macht. Menschen seiner Herkunft und seiner familiären Verbindungen über die Landesgrenzen hinaus haben in Hoi An und anderswo schon viele Regime überlebt. Der Mann im Tempel der Fujian-Chinesen spricht Mandarin, Vietnamesisch, Französisch; nun ist er dabei, sein Englisch zu vervollkommnen.

In dieser Sprache kann sich Le Thi Quang Tran bereits vorzüglich mitteilen, obwohl sie als Fremdsprache ehedem Russisch zu erlernen hatte und das Englische in der jüngeren Zeit der neuen Offenheit in Hoi An sich selbst beibrachte und mit Gästen wie uns Wort für Wort ausprobierte. Die junge Frau im grünen Hosenanzug empfängt uns wie zu einer privaten Einladung. Herzlich und unbefangen ist der Ton, charmant die Gastgeberin. Wir haben das Gefühl, als freue sie sich über den Besuch, der doch so zufällig ist wie die meisten anderen in ihrem Hause auch.

»Tran Family Chapel« steht auf der Visitenkarte und: »Maison de Culte des Ancêtres, fondée par la Famille Tran«. Es ist eines der privaten Anwesen, die in Hoi An besichtigt werden können, hinter Mauern und Bäumen freilich versteckter als jene Familienhäuser, die bereits per Pauschalticket vom örtlichen Tourismusverein vermittelt werden. Das Haus der Trans bleibt dem Zufallsgast und freundlicher Empfehlung vorbehalten.

Wir setzen uns in dunkle, schwere, geschnitzte Sessel, die nicht sehr bequem, aber würdevoll sind. Den Raum erfüllt Halbdunkel in feierlicher Stille, deren mobiliare Einzelheiten der Besucher nicht gleich wahrnimmt, die ihn aber mit geschichtsträchtigem Ambiente sofort umfängt. Ein Tisch mit Perlmuttintarsien. Voluminöse Lampions mit roten chinesischen Schriftzeichen. Hohe senkrechte Holztafeln in dunklem Rot mit goldenen Charakteren geschmückt. Im mattbeleuchteten Hausaltar stehen schlanke Holzkästchen mit den Lebensdaten der Ahnen.

Ein Wandbild zeigt den Begründer der in Hoi An ansässigen Familie: ein Mandarin, der 1821 in Hue sein Examen abgelegt hatte. In weitem, blauem Mantel sitzt er da auf einem Sessel, die Hände in bauschigen Ärmeln verschränkt, weißbärtig, auf dem Kopf eine schwarze Kappe: die verkörperte Amtsautorität. Ein Mann, der Kontinuität zu bewahren hatte und für sittenstrenges Oben und Unten eintrat. Konfuzius läßt grüßen.

Die Nachfahrin plaudert in heiterer Laune über den ehrwürdigen Ahnherrn und die Generationenfolge. Sie öffnet uns eine Blechkiste mit Tagebüchern der Familie, ebenso in Chinesisch wie in Vietnamesisch verfaßt. Wir können uns der Atmosphäre gediegener Traditionen nicht entziehen. Die Tran-Tochter ist sichtbar stolz darauf, Halt beziehend aus solchen Wurzeln in Zeiten der Unsicherheit. Die kleine, zierliche Frau mit dem sprühenden Charme wurde 1967 geboren; einzige überlebende Tochter, die nun selbst eine kleine Tochter hat und sich um alte, gebrechliche Eltern kümmern muß.

Sie erzählt von den schlimmen Jahren bis 1992. Der Vater hatte im Polizeidienst Südvietnams gearbeitet und war nach 1975 in ein Umerziehungslager verbannt worden. »Es ging uns dreckig«, sagt die Tochter, »wir hatten kaum mehr zu essen. Nur dieser Familiensitz war uns geblieben.«

Die Vorfahren stammen von der chinesischen Insel Hainan; sie selbst ist nie dort gewesen. »Ich fühle mich als Vietnamesin«, sagt sie in ihrem Plauderton, »besonders hier in Hoi An leben wir seit Jahrhunderten in enger Nachbarschaft mit den Vietnamesen. Wir hatten keine Aversionen, und doch mußten wir unter den neuen Machthabern nach der Wiedervereinigung leiden.« Sie wischt diese jüngste Vergangenheit mit einer Geste weg. »Endlich geht es uns wieder besser«, sagt sie leichthin, und doch hat der Besucher den Eindruck, ein Alptraum sei beendet, sei überwunden worden.

Menschen in Hoi An und anderswo können wieder so sein, wie sie sein wollen, wie sie und ihre Ahnen schon immer waren: kommunikativ, geschäftig, familienbezogen, eigenverantwortlich und nicht zu einem Kollektiv verdammt und von einer Partei gegängelt und überwacht zu allen Tageszeiten. »Es ist schön, daß Menschen aus dem Ausland wieder zu uns reisen dürfen«, sagt die Nachfahrin eines Mandarin, »und es freut uns, daß Sie uns besuchen, daß wir miteinander reden können.« Das klingt herzlich und ehrlich und spricht für ein lang aufgestautes Bedürfnis. Gerade in Hoi An war es über Jahrhunderte ausgiebig zu befriedigen gewesen.

»Unser Haus ist stets offen für Begegnungen«, berichtet die gegenwärtige Hüterin, »zu großen Festen, zum Neujahr, zum Tet-Fest, treffen sich unsere Familienangehörigen hier. Das ist unser Mittelpunkt«, ihre Rechte beschreibt einen Bogen, der Haus und Garten einbezieht. Selbstverständlich und ihren Wurzeln vertrauend, erzählt sie davon – und auch von unabänderlichen Regeln: »Wenn die Eltern gestorben sind, muß ich das Haus als ständige Bewohnerin verlassen. Nur einem Sohn wäre es als Bewahrer der Familie erlaubt, hier als Nachkomme in direkter Linie zu leben. So wird ein Onkel einmal in das Haus mit unserem Ahnenschrein einziehen.« Die Tochter, obwohl verheiratet und Mutter, muß gehen. »Das ist unsere Tradition«, sagt sie und lächelt das selbstbewußte Lächeln einer modernen Frau, die sich fügt.

Pater Chan Tin:
»Demokratie und Menschenrechte werden mit Füßen getreten«

Wir treffen Pater Chan Tin in seinem kleinen Büro hinter der Kirche der katholischen Kongregation der Redemptoristen in Saigon. In der Kirche selbst findet gerade ein Gottesdienst statt. Selbst der ummauerte Kirchplatz ist voller Menschen, darunter viele Kriegsinvaliden und bettelnde Kinder. In einer Grotte, dem Eingang der Kirche gegenüber, knien alte Frauen in inbrünstigem Gebet vor dem Bildnis der Gottesmutter von Lourdes. Die Kirche von der

Pater Chan Tin

»Immerwährenden Hilfe Mariens« an der Ky-Dong-Straße, auch einfach »Duc Me« (»Gnädige Mutter«) genannt, war immer ein Zufluchtsort für Hilfesuchende.

Als wir anklopfen, sitzt Pater Chan Tin hinter den beiden Flügeltüren an seinem Schreibtisch mit der Glasplatte vor dem niedrigen, gelben Bücherregal mit einem alten Telefon. Genauso war er vor 25 Jahren während des Krieges in Filmen und auf Fotos in »Le Monde«, BBC, ARD oder dem »Spiegel« zu sehen.

In den siebziger Jahren war er die wichtigste Informationsquelle über die Situation der politischen Gefangenen in den Gefängnissen des von den USA ausgehaltenen Regimes von Nguyen Van Thieu. Zu dem Priester kamen Angehörige und Freunde von Gefolterten und Verschwundenen und baten um Hilfe. Hier war auch das Büro für die Gefangenenhilfe mit dem ironischen Decknamen »Komitee zur Reform des Gefängnissystems« untergebracht. *Amnesty international* und die Anti-Kriegs-Bewegung in den USA informierten sich bei ihm über die Menschenrechtssituation im Land. In dem Büro präsentierte er 1971 den US-Senatoren George McGovern und Ted Kennedy die Listen von Häftlingen in den berüchtigten Tigerkäfigen auf der Gefangeneninsel Con Son, die den Amerikanern die Augen über die Brutalität des südvietnamesischen Regimes öffneten. Er war selbst zu fünf Jahren Gefängnis verurteilt, wurde aber wegen seiner Bekanntheit bis zum Ende des Krieges 1975 nicht festgenommen.

Er spricht gerade mit einem Brautpaar über die Vorbereitung ihrer Trauung, als wir eintreffen. Seit seiner Festnahme im Mai 1990 und der Verbannung in ein kleines Dorf bis Mai 1993 sind ihm alle öffentlichen Tätigkeiten wie Predigten, Vorträge und Hausbesuche untersagt.

Er begrüßt uns herzlich und freut sich über unseren Besuch. Sein Gesicht ist hager und dunkel geworden und sein Haar noch dünner. Er wirkt trotz seines hohen Alters gesund und entspannt. Die drei Jahre auf dem Dorf hätten ihm gutgetan, meint er. Aber um seine Augen liegt eine tiefe Traurigkeit. Pham Kim Diep, der Pfarrer aus Can Gio, dem Ort seiner dreijährigen Verbannung im Mündungsgebiet des Saigon River, ist bei ihm zu Besuch. Pater Chan Tin lädt uns zum Abendessen in ein kleines Straßenrestaurant gleich neben der Kirche ein. Es wird ein langes Gespräch bei einer *Pho,* der klassischen vietnamesischen Nudelsuppe mit frischem Gemüse, bei gebratenem Hühnchen, gekochtem Reis und mit viel »333«, dem traditionellen Saigoner Bier.

Wir wollen vor allem von ihm hören, wie er die Situation des Landes einschätzt und was er jetzt vom vietnamesischen Sozialismus hält, von dem die vietnamesische Linke, aber auch die Studentenbewegung und Anti-Kriegs-Bewegung im Ausland so viel erwartet hatten. Und da ist sie wieder, seine schonungslose Kritik an Unrechtsverhältnissen:

»Wie Sie sehen, gibt es jetzt in der Tat eine Öffnung. Viele ausländische Firmen kommen ins Land, um Handel zu treiben. Es gibt Kooperationen, und es wird gebaut. Das ist unter ökonomischen Gesichtspunkten eine Öffnung. Diese Öffnung kommt jedoch hauptsächlich Funktionären in führenden Positionen des Landes zugute, während das Volk arm bleibt. Für die Armen bringt sie keine Erleichterung. Was die Politik betrifft, so gibt es keine Öffnung. Demokratie und Menschenrechte werden immer noch mit Füßen getreten. Das betrifft vor allem die freie Meinungsäußerung, die Pressefreiheit und die Religionsfreiheit. Daher muß man sagen, daß die Zukunft Vietnams noch ziemlich düster ist. Die Morgendämmerung eines politischen Aufbruchs ist noch nicht gekommen. Im Gegenteil, mit Hilfe kapitalistischer Länder, die Handel oder andere Unternehmungen betreiben, profitieren diejenigen, die an der Macht sind und das politische und ökonomische Monopol in der Hand haben. Unter den Bedingungen der kommunistischen Diktatur können sich einige alle wirtschaftlichen und politischen Vorteile aneignen und wenden sogar Mafiamethoden an. Auf der einen Seite gibt es Menschen, die über so viel Geld verfügen, daß sie sich alles leisten können. Und auf der anderen sind diejenigen, die gegen dieses Regime opponieren und vor allem die Verletzung der Menschenrechte nicht akzeptieren. Sie werden ständig überwacht, festgenommen und inhaftiert. Daher ist die Zukunft des Landes düster. Wir wünschen, daß sich das Land in demokratischem Sinne entwickelt, zu einer echten Demokratie und keiner Libertinage, daß alle Vietnamesen am Aufbau des Landes teilhaben können, und zwar sowohl in wirtschaftlicher als auch sozialer, in materieller und geistiger Hinsicht. Augenblicklich verfügt das herrschende Regime über uneingeschränkte Macht, so auch im Bereich der Erziehung. Die Erziehung ist völlig materialistisch und vermittelt dem Volk keine geistigen Werte.«

Wir nutzen die Gelegenheit und fragen weiter, was für ihn denn heute Sozialismus in Vietnam bedeutet?

»Sozialismus bedeutet heute Diktatur, es ist ein Monopol der Herrschaft. Dieser Sozialismus hat bis heute überlebt, weil er das Machtmonopol besitzt. Es gibt nichts, was einen sozialistischen Sinn hätte. Sozialismus heißt hier nur, daß der Staat sich alles aneignet. Freie Marktwirtschaft und Kapitalismus, das machen heute die Sozialisten.«

Ob es viele Kritiker wie ihn gebe, fragen wir ihn.

»Heute denken viele Vietnamesen wie ich, Christen und sogar Kommunisten. Aber die Angst hindert sie am Reden. Unter uns äußern wir uns kritisch, aber nach außen muß man das Regime loben, zumindest aber schweigen. Ich glaube, daß alle Intellektuellen, beispielsweise Journalisten, wie wir, wie ich denken, sich jedoch nicht trauen, offen zu sprechen. Es gibt schon einige, die den Mund aufmachen, sie sollten aber mehr sagen.«

Seinen Mund zu halten, ist nie Pater Chan Tins Art gewesen, schon damals nicht, als 1954 das Land geteilt wurde und die USA die katholische Kirche mit dem katholischen Diktator Ngo Dinh Diem und dessen Bruder Kardinal Ngo Dinh Thuc in Hue auf antikommunistische Hetze gegen Ho Chi Minh und Nordvietnam trimmen ließen. Er gehörte zu einer Gruppe kritischer Geistlicher und katholischer Intellektueller, die in der Öffentlichkeit vehement gegen die Kreuzzugsideologie der USA zur Eindämmung des Kommunismus (»containment«) in Südvietnam protestierten. Diese antikommunistische Ideologie, der die katholische Hierarchie Vietnams fast ungebrochen bis zum Pariser Friedensabkommen von 1973 folgte, war von Kardinal Spellman aus New York vorgegeben worden, obwohl der Vatikan und der Weltkirchenrat in Genf die Kirchen zur Vermittlung für einen verhandelten Frieden drängten.

Die Gruppe um Pater Chanc Tin, den katholischen Philosophieprofessor Nguyen Ngoc Lan und Prof. Nguyen Van Trung, Dekan der philosophischen Fakultät der Universität von Saigon, bildete den Kern der sogenannten »Dritten Kraft« in Abgrenzung von den USA und der Kommunistischen Partei. Diese Gruppierung bezog Position gegen die Kriegführung der USA und versuchte, der Nationalen Befreiungsfront (NLF) und Nordvietnam Freiräume zur Gestaltung einer pluralistischen Gesellschaft abzuringen. Dazu gehörten kritische Studenten- und Jugendpfarrer, wie Truong Ba Can, Nguyen Van Binh und Huynh Cong Minh, neuerdings Rektor des wiedereröffneten Priesterseminars von Saigon, aber auch Arbeiterpriester, wie Pham Khac Tu bei der Saigoner Müllabfuhr. Auch Frauen, wie die Professorin für die Ausbildung von Sozialarbeitern, Nguyen Thi Oanh, und Nguyen Mai Tam, die Leiterin eines kirchlichen Zentrums für Erwachsenenbildung und Genossenschaften, gehörten dazu. Dann zählten katholische Links-Intellektuelle dazu, wie der Verleger Ngo Cong Duc, die Journalisten und Redakteure Ho Ngoc Nhuan und Ly Quy Chung. Sie brachten die Tageszeitung »Tin Sang« (»Morgenpost«) heraus, die einen unabhängigen Kurs verfolgte und dafür als pro-kommunistisch diffamiert und 1972 verboten wurde.

Eine andere Publikation, die Pater Chan Tin herausgab, die Monatszeitschrift »Doi Dien« (»Dialog« oder genauer »Von Angesicht zu Angesicht«) aus diesem Umfeld, später in »Dung Day« (»Steh auf«) umbenannt, ermöglichte eine theoretische und gesellschaftspolitische Auseinandersetzung über den Weg zu einem unabhängigen und pluralistischen Vietnam. Die Monatszeitschrift erschien während des ganzen Krieges ohne Unterbrechung, wenn auch meistens im Untergrund, und wurde 1975 von der Kommunistischen Partei zunächst vorübergehend und 1978 ganz verboten. Sie war geprägt vom »Sozialismus mit menschlichem Gesicht« des »Prager Frühlings« von 1968 und plädierte für den Dialog zwischen Marxisten und Christen eines Roger Garaudy in Paris, Ernesto Cardenal in Managua und Bischof Romero in San Salvador als Grundlage zur Gestaltung einer gerechten und humanen Gesellschaft. Starke Impulse stammten aus der Theologie der Befreiung in Lateinamerika und der Debatte um die Erneuerung der Kirche von unten. Der Aufbruch der Kirche in den sechziger Jahren unter Papst Johannes XXIII. mit seinem »aggiornamento« (»zeitgemäßes Handeln«) und durch das II. Vatikanische Konzil mit der Selbstverpflichtung der Kirche für Menschenrechte und gerechte gesellschaftliche Verhältnisse hatten auch in Vietnam große Hoffnungen geweckt, bis sie vom Vatikan durch die Rücknahme der Reformen zunichte gemacht wurden.

Pater Chan Tin und seine Kollegen sorgten Anfang 1975 beim Heranrücken der nordvietnamesischen Verbände auf Saigon dafür, daß die katholischen Pfarreien sich nicht bewaffneten und keinen Massenexodus organisierten wie 1954 in Nordvietnam. Damit stellten sie sich gegen die Scharfmacher um Pfarrer Hoang Quynh und den Redemptoristenpater Tran Huu Thanh, Ordenskollege von Pater Chan Tin, die bis zum letzten Blutstropfen gegen den Kommunismus kämpfen wollten. Was sie planten, hätte leicht in einem Blutbad enden können. Die katholischen Intellektuellen und Pater Chan Tin boten ihre Dienste im Kabinett des Übergangspräsidenten Duong Van Minh und in der Verhandlungskommission an und erreichten nach der Räumung der amerikanischen Botschaft eine friedliche Kapitulation des südvietnamesischen Militärs.

Nach Ende des Krieges im April 1975 wurde Pater Chan Tin, voll Zuversicht für einen Neubeginn von Kirche und Gesellschaft, Mitglied des Zentralkomitees der »Patriotischen Front« und der »Konsultativversammlung für die Wiedervereinigung«. Pater Chan Tin hoffnungsvoll Mitte der siebziger Jahre: »Das sozialistische System fördert den Aufbau einer gerechten Gesellschaft, die auf Gleichheit, Brüderlichkeit und Herzlichkeit gründet, die genau der Lehre von Jesus Christus entspricht. Auf unserem nationalen Territorium hat der Sozialismus seine Fähigkeit zur Rettung des Vaterlandes bewiesen. Er wird nun auch die Möglichkeit des nationalen Aufbaus schaffen.«

Dies war eine Fehleinschätzung. Nach der Wiedervereinigung von 1976 zeigten sich der absolute Herrschaftsanspruch der Partei und ihre Besessenheit, in diktatorischer Weise das Verhalten der Menschen und der Gesellschaft bis ins kleinste Detail zu regeln und zu kontrollieren. Sie erhob den Anspruch auf die absolute Wahrheitsdefinition und ließ keine alternative Denkweise zu. Hinzu kam die Überheblichkeit der Führungskader aus dem Norden und ihr tiefsitzendes Mißtrauen gegen den liberalen und nach ihrer Auffassung dekadenten und im Krieg verwestlichten Süden. Die katholischen Reformkräfte aus der »Dritten Kraft« verloren ihren Spielraum und gerieten der Kirche in Vietnam und im Ausland gegenüber in Beweisnot. Theologie und Gemeinden fielen in pietistische Frömmigkeit zurück und nahmen mit Unterstützung des Vatikans und ausländischer Kirchen die Züge einer Katakombenkirche und die Märtyrermentalität des frühen Christentums an.

Erst 1983 brach zwischen Kirche und Partei, aber auch innerhalb der Kirche, der offene Konflikt aus, als die Partei die Kontrolle über die Kirche verschärfte. Der Anstoß war die Gründung des gesamtvietnamesischen »Komitees zur Einheit der patriotischen Katholiken« innerhalb der »Patriotischen Front«. Es erhielt den Alleinvertretungsanspruch aller vietnamesischen Katholiken und wurde mit allen Privilegien ausgestattet. Pater Chan Tin gab seine Ämter zurück und distanzierte sich von dieser Vereinigung unter Kontrolle der Partei. Enge Vertraute und Mitstreiter aus dem Widerstand während des Krieges erhielten bedeutende Posten. Pham Khac Tu, Pfarrer der Saigoner Stadtkirche »Vuon Xoai« (»Mangogarten«), wurde zum Generalsekretär ernannt und gleichzeitig Delegierter der »Patriotischen Front« in der Nationalversammlung. Erzbischof Nguyen Kim Dien in Hue exkommunizierte die Katholiken und suspendierte Geistliche und Ordensleute, die sich dem Komitee anschlossen. Erzbischof Nguyen Van Binh in Saigon versuchte bis zu seinem Tode 1989, zwischen der Kirche und der Partei zu vermitteln, um den Konflikt zu entschärfen.

Welch mangelnde Sensibilität der Vatikan in der heiklen Situation zeigte, wurde 1988 deutlich, als 118 vietnamesische Märtyrer aus dem 19. Jahrhundert in Rom heiliggesprochen wurden. Bei den solcherart geehrten Männern handelte es sich ganz offensichtlich um Kollaborateure mit der französischen Kolonialmacht, wodurch die alten Ressentiments gegen Katholiken als Zuhälter ausländischer Mächte und unzuverlässige Staatsbürger neu geschürt wurden. Und das katholische Ghetto wurde weiter in seiner inneren Emigration bestärkt.

Pater Chan Tin, der allen Umarmungsversuchen der Partei widerstanden und gegen die Beschwichtigungsmanöver der Kirchenleitung protestiert hatte, forderte eine offene Auseinandersetzung mit dem verkrusteten System, der politischen Repression, der desolaten Versorgung der Bevölkerung und der Korruption, als die Partei 1986 auf dem VI. Parteitag den Reformkurs »Doi Moi« ankündigte. Eine offene Unterstützung fand er nur von ganz wenigen Katholiken, wie Prof. Nguyen Ngoc Lan, jedoch nicht vom »Komitee der patriotischen Katholiken«, das längst auf den Kurs einer »loyalen Kritik« gegenüber der Partei eingeschwenkt war.

Ende 1989 auf dem Höhepunkt der Hysterie in Staat und Partei wegen der Protestbewegungen und Erhebungen in Polen, Ungarn, Rumänien und der DDR und der Demokratiebewegung in China wurde Pater Chan Tin zum Innenminister Vo Viet Thanh zitiert. Angesichts der angeblich drohenden Gefahr für Vietnam wurden ihm mangelnde Loyalität zum Staat und staatsschädigendes Verhalten vorgeworfen. Pater Chan Tins Erwiderung während des Verhörs: »Ich sage, der Staat ist nicht das Volk. Die Vertretung des Volkes ist die Nationalversammlung. Der Staat handelt, aber das Volk ist der Souverän. Ich behaupte, daß die Interessen gewisser Personen im Staat den Interessen des Volkes zuwiderlaufen.«

Die Konfrontation eskalierte mit den Fastenpredigten, die Pater Chan Tin im April 1990 in der Ky-Dong-Kirche hielt. Nachdem er in zwei vorhergehenden Predigten von der Umkehr des einzelnen und der Kirche gesprochen hatte, fordert er schließlich Staat und Partei direkt heraus: »Ich spreche heute in dieser letzten Predigt über die Umkehr der Kader in unserer Gesellschaft... Die Länder Osteuropas sind in sich gegangen. Sie haben sich entschuldigt und die Verbrechen der kommunistischen Regime stalinistischer Prägung verurteilt. Man zieht die verantwortlichen Führer zur Rechenschaft und hat angekündigt, die Menschenrechte einzuhalten und allen politischen Gefangenen die Freiheit zurückzugeben... Aber im Unterschied zur Sowjetunion und Osteuropa sind in Vietnam die entscheidenden Fragen noch nicht gelöst. Das Land kann sich nicht vor der Umorientierung drücken. Die Kommunisten Vietnams haben nicht mehr das Vertrauen und die Unterstützung des Volkes. Sie beschäftigen sich nicht mit den Fragen der Menschenrechte und dem Wandel von Strukturen... Man kann zwar in Vietnam ein schlechtes Gewissen feststellen, aber es wird nicht gehandelt. Man zögert, sich zu entscheiden, ob die Umorientierung nur eine Fassade ist oder die Substanz erfassen soll. Wir flehen für unser Land, für eine wirkliche Umorientierung im Interesse des vietnamesischen Volkes, die Freiheit und Wohlfahrt bedeutet.«

Der Staatssicherheitsdienst reagierte prompt. Am 16. Mai 1990 wurde der Pater in seinem Büro hinter der Kirche von der Sicherheitspolizei festgenommen. Als er sich weigerte, die Anordnung seiner Verbannung und seines Hausarrestes zu unterzeichnen, wurde er ohne Rücksprache mit seinen Ordenskollegen oder Bekannten, geschweige denn mit einem Rechtsanwalt, in einen Minibus verfrachtet und in den Ort Cam Thanh im Distrikt Duyen Hai, auch Can Gio genannt, gebracht und in der kleinen Dorfkirche für drei Jahre unter Hausarrest gestellt. Die Ortschaft liegt 70 Kilometer südöstlich von Saigon tief im Mangrovengebiet des Saigon River und ist aus Sicherheitsgründen nur mit Sondererlaubnis zu besuchen. Zur gleichen Zeit wurde auch Prof. Nguyen Ngoc Lan festgenommen und in seinem Haus in Saigon ebenfalls für drei Jahre unter Hausarrest gestellt.

Als Begründung wurden Verstoß gegen Artikel 82 des Strafgesetzbuches: »Verbrechen der antisozialistischen Propaganda«, und Artikel 81: »Anstiften von Zwiespalt unter Religionsgemeinschaften und der Regierung«, angeführt. Eine Anhörung oder ein Prozeß fanden nicht statt. Drei Tage nach seiner Festnahme meldete die »Stimme Vietnams« aus Hanoi in einem Kommuniqué: »Er mißbrauchte die Kirche für Predigten gegen die Regierung und wiegelte Katholiken gegen die Sicherheit des Staates auf... Damit verband er die Absicht, die Kommunistische Partei und den sozialistischen Staat anzugreifen, die Partei und den Staat vom Reformkurs abzubringen und Katholiken anzustacheln, Menschen- und Bürgerrechte zu fordern... Er unterminierte die Politik der Solidarität und säte Zwietracht innerhalb der katholischen Bevölkerung und zwischen der Bevölkerung und dem Staat... Er hat viele Unterlagen mit Kritik am vietnamesischen Staat ins Ausland geschmuggelt, die von ihm und Nguyen Ngoc Lan geschrieben wurden... Der Priester Chan Tin hat die Ermahnungen der Staatsorgane wegen seines ungesetzlichen Handelns nicht beachtet.«

Für den Volksgebrauch wurde noch nachgeschoben und in der Öffentlichkeit verbreitet, man habe pornographische Literatur in seinem Büro gefunden, ein Vorwurf gegen einen Priester, der in katholischen Kreisen besonders wirkungsvoll ist. Aus dem »Komitee der patriotischen Katholiken« hieß es, er sei wegen seiner Querköpfigkeit selbst schuld an seinem Mißgeschick.

Es war sehr schwer, im Ausland Unterstützung für die Freilassung von Pater Chan Tin und Prof. Nguyen Ngoc Lan zu mobilisieren, weil die Reste der Solidaritätsbewegung mit Vietnam in vergleichbarer Weise polarisiert sind wie die politischen Strömungen in Vietnam. *Amnesty international* und *Human Rights Watch/Asia* in den USA erkannten die beiden Männer jedoch sofort als politisch Verfolgte an und riefen zur Unterstützung ihrer Freilassung auf. Die »Deutsch-Vietnamesische Gesellschaft« mit Sitz in Düsseldorf, der Nachfolgeverein der »Freundschaftsgesellschaft mit Vietnam«, versuchte nach 1975, jede Auseinandersetzung mit der Menschenrechtssituation in Vietnam zu verhindern.

Auf dem Evangelischen Kirchentag 1991 im Ruhrgebiet wurden exemplarisch für die Freilassung politischer Gefangener in Vietnam rund 5 000 Unterschriften für die Freilassung von Pater Chan Tin, der Schriftstellerin Duong Thu Huong und dem Schriftsteller und Langzeitgefangenen Nguyen Chi Thien gesammelt. Aber es war nicht möglich, die Petition Frau Nguyen Thi Binh, der ehemaligen Außenministerin der »Provisorischen Revolutionsregierung« und persönlichen Bekannten von Pater Chan Tin, anläßlich eines Besuchs bei der »Deutsch-Vietnamesischen Gesellschaft« zu übergeben. Eine solche Petition würde Frau Binh kompromittieren und das Ansehen Vietnams in Deutschland beeinträchtigen, hieß es.

Die deutsche Provinz der Kongregation der Redemptoristen mit Sitz in Köln verweigerte die Unterstützung, weil Pater Chan Tin angeblich Kommunist sei. Erst der Provinzial der Kongregation auf den Philippinen, Pater Hechanova aus Cebu, der im Auftrag der Ordenszentrale in Rom Vietnam besuchte, brachte Licht in die Verhältnisse und identifizierte Pater Chan Tin als unabhängigen Reformkatholiken. Aber es war schließlich ein amerikanischer Kongreßabgeordneter, der Demokrat John Kerry, der die Freilassung von Pater Chan Tin und Prof. Nguyen Ngoc Lan während der Verhandlungen um die Aufhebung des Handelsembargos und die Normalisierung der diplomatischen Beziehungen zu den USA thematisierte und Erfolg hatte, so daß sie tatsächlich nach dreijährigem Hausarrest im Mai 1993 freikamen.

Mit Pfarrer Kim Diep und der kleinen Gemeinde in Can Gio, ebenfalls der »Immerwährenden Hilfe Mariens« geweiht, verbindet Pater Chan Tin inzwischen eine herzliche Freundschaft. Sie haben gemeinsam eine Schule mit Unterkunft für behinderte Kinder des Distrikts und ein Heim für alte Menschen aufgebaut, die ihre Angehörigen im Krieg verloren haben. Durch Vermittlung von Dr. Heinz Palla, einem Arzt aus Pforzheim und Freund von Pater Chan Tin aus der Zeit des Krieges, sind private Mittel aus Deutschland für eine gewerbliche Ausbildung von Jugendlichen und den Aufbau einer Fischzucht und die Verarbeitung von Fisch in Can Gio beschafft worden. Ein unerwarteter Segen aus dem Hausarrest eines Verfolgten, aber auch wohl die einzige Hilfe, die unter der neuen Wirtschaftsstrategie Vietnams die marginalisierte Landbevölkerung in einem so abgelegenen Dorf wie Can Gio erreicht.

Wir wollten uns nicht verabschieden, ohne Pater Chan Tin nach seiner Prognose für die Zukunft des Landes und seine eigene zu fragen.

Pater Chan Tin lächelt gequält, aber ist nicht verzweifelt: »Es gibt äußere Einflüsse und Veränderungen und Menschen, die jetzt einen größeren Wohlstand haben. Es besteht ein Bedürfnis, das Land äußeren Einflüssen zu öffnen. Das geht jedoch nicht ohne Demokratie. Man muß auf zwei Füßen gehen: Politik und Wirtschaft. Und politische Öffnung bedeutet Demokratie. In der Diktatur gibt es keinen Fortschritt. In dieser Regierung deckt man sich gegenseitig, es gibt viele Skandale, die nicht verfolgt werden.«

Und wie wird sich die Entwicklung zu demokratischen Verhältnissen vollziehen? Wird es in Vietnam eine Demokratiebewegung geben, die womöglich wie die auf dem Tiananmen-Platz in Beijing zerschlagen werden könnte?

»Es gibt hier eine Bewegung für mehr Demokratie. Aber die Angst verhindert, daß sich diese Bewegung ausbreitet, daß man mit lauter Stimme spricht. Es hat eine Bewegung begonnen, die nicht auf blutige Kämpfe setzt, sondern auf das Wort. Die Ideen der Demokratie finden ihren Weg und verbreiten sich im Volk, aber auch unter den Kommunisten.«

Und wenn Sie an den Kampf Ihres Lebens denken, an Ihren Traum, an Ihre Ideale, sind Sie da heute nicht ein wenig resigniert?

»Im Volk gibt es Resignation. Aber die Vietnamesen haben gegen Eroberer aus dem Norden und Osten und von überall her gekämpft. Sie sind ein heroisches Volk. Die Zeit für die Einlösung von Träumen ist noch nicht gekommen.«

Und Sie selbst?

»Ich habe immer gekämpft, auf die eine oder die andere Weise, für das Volk und für das Land. Ob im alten oder neuen Regime, ich bin immer ein schwarzes Schaf gewesen. Diese Regierung versucht mich auszuschalten, wie vor drei Jahren, als man mich ins Exil geschickt hat. Man will mich mundtot machen, aber das ist unmöglich. Ich werde weiter reden, auch über die Sender von RFI in Paris, oder BBC, Radio Veritas in Manila oder Radio Vatikan. Das sind neue Möglichkeiten im Zeitalter der Massenmedien.« Der alte Pater lacht wie ein Mann, der sich seiner Sache sicher ist.

Kriegsschauplatz:
Die Schlucht der verlorenen Seelen

Knochenbleich ist der Sand. Entlang der Küste nördlich von Hue ziehen sich schmutzigweiße Flecken hin, die in der Ebene aus Gestrüpp und Gras wie aufgerissene Hautfetzen am Leib von Mutter Erde wirken: aufgerissen bis auf das Skelett. Immer wieder ragen wie mahnende Finger die Denkmale der Soldatenfriedhöfe in den weiten, endlosen Himmel am Meer. Hier, nahe dem Grenzfluß Ben Hai, der einst Nord- und Südvietnam teilte, ist viel Blut geflossen, unvorstellbar viel Blut. Es färbte den stumpfen Sand rot. Doch diese Farbe hatte keinen Bestand. Das tausendfache Sterben grub sich ein in die Dünen der Kargheit. Es ist, als trauere gerade hier die Natur auf besonders nachhaltige Weise in düsteren Farben.

Weiter südlich, weiter nördlich durchpflügen die Büffelgespanne der Bauern die schwere, dunkle Erde der Reisfelder; von Kanälen durchzogen, immer und immer wieder befruchtet, Kulturlandschaft, Landschaft uralter Kultur. In solcher Umgebung blühenden Lebens und geschäftigen Tuns tiefverwurzelter Traditionen kommt kein Gedanke mehr an Krieg und Vernichtung auf. Aber hier, je mehr wir uns diesem berüchtigten Fluß nähern, desto bedrückender breitet sich die sandige Ebene zur Küste des Südchinesischen Meeres aus wie aufgeschlagene Blätter eines Totenbuches.

Gegenüber der alten Brücke, die den Ben Hai überspannt, hält ein steinerner Soldat einsame Wache. Das Monument erinnert an die Kämpfe des zweiten Vietnamkrieges an dieser Nahtstelle des gespaltenen Landes; eine Grenze, wie die einst durch Deutschland und die, die noch immer die beiden Koreas trennt, den tiefen Graben zwischen Ideologie, Systemen, Blöcken markierend. Nun braucht der erstarrte Soldat mit seinem Gewehr nicht mal mehr die alte, ehedem strategisch so wichtige Brücke zu bewachen; dem unkundigen Besucher bleibt heute bei der unbehelligten Passage verborgen, daß er eine einstmals tödliche Linie zwischen zutiefst verfeindeten Welten überquert. Zumindest geographisch und verkehrstechnisch sind sie vereint. Der als Denkmal übriggebliebene Krieger hält nun ein wachsames Auge auf den Bau der neuen Brücke. Rammen, Kräne, Betonmischmaschinen sind kräftig am Werke. Bauarbeiter können sich ungefährdet fühlen. Das ist der Lärm des Friedens.

Nichts ist dauerhafter als ein Provisorium. Die Erkenntnis erhält an den Ufern des träge und braun dahinfließenden Ben Hai fatale Bestätigung. Bereits 1954 war das Gewässer zwischen Küste und laotischer Grenze zur Demarkationslinie bestimmt worden, die ziemlich genau am 17. Breitengrad die Republik Vietnam im Süden und die Demokratische Republik Vietnam im Norden voneinander schied. Der Beschluß der Teilung, wie er in Genf 1954 schließlich besiegelt wurde, hatte seinen Ursprung in jenen Verträgen, die auf der Potsdamer Konferenz im Juli 1945 abgeschlossen worden waren. Die USA, die Sowjetunion und Großbritannien bestimmten damals, daß sich die japanischen Besatzungstruppen, die in ihrem Eroberungswahn von einem Großasien unter Nippons Vorherrschaft auch über Vietnam hergefallen waren, südlich des 17. Breitengrades den Briten und nördlich dieser Linie der Nationalchinesischen Armee, der Kuomintang unter Chiang Kaichek, ergeben sollten. So war die spätere Grenzziehung der beiden Vietnams vorgezeichnet.

Nach der französischen Niederlage, die bei der Schlacht von Dien Bien Phu im Nordwesten Vietnams im Mai 1954 zum kläglichen Desaster und Finale der Kolonialherrschaft wurde, schlossen die Regierungen Ho Chi Minhs und Frankreichs in Genf einen Waffenstillstand. Eine Folge war die Schaffung der Entmilitarisierten Zone (EMZ) entlang des Ben-Hai-Flusses, die von dessen Ufern jeweils fünf Kilometer im Norden, fünf Kilometer im Süden einschloß. Ein Provisorium, so wurde ausdrücklich vermerkt, keine politische Grenze, nur Demarkationslinie bis zu einer endgültigen Regelung der Machtverhältnisse.

Im Juli 1956 sollten allgemeine Wahlen stattfinden, um die Entscheidung auf friedlichem Wege herbeizuführen. Die Regierung Südvietnams vereitelte die Wahlen in der berechtigten Sorge, sie angesichts des konsolidierten nationalkommunistischen Apparates im Norden nicht gewinnen zu können. Mit manipuliertem Referendum ließ sich der Katholik und Antikommunist Ngo Dinh Diem im Süden seine Position als Präsident bestätigen. Der Bruch zwischen den verfeindeten Brüdern und ihren mächtigen Freunden in den Blöcken der damaligen Welt war nicht mehr gewaltlos und unblutig zu kitten oder zu überbrücken. Vor allem das Gebiet südlich der EMZ wurde zum Schauplatz einer der opferreichsten Schlachten des Vietnamkrieges, die die Amerikaner dem Land aufzwangen.

Zurück in die Steinzeit bomben? Es gelang! Zumindest zeitweise. Daran ist in den Tunneln von Vinh Moc zu denken, 20 Kilometer nördlich des Flusses direkt am Meer gelegen. Hier fielen 1965 amerikanische Bomben; und die Dorfbewohner, Fischer und Bauern, taten das, was Menschen taten, lange bevor sie mit tödlicher Fracht aus der Luft ihresgleichen auszurotten fähig waren: Die Menschen von Vinh Moc verkrochen sich in Erdlöchern. Weil es davon natürlicherweise für 1200 Männer, Frauen und Kinder zu wenige gab, begannen sie zu graben, buddeln, schürfen. In ihrem Überlebenswillen versteckten sie sich unter Tage. 18 Monate lang trieben die Leute von Vinh Moc ihre Stollen in die rote Tonerde, Maulwürfen gleich. Mehr als zwei Kilometer verzweigten sich die Tunnel schließlich mit ausgeklügeltem Belüftungssystem und aufs Notwendige reduzierte Einrichtungen, die letztlich doch Unterschiede zur Steinzeit und den Maulwürfen gestatteten.

Ein kleines Museum hält heute die Erinnerung daran wach und ein paar bescheidene Werkzeuge instand: Hacke, Schaufel, Gabeln, Bastkörbe, mit denen das Erdreich befördert wurde. In der Querschnittzeichnung wird das unterirdische Innenleben der Kriegsjahre sichtbar. Wir kriechen gebückt in die Tiefe, dem die Tunnelwände abtastenden Strahl der Taschenlampe folgend. Die Luft ist dumpf. Wer von klaustrophobischen Ängsten geplagt wird, hätte hier im offenen Oval der Gänge keine Chance gehabt. Ständig eckt der Körper im Vorwärtstappen an. Gelegentlich verbreitert sich der Höhlenschlauch an einer Seite; die jeweilige Ausbuchtung war Lebensraum einer Familie. Wir rutschen mehr, als daß wir gehen, in Innenräume, die einstige Versammlungen beherbergten, gemeinschaftlichen Radioempfang erlaubten – »window into the outside world«, nennt das der Text im Museum –; wir erreichen Hohlkörper, in denen Schule abgehalten wurde, und eine andere Höhle, die als Sanitäts- und Entbindungsstation diente.

Der Schweiß perlt von der Stirn. Hier lebten Menschen über drei, vier Jahre? Hier wurden Kinder gezeugt, geboren, geschult? In solcher Enge und bedrückender Finsternis? Unglaublich. Welcher Wille machte solches Dasein im Extrem möglich? Die Einschüchterung durch den Vietcong, der selbstverständlich die Gänge zum eigenen Schutz nutzte, um aus diesem verborgenen Hinterhalt anzugreifen und vorgelagerte Inseln im Niemandsland zwischen Nord und Süd zu versorgen? Sicher. Und doch bleibt dem Besucher nach drei Jahrzehnten nur das stumme Staunen darüber, daß letztlich unerklärlich ist, was die Gattung Mensch überleben läßt. 17 Kinder wurden in den Tunneln geboren – und erblickten fürs erste alles andere, nur nicht das Licht der Welt. Während die Erwachsenen tagsüber die Felder bestellten, die Netze auslegten, während Vietcong den Nachschub regelten, blieben die Kinder in der düsteren Geborgenheit in Mutter Erdes Schoß.

Nguyen Quang Cuc ist eines jener Höhlenkinder, die in ihren ersten Lebensjahren der Steinzeit verbundener waren als der Zeit des hochtechnisierten Krieges, der außerhalb ihrer Tunnel tobte. Der Junge war sechs Jahre alt, als er hier einzog; und er war neun, als er das Versteck verlassen durfte. Nun ist er 36 Jahre alt und führt Touristen durch die verschlungenen Gänge seiner frühen Kindertage. »History Bachelor, Manager Chief-Guide, Synthetic Museum of Quang Tri, Vinh Tunnel« steht in eigenwilligem Englisch auf seiner Visitenkarte. Er erinnert sich an die feuchte, schwüle Luft, an Rauch. Er erinnert sich an die Schulstunden und an den Versuch der Erwachsenen, die eigenen Ängste nicht spüren zu lassen und einen verkrampften Hauch von Normalität zu verbreiten, den die wenigen Fotos im Museum als Propagandaauftrag entlarven.

»Wir hatten Angst«, sagt der Mann, der hier Kind war, »immer wieder Angst.« Das klingt ehrlicher als dieses ideologisch verbrämte Heldentum, das in den Vitrinen und an den Wänden des Museums inszeniert wird.

Nur einmal lacht der Führer Nguyen Quang Cuc. Was er denn heute von Amerikanern halte, wenn sie als Touristen kommen, vielleicht sogar wiederkommen als jene Veteranen, die hier ehedem Bomben schmissen und als Feind schlechthin galten in den ersten Unterrichtsstunden seines Lebens? Er antwortet gelassen. »Wenn sie sich anständig benehmen, sind sie willkommen. Sie haben ja keine Waffen mehr, keine Pistolen. Nein, das macht uns keine Probleme. Wir haben damals nicht gegen die Amerikaner, gegen das amerikanische Volk gekämpft, sondern gegen die Regierung in Washington«, sagt er überzeugt und wie einstudiert in einem Unterricht, der da unten in der Nachbarschaft zur Steinzeit begonnen hatte.

Als sich Licht am Ende des Tunnels zeigt, empfinden wir diesen Schimmer als befreiend. Einer Last ledig, stolpern wir ins Helle, schauen geblendet aufs Meer, auf treibende Fischerboote, Brandung und steile Ufer. Es ist, als schüttele man einen bösen Traum ab, indem sich der Körper streckt und strafft und aufrichtet nach der Tunnel-Unterdrückung. Tief durchatmen! Der Wind von See erfrischt und leckt den Schweiß von der Stirn. Doch kaum haben sich die Augen ans Tageslicht gewöhnt, kaum erfreut man sich am Tosen der Wellen als Zeichen des Lebens da draußen, überfällt einen diese Gegenwart mit Cola-Dosen und gekühlter Pepsi. Eine Schar von Frauen und Mädchen aus dem heutigen Dorf Vinh Moc offeriert die Getränke, drängt sie den Besuchern auf, schreit, gestikuliert. Ausgerechnet hier Cola! Mit ähnlicher Hartnäckigkeit, mit der die Mütter und Großmütter die todbringenden Abgesandten des Cola-Landes haßten und ihre Kinder vor deren Bomben zu bewahren wußten, bieten die Töchter und Enkelinnen nun die Softdrinks der einstigen Bedränger an, lautstark, lästig, aufdringlich, den Besucher in die Flucht treibend, so er keinen Durst verspürt oder aus eigenen Gründen sowohl Cola als auch Pepsi verschmäht.

Und wer ist das? Am Rande des Dorfes, das nur auf schmalen, unbefestigten Wegen zu erreichen ist, noch immer, gottlob, im Windschatten des Massentourismus, läßt sich ein blonder Hüne von der lärmend lachenden Kindermeute Vinh Mocs bewundern. Der Mann trägt eine lehmbeschmutzte Ledermontur, die Kleinen riesenhaft überragend. Er strahlt Kraft und Gesundheit aus, blauäugig, voller Unternehmungsgeist. Eine seltsame Erscheinung in solch ländlicher Hinterwelt der museal gewordenen Tunnel. Der Kerl läßt an die Fotos abgeschossener US-Piloten denken. So sahen sie aus. Goliath unter den vielen Davids – oder Da-Kids. Das Rätsel des kräftig gebauten Fremden löst sich schnell, spricht er doch deutsch und erklärt seine Herkunft aus Wuppertal in angemessenem Dialekt. Ein Motorradfahrer ist's, unterwegs von Hanoi nach Saigon, nun Ho-Chi-Minh-Stadt genannt. Acht Maschinen waren gestartet zu dieser besonderen Rallye der Wiedervereinigungstour, vier blieben bereits auf der Strecke – trotz hilfreichem Team im begleitenden Jeep. Die stoßdämpfermordende Reise ist organisiert und gebucht. Alternativveranstalter haben auch solche Mannesprobe schon im Angebot. Die Kinder, deren Väter und Großväter amerikanische Piloten aus dem Lande trieben, freuen sich offensichtlich über den Motorradfahrer aus Wuppertal. So sehen heute Helden aus. Der deutsche Veranstalter heißt übrigens: »Prima-Klima«.

Südlich des Ben-Hai-Flusses hin zur laotischen Grenze wölben sich Hügel auf, grün bewaldet nun wieder nach den Entlaubungsaktionen amerikanischer Flugzeuge mit dem Dioxin aus amerikanischer und auch aus deutscher Produktion. Tödliche Grüße aus Leverkusen und Ingelheim waren da versprüht worden. Was sich als friedlich-harmlose Landschaft ausbreitet und zur Wanderung einlädt, war Kampfgebiet von strategischer Priorität. Viele Hügel gingen mit ihrer Numerierung in die Kriegsgeschichte ein. Der Einfachheit halber hießen sie »1015« oder »881 Nord« und »881 Süd«. An solchen Beobachtungsposten der amerikanischen Stellungen, über die nun das Gras wuchert, windet sich die gebirgige Straße hinauf zum Ort Khe Sanh. Durch Dschungel, Abgründe, Wälder zog sich einst im Grenzgebiet von Vietnam und Laos der Ho-Chi-Minh-Pfad von Nord nach Süd, jene Lebensader der nordvietnamesischen Armee und des Vietcong, die zu stoppen, abzudrücken, zu unterbinden den Amerikanern mit all ihrer Waffenüberlegenheit nicht gelingen sollte. Was oberhalb dieser geheimen Nachschublinie in mehr als 600 Meter Höhe geschah, ist mit dem Namen »Khe Sanh Combat Base« zum Inbegriff des kriegerischen Wahnsinns geworden.

Dort oben in zugiger, kahler Hochebene lehrten die Davids dem Goliath das Grausen. Die Saat der Gewalt ist liegengeblieben. Wir bücken uns und heben sie auf. Verrostete Patronen in festgetretener Erde. Im Nu haben wir die Geschosse in vollen Händen. Es ist verblüffend, so viele Jahre nach den letzten Gefechten noch immer den Krieg in solch handfester Hinterlassenschaft aufzuspüren. Khe Sanh, das in den sechziger Jahren die Titelstories von »Newsweek«, »Life« und anderen Blättern füllte, als es noch hieß, daß in solch gottverlassener Einöde auch die Freiheit Berlins verteidigt werde, ist ein makabres Freilichtmuseum des Krieges geblieben.

1966 war diese windige Hochebene zu einer Bergfestung ausgebaut worden. Von hier aus sollte dem Eindringen der nordvietnamesischen Truppen mit allen militärischen Mitteln Einhalt geboten werden. Die Berge ringsum waren von den Nordvietnamesen bereits besetzt und mit Granatwerfern, Artillerie, Raketen bewaffnet. Unter dem Kommando von General Westmoreland bauten die amerikanischen Soldaten einen Stützpunkt für 6 000 Mann, die nur aus der Luft versorgt werden konnten. Jeder Hubschrauber ein leichtes Ziel zum Abschuß. Ein Todeskommando. Jeder anfliegende Helikopter geriet sofort unter das Feuer der umliegenden Hügel. Deren Einnahme unter hohen Verlusten an Leben und Material gewann eine solche Bedeutung, als hinge das weitere Schicksal der gesamten Menschheit von Sieg oder Niederlage ab.

Dramatischer Höhepunkt war die 75tägige Belagerung, die am 21. Januar 1968 begann. Im Weißen Haus zu Washington war eigens ein Sandkastenmodell von Khe Sanh aufgebaut worden, so ernst und wichtig wurde das Kriegsgeschehen gerade hier bewertet. Khe Sanh sollte zu einem weiteren Schlagwort der Sinnlosigkeit werden. Der Alptraum Dien Bien Phu wirkte nach. In der Gebirgsfestung meinten einst die Franzosen, sie könnten die vietnamesischen Angreifer zurückschlagen; und dann wurde eben dies der Ortsname, der *La Grande Nation* in Indochina auch um den letzten Rest sogenannten Ruhmes brachte. Ein solches Ende fürchteten die Amerikaner in den Höhen von Khe Sanh. Zu spät begriffen sie, daß die Belagerung da oben nur ein Ablenkungsmanöver war, das die berüchtigte Tet-Offensive an all den anderen Orten Südvietnams vorbereitete und das mit dazu beitrug, die GIs und ihre Helfer in die Irre zu führen. Darüber sind Bücher geschrieben worden. Dafür mußten schätzungsweise 10 000 Nordvietnamesen und Hunderte von Amerikanern und Südvietnamesen sterben. US-Flugzeuge warfen 100 000 Tonnen Bomben ab.

Noch Jahrzehnte danach sterben Menschen, die Reste der Todesfracht aufheben, die noch nicht explodiert sind. Im Juli 1968 wurden die amerikanischen Truppen abgezogen. Geblieben ist das, was man ein Schlachtfeld nennt und was besser eine Schlachtbank heißen sollte.

Der Besucher weiß vom erbärmlichen Sterben an diesem Ort. Die Einsätze sind nachzulesen. Das alles hat die Dimension einer Tragödie und ist Schauplatz von Tausenden individueller Schicksale gewesen. Jede Einzelheit längst in Filmen, Dokumentationen, Romanen verarbeitet, abgeheftet, abgebildet. Jahrzehnte danach empfindet der Besucher nur noch die Leere der Sinnlosigkeit. Nun, da die Stätte im Schweigen eines Nachmittags liegt, Todesschreie und Hubschraubergedröhn und Granateneinschläge verhallt sind vor langer Zeit, ist die erschreckende Banalität solchen Schlachtens zu spüren: die Bankrotterklärung menschlicher Vernunft. Auf der Höhe von Khe Sanh ist sie zu lokalisieren. Wofür? Was ist denn wirklich anders geworden in den menschlichen Beziehungen seit der Steinzeit? Man wird zynisch da oben, weil man sich so hilflos fühlt und aus der Zeitung des Tages weiß, daß es immer wieder neue Khe Sanhs gibt.

»Die ganze Nacht über hörte ich den Wind heulen, draußen über der Schlucht der verlorenen Seelen.« So beginnt der »Roman ohne Titel«, der das Leid ebendieser verlorenen Seelen beklagt: der Opfer des Vietnamkrieges – der Opfer jedes Krieges. Es ist ein Anti-Kriegsroman, in dem von Verlierern die schonungslose Rede ist, nicht von Helden.

Die Autorin Duong Thu Huong, 1947 in Nordvietnam geboren, hat freiwillig an der Front gekämpft. Da mischen sich Autobiographie und Historie. So kann über diesen Krieg, der den Vietnamesen von den Amerikanern aufgezwungen worden war, nur schreiben, wer ihn erlebt, überlebt, wer einst von der Empörung gegen die hochtechnisierten Invasoren mitgerissen wurde und zwei Jahrzehnte nach dem Sieg von David über Goliath schmerzhaft und illusionslos die Folgen im wiedervereinigten Heimatland sieht, erleidet und anprangert.

Duong Thu Huong läßt die Schrecken des Krieges aus der Erlebniswelt des jungen Militärkommandanten Quan zu Horrorvisionen werden. Die meisterhafte Gestaltung der Rückblende wirft schlaglichtartige Facetten auf die Stadien dieses Kämpfers und macht literarisch möglich, was Entwicklungsroman genannt wird. Von der »Schlucht der verlorenen Seelen« wird die Blutspur des Grauens bis zum Einmarsch der nordvietnamesischen Truppen ins südvietnamesische Saigon verfolgt. Duong Thu Huong erzählt in einer fesselnden, bewegenden Mischung aus rücksichtsloser Direktheit und aquarellhafter Poesie vom Preis des Sieges: vom Verlust der Menschlichkeit, von den Wunden der Seele, vom schwarzen Loch der Illusionslosigkeit, von der gemordeten Utopie.

Der »Roman ohne Titel« und seine Autorin passen nicht ins offizielle Bild, das die Regierung in Hanoi noch immer vom Befreiungskrieg, von Patriotismus und Heldenverehrung konserviert. Schon mit ihren beiden anderen Romanen, die in deutscher Übersetzung vorliegen – »Liebesgeschichte, vor der Morgendämmerung erzählt« und »Bitterer Reis« – machte sie sich unbeliebt. Ihre Forderung nach Demokratie und Meinungsfreiheit und die Verwirklichung der Menschenrechte im neuen Vietnam wurden mit dem Ausschluß aus der Partei bestraft. 1991 saß die Schriftstellerin ein halbes Jahr im Gefängnis.

Nun gehört sie zu den geächteten Intellektuellen in Vietnam. Keines ihrer Bücher ist im Buchhandel zu haben, der staatlich kontrolliert wird. Keine öffentlichen Auftritte. Keine Rezension. Duong Thu Huong ist Opfer gegenwärtiger Widersprüche Vietnams geworden.

Dazu gehört auch dies: Fotokopierte Raubdrucke von Duong Thu Huongs Romanen, die in englischer Taschenbuchausgabe erschienen sind, werden von Zeitungshändlern auf offener Straße in Hanoi und Ho-Chi-Minh-Stadt angeboten. Auch Vietnam hat noch eine Menge mit seiner Vergangenheitsbewältigung zu tun. Die Ideale der Befreiung und die Realität mehr als zwei Jahrzehnte danach bilden die Konfliktpole der Romane von Duong Thu Huong. »Roman ohne Titel« – eine Metapher der Sprachlosigkeit – behandelt den Vietnamkrieg, was die historische Dimension betrifft; aber die Kriegsschauplätze sind austauschbar; und die Fragen bleiben: Wozu die endlosen Opfer in der »Schlucht der verlorenen Seelen«? Es ist ein tiefsinniger Roman der Sinnlosigkeit.

Die literarische Nachbarschaft zu Erich Maria Remarques »Im Westen nichts Neues« ist unverkennbar; doch gemessen an der kunstvollen Gestaltung ihres Anti-Helden wirken die Figuren bei

Remarque eher wie Akteure eines Trivialromanes. Duong Thu Huongs Buch ist vielschichtiger, radikaler: Im Osten was Neues.

Kinder laufen uns auf dem Schlachtfeld von Khe Sanh mit Fundsachen hinterher. Im Angebot: Orden, Bataillonswappen, verrostete Patronen, Kreuze, Rangabzeichen, eine verbeulte Uhr, Erkennungsmarken. »Reiff, Catholic« ist beim flüchtigen Hinsehen auf einem der Blechstücke eingestanzt. Zweifel darüber, was noch echt und authentisch ist nach all den Jahren, da auch amerikanische Suchtrupps derartige Stücke der Pietät aufklaubten, um sie Hinterbliebenen auszuhändigen. Für Kriegstouristen werden Souvenirs auch schon produziert. Es gibt eben keinen Kriegsgewinn – nur Kriegsgewinnler, kleine und große. Keines der militärischen Gebäude ist übriggeblieben, keine Ruine, kein Hangar, kein zerschossener Hubschrauber oder sonstiges Gerät. Der Schrott wurde längst eingesammelt und eingeschmolzen.

Was geblieben ist, ist die todbringende Saat im Boden. Was geblieben ist, ist die Landebahn, die mit Chemikalien und erdbindenden Materialien einst so kompakt präpariert worden ist, daß bis heute kein Grashalm darauf wächst. Einige Jungen spielen Fußball auf dem harten Untergrund. In der Nachbarschaft sind Menschen dabei, der geschundenen, von Bomben zermalmten Erde neues Leben einzugeben. Weite Felder wurden angelegt, um das Gewächs aufzunehmen, mit dem hier oben schon Franzosen zur Kolonialzeit lukrative Geschäfte machten: Kaffee. Die zartgrünen Pflänzchen in langen Reihen, die sich herauswagen aus dem blutgetränkten Boden, haben symbolhafte Kraft: keimendes Leben auf kahlen, dunkelbraunen Bergrücken. Da geht endlich wieder eine hoffnungsvolle Saat auf.

Malteser: »Ein Krieg zur Verteidigung der Zivilisation«

»Dieses Krankenhaus wurde 1968 vom Deutschen Malteser-Caritas-Verband für das vietnamesische Volk gebaut«, steht in Marmor gemeißelt am »Hospital C« in Da Nang. Das Hospital ist eine weitläufige Anlage aus viel Beton und mit wenig anheimelnder Atmosphäre. Es ist während unseres Besuches halb leer, da nur »krankenversicherte Patienten« zugelassen sind. »Das sind Parteifunktionäre, Angehörige von staatseigenen Betrieben und Ausländer«, erklärt uns Dr. Bui Dinh Bang, Chirurg und Sprecher des Hospitals. Er ist gleichzeitig Vertreter von »Weltweite medizinische Evakuierungen«, einer internationalen Versicherungsgesellschaft mit Sitz in Singapur. Einen »Krankenversicherten« aus der neuen Zielgruppe von zahlungsfähigen Ausländern gibt es auch, für den die »Weltweite medizinische Evakuierungen« täglich 45 US-Dollar in die Kasse des Hospitals zahlt. Es ist ein deutscher Tourist, der per Fahrrad in Vietnam unterwegs ist und auf dem Wolkenpaß vor Da Nang schlappgemacht hat. Jetzt läßt er sich 24 Stunden am Tag von einer »Menge Ärzte und zwei persönlichen Krankenschwestern« behandeln und verwöhnen, wie er sagt, und denkt gar nicht mehr an sein Fahrrad neben dem Krankenbett und das ferne Ruhrgebiet. Wer aber kein Versicherungssystem hinter sich hat, kommt nicht ins Hospital, er muß mit dem ärmlichen »Da Nang General Hospital« gleich nebenan vorliebnehmen, das durch eine Mauer und Straße vom Hospital der Elite abgegrenzt ist.

So ist es seit der Eröffnung des Deutschen Malteser-Krankenhauses Anfang der siebziger Jahre. Wer Beziehungen hatte, wurde im neuen Krankenhaus behandelt. Andere wurden ins Krankenhaus der Armen hinter der Mauer abgeschoben. Der Neubau wurde zur Ablösung des Hospitalschiffs »Helgoland« errichtet. Für 20 Millionen DM entstand ein Hospital, das mehr zur Selbstdarstellung der Erbauer als zur Verbesserung der städtischen Gesundheitsversorgung diente. Es wurde bereits damals gefragt, warum mit den zur Verfügung stehenden Mitteln nicht das »General Hospital« und die kleineren Gesundheitsstationen der Stadt auf eine besseren Stand gebracht wurden. Der Mißbrauch des Malteser-Krankenhauses durch Eliten war von Anfang an durch die Konzeption vorprogrammiert und hat sich bis heute fortgesetzt.

Daß die medizinische Hilfe aus Deutschland für Vietnam an politische Interessen gekoppelt wurde, schmerzt einen Mediziner wie Dr. Bang besonders. Er macht uns gegenüber keinen Hehl daraus. Denn nach Abzug der USA und Beendigung des Krieges im Jahre 1975 hat der Malteser-Hilfsdienst das Hospital fallenlassen und sich nicht, wie es in der Entwicklungshilfe üblich ist, um die Folgekosten eines solchen Hospitals gekümmert. Dasselbe geschah auch mit dem Provinzhospital in Hoi An und dem neugebauten Krankenhaus im Industriegebiet von An Hoa, 50 Kilometer südwestlich von Da Nang. Auch das »Deutsch-Vietnamesische Krankenhaus«, das während des Krieges von der DDR in Hanoi gebaut wurde, ist nach 1989 von der Bundesregierung fallengelassen worden.

Wo das Hospitalschiff »Helgoland« in Da Nang gelegen hat, gibt es keine Marmortafel zum Ruhm oder zur Erinnerung an das Deutsche Rote Kreuz. Der Anleger im Han River, an dem das umgebaute Bäderschiff der Hapag Lloyd von 1967 bis 1972 ankerte, liegt unserem Hotel genau gegenüber. Zuvor war das Schiff damals ein Jahr in Saigon stationiert gewesen. An der großen Pier der »Helgoland« ankert jetzt ein kleiner vietnamesischer Frachter. Auf der Straße werden Gemüse, Obst und Hühner verkauft. Schulkinder radeln die Uferstraße entlang. Welche Veränderung im Vergleich zur Kriegszeit, als hier jeden Morgen Hunderte von Kriegsverletzten auf eine Behandlung auf der »Helgoland« warteten! Das Hospitalschiff bedeutete zweifellos eine große Hilfe für die Opfer des Krieges, für die von Napalm verbrannten Kinder oder die von Splitterbomben verstümmelten Frauen. Mit 150 Betten und relativ guten Behandlungsmöglichkeiten bot es die Dienste eines deutschen Kreiskrankenhauses unter Kriegsbedingungen, wie der Chefarzt Dr. Jäger damals nicht ohne Kritik an der deutschen Hilfe in Vietnam feststellte. Das Personal gab sich viel Mühe und half den Kriegsopfern nach besten Kräften. Ärzte und Schwestern reagierten jedoch hilflos bei jedem direkten Kontakt mit der Kriegsmaschinerie oder den Methoden der Guerillabekämpfung der USA. Sie machten sich kaum Gedanken über die Rolle des Hospitalschiffes für die Gesundheitsversorgung in der Region und die Einbindung des Roten Kreuzes in die militärisch-zivile Strategie der USA in Vietnam. Auf die einheimischen Mediziner in den schlecht ausgestatteten und überfüllten vietnamesischen Krankenhäusern wirkte das optimal versorgte Hospitalschiff aus Deutschland mit 80 Ärzten, Schwestern und Helfern an Bord deprimierend und lähmend. Außerdem erzielten die Krankenbetten und eine Behandlung auf der »Helgoland« bei der Kriegsmafia von Da Nang unter der Hand die höchsten Preise.

Kritiker hatten schon bei der Planung der »Helgoland« die Frage erhoben, ob mit dem Aufwand von jährlich 10 Millionen DM für das Schiff nicht eine dauerhafte Verbesserung der einheimischen Gesundheitsversorgung der Region sinnvoller wäre. Auch die humanitäre Absicht der »Helgoland« wurde angezweifelt. So gab beispielsweise der erste Kapitän der »Helgoland«, Rolf Hesse, zu bedenken: »Meiner Ansicht nach ist die ganze Aktion Helgoland ein reines Politikum.« Auch das »Internationale Komitee des Roten Kreuzes« in Genf hatte Vorbehalte geäußert und der Bundesregierung empfohlen, das Hospitalschiff unter den Status der Genfer Konvention zu stellen und auch nach Nordvietnam zur Behandlung von Opfern der amerikanischen Bombardierung auslaufen zu lassen. Daß eine unparteiische Hilfe im Interesse der Zivilbevölkerung auf beiden Seiten des Konfliktes möglich gewesen wäre, beweisen Hilfsorganisationen aus skandinavischen Ländern und sogar aus den USA, wie das »American Friends Service Committee« der amerikanischen Quäker, die in Süd- und Nordvietnam Krankenhäuser unterstützten und Rehabilitationszentren unterhielten.

Mit der humanitären Hilfe für Vietnam wurde Politik betrieben. Die Formel »West-Berlin am Mekong zu verteidigen« kennzeichnete die Vietnampolitik der Bundesregierung sehr zutreffend. Der Grundsatz von neutraler und an den Opfern orientierter Hilfe, der nach dem Zweiten Weltkrieg mühsam erarbeitet worden war, wurde mißachtet. Alle politischen Parteien setzten die moralischen Prinzipien von Solidarität mit den Opfern des Unrechts außer Kraft. Im Namen der Großen Koalition in Bonn beteuerte Kanzler Georg Kiesinger auf dem Höhepunkt der Eskalation 1967 in Washington, »daß die Bundesregierung große Achtung vor dem amerikanischen Beitrag zur Verteidigung der Freiheit in diesem Teil der Welt« habe; und in unterwürfiger Treue zu den USA sagte er: »Gerade wir haben nicht den geringsten Grund, uns zu Schulmeistern Amerikas aufzuwerfen.« Kritiker des Vietnamkrieges wurden öffentlich zurechtgewiesen, so im Parlament von Bundestagspräsident Eugen Gerstenmaier: »Die USA verdienen dafür nicht Tadel, sondern Bewunderung und Dankbarkeit aller, die es ernst meinen mit der Sache der Freiheit in der Welt.«

Der Bundestag richtete 1967 einen Sonderausschuß »Vietnamhilfe« ein. Geld floß in Strömen, Hilfsorganisationen schöpften aus dem vollen und profitierten von satten Verwaltungspauschalen für ihre Zentralen in der Bundesrepublik. Die Kirchen, Kinderhilfswerke, Flüchtlingshilfen, Gewerkschaften und politischen Stiftungen ließen sich von der Bundesregierung Projekte finanzieren und für das humanitäre Image der USA einspannen. Es gab noch mehr Mittel, als Hilfsmaßnahmen zu Entwicklungsprojekten zum Aufbau Südvietnams erweitert und aus dem Haushalt des Entwicklungsministeriums finanziert wurden.

So baute beispielsweise das »Institut für Internationale Solidarität« (IIS) der Konrad-Adenauer-Stiftung das Jugendgefängnis von Saigon zu einer Jugend-Strafvollzugsanstalt nach hessischem Muster um. Für die Gewerkschaft »Conféderation Vietnamienne du Travail« (CVT), die vom amerikanischen Geheimdienst CIA gefördert wurde und an der Guerillabekämpfung beteiligt war, wurde die Forschungs- und Bildungsarbeit finanziert. Ein Höhepunkt des Hilfsbooms und Zynismus zugleich war der Ausbau des Saigoner Schlachthofes zu einer Fleischfabrik, für 25 Millionen DM. Schon zuvor war ein Projekt zur Kohleförderung mit 50 Millionen DM Entwicklungshilfe im Krisengebiet von An Hoa südwestlich von Da Nang gefördert worden; es scheiterte völlig.

Das Pentagon in Washington führte unter der Regie von Verteidigungsminister Robert McNamara einen »Spezialkrieg« zur Bekämpfung des Vietcong und Nordvietnams, um aus Südvietnam mit allen Mitteln ein Bollwerk gegen den Kommunismus zu machen (Strategie des »Containment«). Dafür wurden die humanitäre Hilfe und die Entwicklungshilfe in die militärische Kriegführung einbezogen. Selbst Soziologen, Psychologen und Ethnologen wurden eingespannt und mit Studien beauftragt, wie man die Guerilla des Vietcong von innen her aushöhlen könnte. Der Gipfel dieser Strategie war das berüchtigte »Phönix-Programm« zur Eliminierung der »Infrastruktur des Vietcong«. Das bedeutete die willkürliche Ermordung von Personen, die verdächtigt wurden, den Vietcong zu unterstützen. Die Zielvorstellung war, monatlich 2000 verdächtige Personen zu »eliminieren«, das heißt zu ermorden. Im Jahr 1969 fielen dieser Methode der »Leichenzählung« (»body count«) beispielsweise 13 000 Menschen zum Opfer.

Robert McNamara vergießt 1995 in seinen Memoiren Krokodilstränen wegen des Vietnamkrieges: »Wir haben uns geirrt, schrecklich geirrt. Und wir sind künftigen Generationen eine Erklärung schuldig, warum das so war.« Aber seine Schlußfolgerung ist nicht, weitere Kriege zu verhindern, sondern die Strategie zu verbessern: »Wir müssen aus Vietnam lernen, wie begrenzte Kriege wirksam zu führen sind.« Aus den Erfahrungen in Vietnam entwickelte das US-Verteidigungsministerium neue Methoden zur Guerillabekämpfung in der sogenannten »Dritten Welt«. So wurde beispielsweise die Strategie des »Zermürbungskrieges« (»low intensity conflict« – LIC) entwickelt, die in Lateinamerika und auf den Philippinen gegen aufständische Bauern angewandt wird.

Die Leitung des Malteser-Hilfsdienstes in Vietnam, aber auch in der Kölner Zentrale, wurde von Mitarbeitern und Beobachtern auf die Instrumentalisierung ihres Hilfsprogramms für die »integrierte Guerillabekämpfung« hingewiesen und darauf aufmerksam gemacht, daß manche Malteser-Projekte in direktem Zusammenhang mit dem »Phoenix-Programm« standen, wie beispielsweise der Bau von Sonderlagern zur Kontrolle und »Selektion« der Bevölkerung.

Viele Staaten im westlichen Bündnis leisteten einen direkten militärischen Beitrag zur »Verteidigung der freien Welt«, wie Südkorea, Thailand, die Philippinen, Australien und Neuseeland. Im Unterschied zum Einsatz am Persischen Golf, in Kambodscha und Bosnien in den neunziger Jahren kam in den sechziger Jahren noch keine Beteiligung der deutschen Bundeswehr an internationalen militärischen Operationen der USA in Frage. Dafür forderte die USA um so mehr humanitäre Hilfe und eine indirekte finanzielle Unterstützung des Krieges. Die sogenannten »Ausgleichszahlungen« für die Stationierung von US-Truppen in der Bundesrepublik wurden beispielsweise angehoben. Die »Ausgleichszahlungen« und kriegsbedingten Dollarstützkäufe der Bundesregierung betrugen über 25 Milliarden DM.

Das Hauptquartier des Malteser-Hilfsdienstes lag in Hoi An, der Provinzhauptstadt von Quang Nam, etwa 25 Kilometer südlich von Da Nang. Das historische Städtchen war der Seehafen des Cham-Reiches an der Mündung des Song Thu Bon gewesen und ist ein eindrucksvolles Zeugnis der langen und vielfältigen Kultur Vietnams. Auf dem schmalen Küstenstreifen Mittelvietnams ist das Leben besonders karg, und nirgends waren die Kämpfe so blutig wie dort. In der Provinz Quang Nam mündeten die Ausläufer des Ho-Chi-Minh-Pfades für Angriffe auf die US-Militärbasis von

Da Nang. In der Provinz war fast die gesamte Bevölkerung aus den Dörfern evakuiert und in kontrollierte Dörfer und strategische Lager umgesiedelt worden.

Bei unserem Besuch in Hoi An können wir auf dem Gelände des Provinzkrankenhauses die befestigte Wohnanlage, zwei große Häuser mit Bunkern, Wasserturm und dem Innenhof sehen, in denen die Malteser-Helfer für ihren Einsatz in Mittelvietnam untergebracht waren. Das achtzackige Malteserkreuz und die schwarz-rot-goldene Fahne der Bundesrepublik Deutschland an den Stirnseiten der Bunker sind weiß übertüncht, aber noch gut zu erkennen. Ein Pfleger des Krankenhauses läßt uns durch ein offenes Fenster in die Räume klettern. Sie sind voller Unrat, verdreckt und völlig verwahrlost. Einige Räume sind offensichtlich als Lager benutzt worden – in einem stehen noch heute die rostigen Überreste eines Operationssaals. An einer Tür klebt immer noch das Plastikschild mit dem Namen eines deutschen Helfers.

Das Hospital auf dem weitläufigen Gelände mit seinen verstreuten Krankenstationen ist wie ausgestorben, weder Pflegepersonal noch Patienten sind zu sehen. Eine Krankenschwester, die aus der Stadt herbeigeholt wird, gibt uns Aufschluß über die traurige Situation des Provinzkrankenhauses. Seitdem es keine staatliche Unterstützung mehr gibt und die Patienten Behandlungen und Medikamente bezahlen müssen, ist das Krankenhaus leer und die öffentliche Gesundheitsversorgung der Provinz zusammengebrochen. Der Chefarzt arbeitet an einer privaten Klinik in Da Nang. Die Krankenschwester selbst ist zwar im Hospital angestellt, arbeitet jedoch vorwiegend in der privaten Praxis eines Arztes in der Stadt. Wenn man krank sei, gehe man jetzt besser gleich in die private Klinik des Arztes, erklärt uns später Frau Le Thi Quang Tran, die Besitzerin des kleinen Familienmuseums in der Altstadt von Hoi An. Die Behandlung sei entschieden besser und schneller, wenn sie auch sehr teuer sei. Aber wenn man das »Handgeld« im Provinzhospital mitrechne, sei sie nicht viel teurer.

Als wir zum Ausgang zurückgehen, kommt uns ein alter Mann nachgelaufen, um uns eine andere Hinterlassenschaft des Malteser-Hilfsdienstes zu zeigen. Der leere Schuppen hinter einem Drahtverhau, ebenso verdreckt und verkommen, war damals die Zahnstation des Malteser-Hilfsdienstes gewesen. Auf einer Marmortafel von 1967 mit Malteserkreuz und Nationalflaggen Südvietnams und der Bundesrepublik Deutschland ist die »gute Kooperation der Bundesrepublik Deutschland mit der Republik Vietnam« dokumentiert. Die gelben Streifen in der Fahne des Thieu-Regimes sind vorsorglich herausgekratzt worden. Dieter Graf Landsberg-Velen, Präsident des Deutschen Malteser-Hilfsdienstes, schrieb damals in einem Rechenschaftsbericht über das Projekt: »Die Zahnstation im Hospitalbereich von Hoi An – nach wie vor wohl die zur Zeit modernste Anlage in Vietnam – beweist ihre Daseinsberechtigung durch unverändert hohe Inanspruchnahme, einschließlich operativer Behandlung von Kieferverletzungen.«

Daß die Projekte des Malteser-Hilfsdienstes zusammengebrochen sind, kann nicht mit Zerstörungswut des Vietcong begründet werden, wie es die Leitung des Malteser-Hilfsdienstes nach 1975 versuchte. Mit ausländischer Finanzierung sind während des Krieges ganz andere medizinische Projekte aufgebaut worden, die noch heute funktionieren. Denn sie wurden nach den Regeln der Genfer Konvention politisch neutral geführt und nach 1975 an Nachfolgeorganisationen übergeben. Es ist besonders unfair, die Bevölkerung für die von Fremden verursachten Fehler verantwortlich zu machen oder Fehlplanungen mit ungünstigen Verhältnissen des Landes zu entschuldigen. Noch mal Graf Landsberg-Velen von 1968: »Wie schon in früheren Berichten gesagt, kann dem Volke erst dann nachhaltig geholfen werden, wenn es sich aus seiner Lethargie aufrafft, wenn es die Hilfe aktiv entgegennimmt und vor allem, wenn die äußeren Umstände einen Wiederaufbau des zerstörten Wirtschafts- und Sozialgefüges zulassen.«

Das deutsche Malteser-Team bestand in der Regel aus etwa 50 deutschen Ärzten, Schwestern und Handwerkern. Angeführt wurde es von Angehörigen des Malteser-Adels, beispielsweise während des Höhepunktes der Kämpfe in den Jahren 1968 und 1969 von Robin Freiherr von Eltz-Rübenach, Reserveleutnant der Fallschirmjäger der Bundeswehr. Die Helfer waren größtenteils idealistisch gesinnte junge Menschen und sehr motiviert. Das medizinische Personal stammte vorwiegend aus katholischen Krankenhäusern des Malteser-Hilfsdienstes oder des Deutschen Caritas-Verbandes. Die Malteser-Helfer waren jedoch fast alle unerfahren und nicht auf eine Tätigkeit in der sogenannten »Dritten Welt« und schon gar nicht unter den schwierigen Bedingungen eines Krieges vorbereitet.

Sanitätern aus der Bundeswehr kam das »Überlebenstraining« während ihrer Ausbildung zugute. Das wirkte sich gelegentlich günstig aus, wie offensichtlich bei Bernhard Diehl, der zusammen mit der Kinderpflegerin Monika Schwinn eine vierjährige Gefangenschaft beim Vietcong und in Nordvietnam überlebte. Bei der Auswahl der Helfer wurde stark auf eine christliche Grundhaltung und konservative Einstellung im Geiste der katholischen Kirche und der christlichen Parteien geachtet. Es fand keine Auseinandersetzung über die Verletzung der Neutralität des Einsatzes im Sinne der Genfer Konvention statt. Die Unterstützung der Kriegführung der USA wurde kritiklos hingenommen. Helfer, die unsicher waren und sich kritisch äußerten, wurden zurechtgewiesen und versetzt; ihre Verträge wurden nicht verlängert. Es ist bekannt geworden, daß die Leitung des Malteser-Hilfsdienstes in Köln bei der südvietnamesischen Botschaft in Bonn intervenierte, um die Rückkehr eines geschaßten Malteser-Helfers nach Vietnam zur Mitarbeit bei anderen Hilfsorganisationen zu verhindern.

Für die Leitung des Malteser-Hilfsdienstes stand der Einsatz in Vietnam ganz offensichtlich in der Tradition von Adel, Kirche und Militär und entsprach der Auffassung der katholischen Kirche und konservativer Politiker von der Bekämpfung des Kommunismus. Als Zeichen der Verbundenheit des Adels mit der katholischen Kirche überbrachte der Generalsekretär des Deutschen Malteser-Hilfsdienstes, Georg von Truszcynski, für einen vietnamesischen Partner schon mal als Geschenk einen alten Meßkelch, gestiftet vom Großmeister des Souveränen Malteser-Ritterordens, Fra Angelo de Mojana. Josef Kardinal Frings, Erzbischof von Köln, spendete moralische Unterstützung für den Einsatz des Teams: »Wir alle bewundern Ihre Tapferkeit und Ihre Ausdauer in der Hilfe für den Nächsten.«

Die theologische und moralische Rechtfertigung des Krieges kam von Kardinal Spellman in New York, der im Namen der katholischen Bischofskonferenz der USA zu Weihnachten 1966 vor den US-Truppen in Saigon zum antikommunistischen Kreuzzug aufrief: »Dies ist ein Krieg zur Verteidigung der Zivilisation... Eine andere Lösung als der Sieg ist undenkbar... Ich glaube, daß ihr unter diesen Umständen nicht nur eurem Land dient, sondern ihr dient auch Gott, weil ihr die Sache der Gerechtigkeit, die Sache der Zivilisation und die Sache Gottes verteidigt.«

Die deutsche Bischofskonferenz verschanzte sich hinter dem Vatikan und erklärte im Frühjahr 1968: »Wir danken dem Heiligen Vater Papst Paul VI. für alle Initiativen, die er an den Brennpunkten der kriegerischen Auseinandersetzungen entfaltet hat, um dem Frieden und der Versöhnung zu dienen. Vor allem aber unterstützen wir seine unablässigen Bemühungen zur Beendigung des schrecklichen Krieges in Vietnam.« Eine eigene Stellungnahme gegen den Krieg wurde mit der Begründung abgelehnt: »Es steht den deutschen Bischöfen und dem deutschen Volk nicht zu, sich zum Richter über kriegführende Parteien aufzuwerfen.«

Nur wenige katholische Institutionen, wie Pax Christi oder der Bund Deutscher Katholischer Jugend, distanzierten sich von der indifferenten Haltung der Bischöfe und forderten eine Verurteilung des Krieges. Dagegen identifizierte sich die Hierarchie uneingeschränkt mit der politischen Haltung des Katholizismus in Südvietnam. Der Malteser-Hilfsdienst bildete die Klammer zwischen dem konservativen deutschen Katholizismus und den militanten katholischen Kreisen Südvietnams. Das geschah ganz offiziell im Auftrag des Deutschen Caritas-Verbandes in Freiburg, wenngleich ihrem Vorsitzenden, Monsignore Georg Hüssler, die Nähe zum Militär und manchen Kreisen der katholischen Kirche Südvietnams offensichtlich zu weit ging. Monsignore Hüssler war im Jahr 1967 auch nach Hanoi gereist, um eine Förderung der öffentlichen Gesundheitsversorgung anzubieten und damit der katholischen Kirche Nordvietnams mehr Freiraum zu verschaffen.

Der wichtigste Partner des Malteser-Hilfsdienstes in Südvietnam war der konservative Bischof Nguyen Ngoc Chi von Da Nang. Er hatte den Exodus der Katholiken aus Nordvietnam von 1954 angeführt und ließ sich für seinen militanten Antikommunismus vom Militär und der katholischen Kirche der USA aushalten. Er kooperierte in der strategischen Umsiedlungspolitik und ließ sich dafür Lagerkirchen als Teil der Strategie zur Kontrolle der Bevölkerung finanzieren. Bischof Chi verstand es außerdem wie kein anderer, die Spendenbereitschaft der Katholiken im Ausland zu nutzen und eine aufwendige Infrastruktur für seine Diözese mit bischöflicher Residenz, Priesterseminar und neuen Kirchenbauten zu errichten. Der Malteser-Hilfsdienst hatte ihm auf dem Gelände seiner Residenz ein eigenes katholisches Krankenhaus eingerichtet. Nach außen und in der Bundesrepublik stellten Dieter

Graf Landsberg-Velen und Generalsekretär Georg von Truszcynski den Einsatz des Malteser-Hilfsdienstes ausschließlich als karikative Hilfe für die leidgeprüfte Bevölkerung dar und beteuerten die politische Neutralität im Sinne der Genfer Konvention. Zur Beschwichtigung der Mitarbeiter und der Öffentlichkeit in Deutschland wurde behauptet, der Einsatz werde vom Vietcong respektiert und stillschweigend geduldet. Dafür gab es nicht die geringsten Anhaltspunkte.

Das Ausmaß des Elends unter der Bevölkerung, durch die brutale Strategie der Kriegführung verursacht, wurde in der Nachbarprovinz Quang Tin und der Provinzhauptstadt Tam Ky, 80 Kilometer südlich von Da Nang, besonders deutlich. Von April bis September 1968 war dort ein kleines Malteser-Team in einem sogenannten »Todeslager« tätig.

Spurensuche fast drei Jahrzehnte später: Wir haben den ganzen Tag in den Ruinen von My Son verbracht und uns noch die Cham-Tempel im Norden von Tam Ky angeschaut, bevor wir recht spät die Provinzhauptstadt erreichen. Sie erscheint noch ärmer, und die lange Hauptstraße, Durchfahrt der Nationalstraße Nr. 1, ist noch enger als 1968. Damals hatten die US-Militärkonvois auf dieser Straße wöchentlich ein Kind überfahren, weil sie mit rücksichtsloser Geschwindigkeit durch die Stadt rasten. Aus Gründen der Sicherheit vor Scharfschützen im »Vietcong-verseuchten« Tam Ky – so lautete immer die Rechtfertigung der Fahrer und Kommandeure. Auf der Suche nach einem vietnamesischen Mitarbeiter des Malteser-Teams von 1968, Dolmetscher, Fahrer und später selbst Sozialarbeiter, landen wir im kleinen Geschäft seines Bruders. Ihn selbst können wir nicht treffen. Er lebt in Ho-Chi-Minh-Stadt, wo er nach 1975 vier Jahre in einem »Umerziehungslager« festgehalten wurde, offensichtlich nur wegen seiner Tätigkeit für Ausländer. Er wagt immer noch nicht, nach Tam Ky zurückzukehren, hat 1989 nicht an der Beisetzung seines alten Vaters teilgenommen und seit Ende des Krieges sein Kind nicht wiedergesehen, das geisteskrank ist und von Verwandten gepflegt wird. Der Bruder, vor 1975 Leiter einer Grundschule in Tam Ky, ist ebenfalls nach 1975 für drei Jahre interniert gewesen, weil er während des Krieges einmal Angehörige der US-Botschaft in seiner Schule empfangen hatte. Das kleine Geschäft seiner Frau wurde konfisziert, sie haben es erst 1989 vom Provinzkomitee der Partei zurückgekauft. Es ist jetzt die bescheidene wirtschaftliche Grundlage für die Familie mit sechs Kindern im Teenager-Alter. Die Kader des Vietcong in Tam Ky waren schon 1968 sehr rigoros: Bauernjungen, deren einfache Weltanschauung vom Guerillakrieg gegen den US-Aggressor geprägt war.

Das »Todeslager« hieß Ly Tra und war ein Lager mit zwangsumgesiedelten Bauern und Fischern von der Küste der Provinz, die als »Vietcong-verseucht« galt. Es lag etwa zehn Kilometer südlich von Tam Ky auf öden Sanddünen an der Nationalstraße 1. Das Lager war nicht weit von My Lay entfernt, dem Ort des Massakers an einem ganzen Dorf, 1969 von Captain Kelly und seiner Brigade verübt. Das menschenverachtende Vorgehen hatte der amerikanischen Öffentlichkeit einen Schock über die Brutalisierung »ihrer Jungs« in Vietnam versetzt.

Ly Tra war 1968 ein Lager mit etwa 30 langen Baracken und etwa 1500 Menschen, nur Frauen, Kinder und alte Leute. Die Baracken waren mit Aluminiumblech gedeckt und konnten auch nachts von der US-Luftaufklärung überwacht werden. In jeder zweiten Familieneinheit der Baracken lag ein verhungerndes Kind, eine kranke Frau oder ein zusammengebrochener Greis. Nachdem ein Militärkonvoi auf der Fahrt zum nahegelegenen Versorgungshafen Chu Lai in der Nähe des Lagers auf eine Mine gefahren war, galt das Lager als Angriffsbasis des Vietcong und war von allen Seiten durch Militärposten abgesperrt worden. Das Malteser-Team, dem ich seinerzeit angehörte, besorgte Reis, kaufte Kochtöpfe und richtete eine Milchküche für die Kinder ein. Wir durchbrachen die Absperrungen und nahmen die Schwerkranken mit ins Provinzialhospital oder schafften sie auf die »Helgoland« nach Da Nang. Viele Kinder starben auf dem Weg zum Jeep in meinen Armen. Ich merkte es immer, wenn sie schwer wurden und ihr Kopf auf meine Schultern fiel.

Später erfuhren wir, daß die katholische Kirche in Tam Ky die Erlaubnis hatte, im Lager Nahrungsmittel zu verteilen und dafür vom »Catholic Relief Service«, dem Caritasverband der USA, reichlich Vorräte erhalten hatte. Man hatte jedoch nur an die ganz wenigen katholischen Familien im Lager Reis, Speiseöl und gebrauchte Kleidung verteilt und den Rest in einem Lagerhaus hinter der Kirche gehortet und für den Ausbau des katholischen Gymnasiums auf dem schwarzen Markt verkauft.

Während unseres Aufenthalts in Tam Ky drei Jahrzehnte danach haben wir auch Gelegenheit, die katholische Kirche in der Nähe des Flusses am Ortsausgang von Tam Ky zu besuchen und mit Pfarrer Nguyen Tan Khoa zu sprechen. Das Kirchengebäude ist gerade renoviert und frisch gestrichen worden und hat eine freitragende Decke und einen neuen Altar erhalten; mit Geld von *Missio,* dem bischöflichen Hilfswerk zur Glaubensverbreitung in Deutschland, berichtet uns Pfarrer Khoa. Er kannte nicht die Situation in den Lagern aus der Zeit seines Vorgängers, wohl aber hat er gehört, daß damals auf Anraten von ausländischen Helfern seine Kirche von Flüchtlingen besetzt worden war.

Dies Ereignis war damals natürlich Bischof Nguyen Ngoc Chi in Da Nang, zuständig für die Provinz Quang Tin und Tam Ky, gemeldet worden und hatte ihn mächtig verärgert. Er hatte einen langen Arm zum US-Kommandeur in Da Nang und konnte mit der Unterstützung des Malteser-Hilfsdienstes rechnen. Der reagierte in solchen Fällen mit der Sanktion, daß ein Neun-Monats-Vertrag nicht verlängert wurde. Inzwischen hatten die Berichte jedoch mit Hilfe von Freunden aus dem »American Service Committee« (Quäker) in der benachbarten Provinz von Quang Ngai die Anti-Kriegsbewegung in den USA erreicht. Durch Intervention der Senatoren Ted Kennedy und George McGovern wurden das Lager Ly Tra und vergleichbare Lager in der Provinz aufgelöst und die verantwortlichen US-Berater zur Rechenschaft gezogen. Aber nach Abreise des letzten Malteser-Helfers wurde ein Kontingent des amerikanischen Roten Kreuzes nach Tam Ky verlegt, das für die »loyale Betreuung« von Umgesiedelten und eine aktive Rolle in der »zivilen Guerillabekämpfung« bekannt war und von dem man »keine Schwierigkeiten« zu erwarten hatte.

Ein Hospital: »Wie es hoffentlich Schule machen wird«

Keine fünf Kilometer von den Ruinen My Sons entfernt, der Stadt des untergegangenen Reiches der Cham, liegt das Gebiet von An Hoa, nach den Abraumhalden von Anthrazit-Kohle auch Nong Son genannt, im Distrikt von Duc Duc in der Provinz Quang Nam/Da Nang. Wir fahren auf dem Sozius von zwei Hondas von My Son aus am Fluß Song Thu Bon entlang in die weite Ebene von An Hoa vor den sanften Hügeln des Vorgebirges der Annamitischen Gebirgskette Mittelvietnams. Die Ebene gehört zum Einzugsgebiet von My Son. Hier standen wegen der Nähe von Kohle- und Tonvorkommen die Ziegeleien und Töpfereien der Cham-Könige. Zeugen davon sind die Tempel- und Bibliotheksbauten von My Son aus roten Ziegeln. Die Ebene ist leer und weithin von niedrigem Buschwerk überwachsen, nur am Rande haben sich wieder kleine Weiler mit Reisfeldern und Märkten angesiedelt. Der künstliche See liegt wie ein großer Spiegel vor dem Anstieg zu den Hügeln. Auf den ersten Blick erinnert hier nichts und niemand an den Krieg, und doch haben hier Menschen unsäglich gelitten, und der Irrwitz des Krieges hat sich hier voll ausgetobt. Das hat eine lange Geschichte.

Im 19. Jahrhundert wollte der Hof von Hue die Rechte für den Tagebau der wertvollen Kohle mit hohem Phosphatgehalt von Nong Son an chinesische Bergbauunternehmer vergeben, was die französische Kolonialverwaltung vereitelte. Nach dem Zweiten Weltkrieg wurde die Förderung in größerem Stile aufgenommen und zum Abtransport eine Eisenbahnverbindung nach Da Nang gebaut. Unter Präsident Ngo Dinh Diem wurde der »An Hoa Industrial Complex« zum Bau einer Düngemittelfabrik und eines Kohlekraftwerkes gegründet, finanziert von den USA mit zwei Millionen Dollar und der Bundesrepublik Deutschland mit 50 Millionen DM Entwicklungshilfe. Im Jahr 1963 waren in An Hoa zum Aufbau der Anlage 850 Techniker und Spezialisten beschäftigt, darunter auch deutsche Ingenieure. Die Jahresförderung betrug bereits 100 000 Tonnen Kohle.

Ab 1964 wurden die industrielle Förderung und die Arbeit an den Anlagen jedoch eingestellt, weil die Guerillas des Vietcong die Transportwege zur Nationalstraße 1 und nach Da Nang blokkierten. Aber auch den US-Marines und Special Forces, die auf die Ebene verlegt wurden, gelang es nicht, genügend Sicherheit für den Weiterbau des Projektes zu schaffen. Nach Überfällen des Vietcong bauten sie den Stützpunkt zu einer Militärbasis mit schwerer Artillerie und einer Landebahn für Transportflugzeuge und Hubschrauber aus. Die Versorgung des Stützpunktes geschah ausschließlich aus der Luft.

Die Marines begannen 1966 eine großangelegte Umsiedlung der Bevölkerung aus den Dörfern im Einflußbereich des Vietcong in den Flußtälern des Song Thu Bon und Song Phu Gia. Das ganze Gebiet um An Hoa wurde zur »Free Fire Zone« erklärt. Alle Bewohner, die sich außerhalb der kontrollierten Dörfer und Lager aufhielten, galten als Anhänger des Vietcong und waren »vogelfrei«. Die zwangsweise Umgesiedelten wurden in irreführender Weise »Flüchtlinge« genannt, die vor dem Vietcong geflüchtet seien und denen man helfen müsse.

Geholfen wurde vom Malteser-Hilfsdienst, ab 1967 zunächst mit einem kleinen Team, das in den leerstehenden Häusern der abgezogenen deutschen Ingenieure wohnte und unter dem Schutz der US-Marines stand. Die Helfer versorgten täglich die vielen Schuß- und Splitterverletzten unter den Umgesiedelten und kämpften gegen Unterernährung und Seuchen in den Lagern. Wenn das Camp der Marines nachts offensichtlich oder angeblich aus den Lagern heraus vom Vietcong angegriffen wurde, feuerten sie Granaten hinein. Die Malteser kamen im Morgengrauen zur Hilfe, trennten die Schwerverletzten von den Toten und ließen sie von den Marines nach Da Nang auf die »Helgoland« fliegen.

Zur Konsolidierung der Hilfe für die »Flüchtlinge« und im Vorgriff auf die Gesundheitsversorgung im Industriekomplex baute der Malteser-Hilfsdienst 1968 aus Bundesmitteln und mit Hilfe des US-Militärs in An Hoa ein Krankenhaus. Es war ein geräumiges Hospital im Pavillon-Stil mit 60 bis 100 Betten auf einer Anhöhe über dem See, gut ausgestattet und von etwa 15 deutschen und ebenso vielen vietnamesischen Ärzten und Helfern betreut. Nach Art der Berliner Luftbrücke wurden das Baumaterial und die gesamte Ausrüstung von der US-Luftwaffe eingeflogen, ebenso die Ärzte, Schwestern und technischen Helfer. Eine absurde Situation: Die Marines feuerten mit Artillerie auf Stützpunkte des Vietcong in My Son und hielten sich die deutschen Malteser-Helfer als freiwillige Geiseln zur Versorgung ihrer Opfer und zur internationalen Rechtfertigung ihres barbarischen Treibens. In dieser Symbiose mit der US-Kriegführung ging dem Malteser-Hilfsdienst die Basis verloren, als die USA Vietnam verlassen mußten. Für die Bevölkerung blieb von den aufwendigen Projekten zu ihrer Hilfe nicht viel übrig.

Wir dirigieren unsere Honda-Taxis zum Malteser-Hospital am See und trauen unseren Augen nicht. Denn es gibt kein Hospital mehr, es ist im wörtlichen Sinne vom Erdboden verschwunden. Nicht einmal eine Ruine ist stehengeblieben, wie sonst bei den meisten Entwicklungsprojekten dieser Art in der »Dritten Welt«. Nur die Umrisse der Fundamente sind noch unter Gras und Laub zu erkennen. Soll man den Bericht von Graf Landsberg-Velen, dem Präsidenten des Malteser-Hilfsdienstes, von Ende 1968 mit Zorn oder Trauer lesen? »Das Hospital An Hoa – als abgelegene Insel Sorgenkind und Schmuckstück zugleich – konnte mit seinen wichtigsten Bestandteilen und medizinisch voll funktionsfähig Anfang August seiner Bestimmung übergeben werden... So steht auch unsere dortige Gruppe in einer Aufgabe, die zweifellos viel Schweiß und Anstrengungen kostet, der aber ebenso aller Ehrgeiz gewidmet ist, um ein Krankenhaus zu demonstrieren, wie es hoffentlich Schule machen wird.«

Der Vietcong habe das Krankenhaus nach dem Abzug der Deutschen zerstört, wurde vom Malteser-Hilfsdienst in Deutschland verbreitet, eine handliche Formel zum Vertuschen des eigenen Versagens, die nie überprüft wurde. Man hatte sich nicht um eine einheimische Trägerschaft und eine geregelte Übergabe des Hospitals bemüht.

Wie wir erfahren, war das Krankenhaus nach Abzug der Deutschen von vietnamesischen Angestellten vorübergehend weitergeführt worden. Dann sei es von »Flüchtlingen« bewohnt worden, bis sie in ihre Dörfer zurückkehren konnten. Bei ihrer Rückkehr sei es dann abgerissen und bis auf den letzten Stein für den Wiederaufbau der Dörfer abtransportiert worden. Dasselbe war auch mit den »deutschen Häusern« und den halbfertigen Hallen des Industriekomplexes geschehen.

Auf dem Weg zum US-Stützpunkt, von den Marines »Liberty Road« genannt, stoßen wir auf einen Gedenkstein mit einer traurigen Erinnerung: »Hier starb Ceslaw Dixa im Alter von 22 Jahren. Er kam den weiten Weg von Deutschland, um den Vietnamesen zu helfen. Wir werden seinen Namen und sein Bild in unserem Herzen bewahren.« Das Grabmal ist überwuchert und unauffällig – es wirkt verloren, wie eine belanglose Hinterlassenschaft aus einer längst vergessenen Epoche. Was auf dem Gedenkstein steht, trifft für Ceslaw Dixa persönlich zu. Er war ein sehr engagierter Helfer, Techniker, Sanitäter und ein sympathischer Kollege. Anfang 1968, kurz vor der Tet-Offensive, war er zum ersten Mal ins Land gekommen und zwei Wochen vor seinem Tod, im November 1968, für einen zweiten Einsatz in An Hoa aus Deutschland zurückgekehrt. Er wurde im Jeep von einer Granate getroffen und starb an den Folgen einer Kopfverletzung. Der genaue Hergang des Unglücks ist nicht aufgeklärt worden.

Graf Landsberg-Velen sagte bei der Beisetzung in Freiburg: »Ceslaw Dixa hat nun für seine Bereitschaft eintreten müssen, von ihm wurde das höchste Opfer gefordert infolge einer Verkettung unglücklicher Umstände und nicht, wie wir jetzt zu wissen glauben, aufgrund eines vorsätzlichen Angriffs gegen ihn und den mitverwundeten Pfleger Hees oder ganz allgemein gegen uns Malteser. Wir haben es hinzunehmen als Gottes unerforschlichen Willen. Wir haben es hinzunehmen, wie es auch Ceslaw Dixa hinzunehmen bereit gewesen ist.« Von einem Vertreter des Innenministeriums in Bonn wurde ihm bei der Beisetzung posthum das Bundesverdienstkreuz I. Klasse verliehen, und vom Souveränen Malteser-Ritterorden erhielt er das »Commandeurskreuz mit Schwertern«.

Ein paar Monate später, im April 1969, ereignete sich ein anderer Zwischenfall in An Hoa, der für drei jüngere Pflegekräfte des Malteser-Hilfsdienstes ebenfalls tödlich endete: Marie-Luise Kerber, Hindrika Kortmann und Georg Bartsch. Nur die Kinderpflegerin Monika Schwinn und der Abiturient und Sanitäter der Bundeswehr Bernhard Diehl überlebten eine vierjährige Gefangenschaft beim Vietcong im Süden und in nordvietnamesischen Gefängnissen. Sie hatten alle fünf zusammen im Jeep einen Sonntagsausflug in die Umgebung von An Hoa gemacht und waren dabei in ein vorgeschobenes Terrain des Vietcong geraten. Sie wurden gefangengenommen und sind auf dem Ho-Chi-Minh-Pfad über Laos nach Nordvietnam gebracht worden. Monika Schwinn und Bernd Diehl haben nach ihrer Freilassung im Jahr 1973 (Pariser Friedensabkommen) einen erschütternden Bericht über den Tod der drei und ihre eigenen Erfahrungen geschrieben. Sie hatten alle sehr unter den Strapazen, Entbehrungen, beschwerlichen Fußmärschen und Malaria zu leiden. Marie-Luise Kerber, Hindrika Kortmann und Georg Bartsch sind noch in Südvietnam an Malaria und ihren Folgen gestorben. Sie waren erst kurze Zeit im Land gewesen, die beiden Überlebenden etwas länger. Aber alle hatten keine Erfahrung mit den Lebensbedingungen und gesundheitlichen Problemen in den Tropen und waren nicht auf die politischen Verhältnisse vorbereitet gewesen, die sie erwarteten.

Es ist erschütternd zu hören, wie die Jüngste von ihnen, Marie-Luise Kerber, im Fieberwahn vor ihrem Tod stammelte: »Ich bin doch nur hierhergekommen, um zu helfen. Meine armen Eltern. Was werden sie denken, wenn sie hören, daß ich gefangen bin.« Es ist aber ebenso erschütternd, wenn auch auf andere Weise, daß ein junger Mann wie Bernhard Diehl den politischen Konflikt des Vietnamkrieges ausblendet und fast ein rassistisches Resümee seiner Erfahrung zieht: »Aber so war es eigentlich immer, in diesen Jahren: Kaum war man sich ganz klar in seinen Gefühlen, kaum haßte man diese Vietnamesen für ihre Unmenschlichkeit – da geschah etwas, was einen in seinem Haß wieder wankend machte; und ich hätte mir manchmal gewünscht, daß ich sie nur hätte hassen können.«

Andererseits hätten die Kader des Vietcong die fünf Helfer leicht als persönlich integer identifizieren und sie wieder freilassen können, wie sie es mit anderen Helfern in vergleichbaren Situationen getan haben.

Nach der Gefangennahme wurde dem Einsatzleiter Robin Freiherr Eltz von Rübenach, aber auch Dieter Graf Landsberg-Velen, von verschiedenen Seiten, auch von ehemaligen Mitarbeitern des Malteser-Hilfsdienstes, vorgeschlagen, keine Suchaktion durch die US-Luftwaffe durchführen zu lassen, sondern mit der Führung des Vietcong in der Region über ihre Freilassung zu verhandeln. Während einer Suchaktion mit Hubschraubern der US-Luftwaffe waren nämlich Vietnamesen bei der Feldarbeit erschossen worden. Ein Angehöriger der Leitung der »Helgoland« an Bord des Hubschraubers war darüber so erschüttert und aufgebracht, daß er ein Protestschreiben an den US-Militärkommandeur in Da

Nang richtete. Leider wurde der Brief dann jedoch aus politischer Rücksichtnahme nicht abgeschickt. Eine Kontaktaufnahme mit dem Vietcong und eine Verhandlung über die Freilassung der Gefangenen wurden vom Malteser-Hilfsdienst aus politischen Gründen abgelehnt.

Es ging auch anders. Fast zur selben Zeit war der deutsche Leiter der »Deutschen Internationalen Flüchtlingshilfe«, Peter Schrader-Rotmers aus Hamburg, in der benachbarten Provinz Quang Ngai unter ähnlichen Umständen von einer Einheit des Vietcong gefangengenommen worden. Durch Vermittlung vietnamesischer Lehrer in der Provinz und Journalisten in Saigon war es möglich, über seine Freilassung zu verhandeln, so daß er nach drei Monaten Gefangenschaft wieder freigelassen wurde. Ähnlich verhielt es sich auch mit Angehörigen anderer internationaler Hilfsorganisationen, selbst aus den USA.

Die Ebene von An Hoa wirkt unheimlich, wenn die Erinnerung das Elend der umgesiedelten Menschen zurückholt, die nächtlichen Angriffe auf ihre Lager und die Trauer der Mütter über ihre toten Kinder. Der Wind geht über den See und die Ebene, in der sich alte und neue Geschichte verdichtet. Eine Bäuerin treibt ihre Kuh über das alte, von Gras überwachsene Rollfeld der US-Marines. Hier werden sicherlich bald Touristen für den Besuch der Ruinen der Cham von My Son landen. Vielleicht erklärt ihnen jemand, was sich in jüngster Zeit auf der Ebene zugetragen hat, denn dafür gibt es nicht einmal Ruinen, nur ein überwuchertes Grabmal.

Vo Suong: »Unser Junge ohne Gesicht«

Er stellt sich mit Vo Suong vor und sagt, er sei unser Fahrer und werde uns nach Phan Thiet begleiten, wo wir Dörfer der Minderheit der Cham am kargen Rande Mittelvietnams besuchen wollen. Wir scheuen uns, nach den Narben in seinem Gesicht zu fragen, um nicht noch mehr »Wunden des Krieges« aufzureißen. Die sind im »Zentrum für Rehabilitation von unterernährten Waisenkindern« (CROM) in Ho-Chi-Minh-Stadt, wo wir uns verabredet haben, allgegenwärtig und noch weit offen. Unsere Sympathie für den außergewöhnlichen Mann bildet sich im Laufe des Tages weniger aus Mitleid mit einem Kriegsopfer, vielmehr wegen seiner rücksichtsvollen und einfühlsamen Fahrweise, mit der er das Auto durch das Chaos von Honda-Fahrern in der Stadt und beim Überholen vollbeladener Fahrräder auf den Landstraßen steuert. Sein Überholmanöver wird immer mit verständnisvollem Lächeln quittiert.

Solange wir mit dem Vertreter von *terre des hommes* sprechen, unserem Reiseführer, schweigt Suong. Jener ist sein Boß und spricht besser deutsch als er. Nach Studium und Promotion zu DDR-Zeiten in Dresden kein Wunder. Während der ersten Pause sitzt Suong uns in einem Straßencafé gegenüber und bietet uns eine Zigarette an. Er hatte während der Fahrt ununterbrochen geraucht, so als ob er Testraucher für eine neue Zigarettenmarke sei. Wir als Nichtraucher lehnen freundlich ab. Dann fragt er uns, ob wir Feuer hätten. Wir schauen uns verständnislos an, denn das kann nicht ernst gemeint sein, sondern muß als Zeichen für Gesprächsinteresse gedeutet werden.

Sein Deutsch ist nicht schlecht, nur die Aussprache leidet unter seinen Narben und seiner Scharte in der Oberlippe. Er habe in Deutschland ein »neues Gesicht« erhalten, erzählt er. Die Stationen dafür waren Bremen, Fischerhude und Vechta in Niedersachsen gewesen. Wann er nach Deutschland gekommen sei und wer ihn vermittelt habe? Die Ärzte und Schwestern auf dem Hospitalschiff »Helgoland« in Da Nang hätten ihn zunächst behandelt und dann nach Deutschland geschickt.

»Helgoland« ist das Stichwort. Und es stellt sich heraus, daß er »unser Junge ohne Gesicht« ist, wie ihn die Schwestern liebevoll nannten, der schwerverletzt Anfang 1968 auf das Schiff gekommen und nach drei Monaten Behandlung zur Operation nach Deutschland geschickt worden war. Damals war er ein Junge von zwölf, nun ist er ein erwachsener Mann. Damals war ich in Da Nang in der humanitären Hilfe tätig, nun kehre ich als Tourist an die Stätten einstiger Kriegsschrecken zurück. Gesichter wachsen in der Erinnerung nicht mit. Und jetzt hat er ein »neues Gesicht«. Er stand damals im Mittelpunkt der Kinderstation auf der »Helgoland«, weil er kein Gesicht hatte und nicht essen und trinken konnte. Auch die anderen jungen Patienten, teils ohne Beine oder Arme, bedauerten ihn, weil er nicht mit ihnen sprechen konnte. Aber er war ein sehr starker Junge, selbstbewußt und sehr eigenständig. Er klagte nicht und war für kleine Zuwendungen dankbar. Die Verständigung geschah über die Augen und den Rest seines Gesichtes, soweit es unter dem Verband sichtbar war.

Eine Erinnerung an ihn aus den Aufzeichnungen meines Tagebuchs von Anfang Februar 1968: »Ich habe heute morgen die Visite auf zwei Stationen mitgemacht. Was für Schicksale! Da lag ein kleiner Junge, etwa zwölf Jahre alt. Das halbe Gesicht hatte ihm ein Bombensplitter weggerissen, es war nicht anzuschauen. Das Gesicht war eine blutige und eitrige Höhle. Als ich später zu ihm gehen wollte, um von ihm ein Foto zu machen, war er gerade dran, mit Hilfe eines Spiegels einen sauberen Mullverband über sein Gesicht zu kleben. Er lachte mich an. Ich habe mich über mein unsensibles Verhalten geschämt, daß ich ein Foto machen wollte. Ich werde sein Gesicht auch ohne Foto nie vergessen.«

Seine Gesichtsverletzung bewegte uns damals auch deswegen, weil jeder selbst mit schweren Verletzungen zu rechnen hatte. Ohne Gesicht zu überleben, nicht mehr sprechen und Nahrung zu sich nehmen zu können, gehörte zu den schlimmsten Befürchtungen. Es kursierten viele Bilder von »unserem Jungen ohne Gesicht« bei den Ärzten und Helfern, die sie immer zeigten, wenn von der Ungeheuerlichkeit des Krieges die Rede war. Alles ist so lange her, und doch bringt mir das Wiedersehen mit Suong die damaligen Ereignisse in erschreckender Deutlichkeit zurück.

Suong zeigt uns später bei einer Fahrt ins Mekong-Delta einen Artikel von Cordt Schnibben mit Fotos von Axel Krause aus dem »Spiegel« vom Mai 1995, in dem er über seine Verletzung und Behandlung berichtet. Er brachte ihn wohl auch deswegen mit, um nicht noch mal seine Geschichte erzählen und durchleiden zu müssen. Im Gespräch mit uns treten besonders die Personen in den Mittelpunkt, die ihn gerettet und ihm zu seinem »neuen Gesicht« verholfen haben. Seine Mutter und eine Schwester hatten für sein Leben bei den Ärzten im Provinzkrankenhaus von Hoi An gebettelt, wo man ihm keine Chance gab. Auch im »General Hospital« von Da Nang, 25 Kilometer nördlich von Hoi An, gab es zu viele Kriegsverletzte mit besseren Überlebenschancen als Suong. Aber ein Arzt kannte Kollegen auf der »Helgoland« und schickte ihn dorthin. Das war die Rettung! Bei aller grundsätzlichen Kritik an der »Helgoland« als politischem Instrument – das Wiedersehen mit Suong, sein Überleben und sein neues Gesicht gehören zu den vielen Widersprüchen Vietnams und des Krieges.

Suong erinnert sich an die Schwester Oberin auf der »Helgoland«, Frau Mathilde Verhall, die sich persönlich um ihn kümmerte. Seine Genesung machte gute Fortschritte, aber für eine komplizierte Kieferoperation und die langwierige Hautverpflanzung war das Hospitalschiff nicht ausgerüstet. Durch Kontakte und ein gutes Zusammenspiel zwischen einem Arzt von der »Helgoland«, einem Geschäftsmann in Fischerhude und *terre des hommes* in Osnabrück gelangte der Junge in das St.-Jürgen-Krankenhaus in Bremen. Es war eine schlimme Zeit für ihn, er mußte über 20 Operationen und langwierige Behandlungen über sich ergehen lassen. Aber in Fischerhude fand er eine liebevolle Ersatzfamilie mit netten Eltern und Geschwistern, die ihn unterstützten und ermutigten, nicht aufzugeben. Seine Zähigkeit und Ausdauer waren größer als die Frustration und das Heimweh.

Dann war es die Gruppenmutter in einem Kinderdorf des Diakonischen Werks in Vechta, die ihn streng, aber fürsorglich betreute und beim Abschluß der Hauptschule unterstützte. Er begann darauf eine Berufsausbildung in Vechta, besuchte die Kreisberufsschule und machte den Abschluß als KFZ-Mechaniker. Das war 1972, er war inzwischen 16, und das Heimweh quälte ihn. Er wollte zurück in die Heimat, aber das Ende des Krieges war nicht abzusehen. Wie immer verbreitete die Kriegführung der USA Optimismus und schob das »Licht am Ende des Tunnels« immer weiter vor sich her, arbeitete aber mit der »Vietnamisierung« des Krieges am eigenen Rückzug.

Suong kehrte 1972 zurück. Sein Heimatdorf war zerstört. Von seiner Familie lebten nur noch sein Vater und zwei ältere Schwestern in der Nähe von Da Nang, seine Mutter und sieben Geschwister waren tot. Er blieb in Saigon und arbeitete im Rehabilitationszentrum für Kinder von *terre des hommes* an der Straße Minh Mang, war Fahrer, technischer Direktor und Sozialarbeiter zugleich. Denn Walter Skrobanek, damals neuer Beauftragter von *terre des hommes* in Saigon, machte Schluß mit dem Adoptionsprogramm und förderte einheimische Einrichtungen für vietnamesische Kinder. So zog Suong nach der Befreiung und dem Ein-

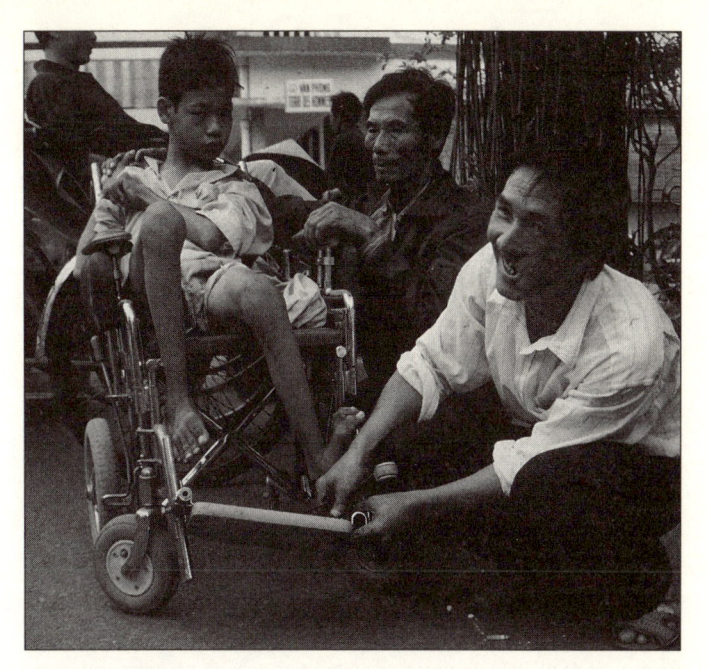

Vo Suong (rechts): »Unser Junge ohne Gesicht«

marsch nordvietnamesischer Truppen mit den Kindern in das zentrale Kinderzentrum CROM des Sozialministeriums, ein geräumiges Gebäude der katholischen Caritas an der Straße Tu Xuong, nicht weit vom Stadtzentrum entfernt. Seine neue Chefin wurde Frau Le Thi Man, die 1975 aus dem Untergrund zurückkehrte, wo sie eine Frauenbrigade des Vietcong angeführt hatte. Auch Suongs Freundin war am Zentrum tätig, als Kinderpflegerin für behinderte Kleinkinder. Sie heirateten 1976 und erhielten durch Vermittlung des Zentrums eine kleine Wohnung. Bald darauf wurde ihre erste Tochter geboren. Das war eine große Freude für beide, aber das Mädchen starb nach drei Jahren an Leukämie. Drei Töchter folgten, nun siebzehn, nein und sieben Jahre alt.

Später treffen wir Suong auf dem Hof des Kinderzentrums. Er montiert Rollstühle und paßt sie an die Körpergröße und Bewegungsmöglichkeit von behinderten Kindern an. Sie stammen aus einer Ladung gebrauchter Krankengeräte aus dem Ausland. Er verstellt und verschraubt mit viel Geduld das Trittbrett für einen 15jährigen Jungen, der seit der Geburt gelähmt ist. Als er fertig ist, zeigt Suong ihm, wie man sich mit dem Gerät fortbewegt. Das tut er mit so großem Geschick und so viel Hingabe, als ob er sich daran erinnerte, daß er selbst nur ein paar Jahre jünger war, als er ein »neues Gesicht« erhalten und man ihm geholfen hat, sein Leben wieder neu zu beginnen.

Die Arbeit für verwaiste, unterernährte und behinderte Kinder ist für Suong zum Lebensinhalt geworden. Er liebt die Arbeit und findet Anerkennung. Er spürt eine innere Verpflichtung, die Hilfe, die er selbst erfahren habe, an andere zurückzugeben, sagt er. Das Dilemma besteht in seinem Einkommen aufgrund der neuen wirtschaftlichen Verhältnisse. Mit Einführung der Marktwirtschaft sind Subventionen auch für das Kinderzentrum CROM weggefallen und noch keine Ersatzfinanzierung gefunden worden. Sein Monatseinkommen von umgerechnet 40 US-Dollar reicht nicht mehr für die sprunghaft angestiegenen Lebenshaltungskosten, auch wenn seine Frau fast ebensoviel hinzuverdient. Ein Platz in einem privaten Kindergarten gleich nebenan in der Tu Xuong für seine kleine Tochter kostet beispielsweise monatlich 30 US-Dollar. Das Schulgeld und die Ausgaben für die obligatorische Schuluniform und die Bücher müssen neuerdings von den Eltern selbst getragen werden.

Wie könnte er selbst seine wirtschaftliche Lage verbessern? Er möchte einen gebrauchten Wagen kaufen und abwechselnd mit einem Kollegen halbtags Taxi fahren. Damit könne er im Zentrum tätig bleiben und gleichzeitig seine Familie besser unterstützen. In der boomenden Ho-Chi-Minh-Stadt könnten mit einem Taxi 300 bis 500 US-Dollar pro Monat eingefahren werden. Ein gebrauchter Wagen kostet wegen der hohen Einfuhrsteuer jedoch 10 000 US-Dollar. Alles andere sei kein Problem, denn er sei ja selbst gelernter KFZ-Mechaniker. Seine Augen glänzen bei dem Gedanken an eine solche Lösung. Denn dann könne sich seine älteste Tochter nach dem Abitur ihren Wunsch erfüllen und Medizin studieren. Und warum gerade Medizin? Darauf Suong: »Sie will kranken Kindern helfen.« Ob sie darin vielleicht von ihrem Vater beeinflußt worden sei? Suong wird rot, schaut zu Boden und schweigt.

Hue: Die verbotene Stadt in Trümmern

Früher Morgen in Hue. Man hat es nicht eilig. Der Strom der Fahrräder, Menschen, Ochsenkarren, der wenigen Autos und der IFA-Lastwagen aus der ehemaligen DDR bewegt sich gemächlich auf der Trang-Tien-Brücke über den »Fluß der Wohlgerüche«. Die Dichter haben ihn besungen, die Krieger befahren, die Liebespaare wissen den poetisch gepriesenen Fluß für abendliche Kahnfahrten zu schätzen. Nun lassen sich Lastenschlepper treiben, und Boote pendeln von Ufer zu Ufer. Strahlendblauer Himmel von azurner Unschuld und Zeitlosigkeit. Das weitläufige Areal der einstigen verbotenen Stadt am Nordufer des Flusses öffnet seine zerbombte Leere mit den wenigen restaurierten, wiederbelebten Tempeln, Hallen, Prachtbauten für einen weiteren Tag dem Tourismus.

Von 1802 bis 1945 war Hue unter 13 Kaisern der Nguyen-Dynastie die politische Hauptstadt Vietnams. Versunkene Pracht, die in jenen Februartagen von 1968 vollends in Schutt und Asche geschossen wurde. Während der Tet-Offensive gelang es den Vietcong-Kämpfern, Hue zu besetzen und dreieinhalb Wochen lang ihre Fahne über der Zitadelle zu hissen. In den Tagen der Besetzung wüteten die Kommunisten unter der Bevölkerung und brachten schätzungsweise 3 000 Zivilisten um. Bei der Rückeroberung Hues durch amerikanische und südvietnamesische Truppen wurde gerade die von rechtwinkligen Straßen durchzogene Kaiserstadt hinter den für das gewöhnliche Volk unzugänglichen Mauern zum Schauplatz einer der blutigsten Schlachten des zweiten Vietnamkrieges. Die Zahl der Todesopfer wird mit 10 000 angegeben, die meisten unter ihnen Zivilisten. Die Ruinen und überwucherten freien Felder sind als vernarbte Wunden sichtbar geblieben. Trostlose Leere, wo einst jene farbenfreudige höfische Pracht entfaltet wurde, die die wenigen aus den Trümmern geretteten, gestützten, geborgenen Tore und Paläste des Wiederaufbaus vermuten lassen.

Todesahnung liegt noch immer über dieser Kaiserstadt, die im fernen Peking einst ihr Vorbild hatte. Nein, es ist längst noch nicht in der großzügigen Weise restauriert worden, wie das die damalige Kriegsberichterstatterin Orianana Fallaci im Geschoßhagel prophezeit hatte, die inmitten des Sterbens und Stöhnens die Vision von Touristen hatte »mit einem Führer, der Englisch, Französisch und Deutsch spricht«. Diese Aussicht hat sich drei Jahrzehnte danach erfüllt; und auch diese futuristische Momentaufnahme aus dem Sterben der Tet-Offensive heraus ist Realität geworden: »Dann wird ein Tourist gähnend stehenbleiben, genau an der Stelle, wo ich mich jetzt, 1968, befinde, doch die Steine werden wieder sauber sein, und die Geschoßhülsen werden ebenso verschwunden sein wie die Flecken, wie dies Biwak erschöpfter amerikanischer Soldaten.« Stimmt, Signora Fallaci, genauso ist es gekommen.

Kann man sich einen friedlicheren Winkel vorstellen als im Hof der Dieu-De-Pagode in diesen sonnigen Morgenstunden? An der Ostseite der Kaiserstadt steht sie unter alten Bäumen, durch einen Kanal vom hoheitlichen Areal getrennt. Auf dem grünen Wasser liegen dickbauchige Hausboote in malerischer Robustheit mit

In der verbotenen Stadt von Hue

TV-Antennen und planschender Kinderschar. Deren Lachen und Kreischen tönt nur noch verhalten bis zur Dieu-De-Pagode. Oasenhaft abgeschieden ist das ockerfarben gestrichene Gebäude, das kaum Eindruck macht. Nicht der Architektur wegen kommen die Besucher her. Es sind nur wenige.

An diesem Morgen sind wir die einzigen. Unter den Füßen knirscht der Kies. Es ist, als schlichen wir uns in unerlaubte Privatgefilde. Kein Mönch weit und breit, auch sonst kein Mensch. Oder doch? Da, die beiden Mädchen, die auf dem alten Gemäuer hokken. Schweigend, ganz mit ihren Büchern beschäftigt, ein Bild stummer Konzentration. Ehe wir in Zweifel geraten, ob es sich um lebende Wesen handelt, werden wir bemerkt. Überraschtes Aufblicken aus Lektüre und Notizen. Dann zweimaliges Lächeln, kokett in einer reizvollen Mischung aus Scheu und Selbstbewußtsein. Da ist es wieder: dieses junge, jugendliche Vietnam, für das die Tet-Offensive ein Datum der Geschichte ist, so weit zurückliegend – ein Jahrzehnt vor der eigenen Geburt. Von wegen Gnade!

Danh heißt das eine Mädchen, Cac das andere. Gern und freundlich lassen sie sich stören bei den Studien, die Gelegenheit nutzend, gerade gelernte englische Vokabeln an den Mann zu bringen. Nein, mit dem Französischen sei es nicht weit her, das interessiere sie nicht sonderlich. Englisch, ja, das sei doch nun die Sprache der internationalen Verständigung. Schließlich wollen sie mal Lehrerinnen werden. Hier in der schattigen Ruhe der Pagode könnten sie wunderbar »relaxed« ihre Schulaufgaben machen. Und wieder das kokette Lachen.

Die Dieu-De-Pagode war während der Herrschaft des Kaisers Thien Tri von 1841 bis 1847 errichtet worden; eine der drei Nationalpagoden, die einst direkt dem Kaiser unterstanden. Politik und Religion in unauflöslichem Zusammenhang.

Wie aus dem Nichts taucht plötzlich ein kleiner Herr auf, lautlos wie ein Schatten der Vergangenheit. Er spricht uns in vorzüglichem Französisch an. 72 Jahre alt, geschult in Sprache und praktischer Intelligenz, die zur Kolonialzeit ihren ersten Schliff erhalten hatte. Der agile Mann erweist sich in seinem Mitteilungsbedürfnis als Zeitzeuge jener jüngeren Geschichte, für die die beiden Studentinnen kaum Interesse zeigen. Der kleine alte Herr erinnert sich. Bis 1954 war er Beamter in französischen Diensten, dann arbeitete er in der Verwaltung wechselnder südvietnamesischer Regierungen. Er spricht schnell und mühelos in der Sprache der vertriebenen europäischen Herren. Religionszugehörigkeit? »Ich bin Buddhist«, sagt er überzeugt. »Da, sehen Sie die acht Wächterfiguren?« Überlebensgroß stehen die martialischen Herren auf der linken Seite unter einem Vordach der Pagode, Buddhas Beschützer. »Jedes Gesicht hat eine andere Farbe«, macht der kleine alte Herr aufmerksam, »von weiß bis schwarz. Dies symbolisiert die Gleichheit der Rassen. Ja, ganz so sehe ich das auch. Wir sind alle gleich, welche Hautfarbe wir auch haben.«

Buddha zu beschützen oder doch wenigstens dessen irdische Jünger war in den sechziger Jahren eine Aufgabe auf Leben und Tod. Auch hier in der Dieu-De-Pagode. Sie war eines der Zentren im Widerstand gegen das Regime des Präsidenten Ngo Dinh Diem, der als fanatischer Katholik und Kommunistenhasser von 1955 bis 1963 regierte: im Selbstverständnis eines machtbesessenen Mandarins. Auf gnadenlose Weise ließ er seine Gegner verfolgen und vernichten, was die vermeintliche Demokratisierung ad absurdum führte, deren angebliche Festigung als Zeichen der propagierten Überlegenheit gegenüber dem Norden des Ho Chi Minh die Amerikaner zur Rechtfertigung ihres Krieges gemacht hatten. Mißverständnisse ohne Ende; Heuchelei und Leiden ohne Grenzen. Ganz wie es der damalige Korrespondent des »New Yorker«, Robert Shapler, auf den Punkt brachte: »Die Amerikaner verstanden die Kommunisten nicht, gegen die sie kämpften.« So führte ein Diem seinen privaten, gottesfürchtigen Feldzug gegen buddhistische Kritiker des Krieges und seiner Diktatur.

»Sie kennen die Bilder der berühmten Selbstverbrennung des Mönchs Thich Quang Duc, nicht wahr?« sagt der kleine alte Herr und schaut sich um, als könne unser Gespräch noch von anderen gehört werden als den beiden Mädchen, die längst wieder in ihre Bücher vertieft sind. Ja, den Namen kennen wir. Nicht weit von hier hatte sich jener Mönch auf die Tat vorbereitet, deren Pressefoto um die Welt ging. In der Thien-Mu-Pagode, am Ufer des »Flusses der Wohlgerüche« ein paar Kilometer westlich von Hue, hatte jener Mann Buddhas mit sich gerungen, ehe er nach Saigon aufgebrochen war, sich dort in Flammen zu setzen. Der blaue Austin, der ihn hinbrachte, der mit geöffneter Motorhaube auf dem sensationellen Bild neben dem Mönch zu sehen ist, steht noch heute in der Garage der Thien-Mu-Pagode: das materielle, industriell gefertigte Relikt eines makabren Rituals, das die Welt aufgeschreckt hatte.

Thich Quang Duc war der bekannteste unter den vielen Mönchen und Nonnen, die sich opferten, um zu protestieren. »Da, auf diesem Ziegelboden«, der kleine alte Herr rückt sich die Brille zurecht und zeigt nach unten, »da hat sich eine Nonne verbrannt. Drei Uhr früh ist es gewesen. Ich war dabei. Grauenhaft. Aber so waren die Zeiten.«

1966 wurde die Dieu-De-Pagode von der Polizei gestürmt. Mönche, buddhistische Laien, Studenten wurden verhaftet, die Radiosendeanlage der Widerständler zerstört. »SOS haben sie noch gefunkt«, weiß der kleine alte Herr zu berichten, »und es dauerte eine Zeit, ehe die Polizei die Geräte überhaupt entdeckte«, fügt er an, die Freude darüber schwingt in den Worten mit, »die Apparate waren nämlich in einer Figur in der Pagode versteckt.«

Neben der Dieu-De-Pagode steht die Ong-Pagode; Stacheldraht umzäunt das Gemäuer. Im Halbdunkel des Innenraumes sehen wir an einer Wand die Fotos der damaligen Opfer: Mönche, die sich selbst verbrannt haben; Männer, die im Gefängnis umgekommen sind; Mädchen, die von Granaten zerfetzt wurden. Auf den Bildern lächelnder Mädchen bleibt der Blick gebannt haften. So jung, so schön. Wir sehen den Tod.

Und was widerfuhr dem kleinen alten Herrn, ehe er ein kleiner alter Herr wurde? Nach der Wiedervereinigung, so erzählt er uns, kam er sechs Monate in ein Umerziehungslager. Er gebraucht Umerziehung mit deutlich ironischem Unterton. »Ich war bereits erzogen, ich war *éduqué*«, sagt er stolz, »was sollte ich denn neu lernen – und vor allem: Wer wollte mir denn etwas beibringen? Die Bo Doi, die Soldaten aus dem Norden, die kommunistischen Kader?«, eine wegwerfende Geste mit altersfleckiger Greisenhand, »die wollten uns das Gehirn umdrehen. Ich bin und ich bleibe Buddhist.«

Als es schon Mittag wird und die Sonne heiß im Zenit steht, schenkt uns der alte kleine Herr eine handtellergroße, braune Schnitzerei. Ein seltsames Ding. Flach liegend ist es eine Schildkröte, aufrecht stehend wird es ein bärtiger Weiser mit der Schildkröte als Rücken. »Sie können das als Symbol des Widerstandes betrachten«, sagt der kleine alte Herr und lächelt, »wer kriecht, kann sich auch erheben. Trauen Sie nie dem ersten Eindruck, weil alles Tun je nach Betrachtungsweise und Standort höchst unterschiedliche Seiten haben kann.«

Der kleine alte Herr verschwand so unauffällig, wie er erschienen war, im Hof der Dieu-De-Pagode. Zuvor drehte er sich noch einmal um. »Bitte, erwähnen Sie meinen Namen nicht«, sagt er, fast verschwörerisch. Die beiden Mädchen auf der Mauer neben den acht Wächterfiguren scheinen weder die Schildkröte noch den Weisen zu bemerken.

Ruinen:
Shivas Mehr-Wert aus dem Reisfeld

Es war ein freudiges Wiedersehen. Ganesha stand da in unverkennbarer Liebenswürdigkeit, den Rüssel in die Schale mit den begehrten Süßigkeiten getunkt, die die linke Hand hält; massig in körperlicher Fülle, Vertrauen, Weisheit, Lebenslust ausstrahlend. Ein alter Freund, dem zu begegnen auf vielen Reisen in Asien stets ein Vergnügen war: in Indien, wo Ganesha zu Hause ist; in Sri Lanka, Burma, Nepal, Thailand, Indonesien, Kambodscha, Laos: überall wo sich der Geist Indiens ausbreitete, sich mit tiefverwurzelten, bodenständigen Kulturen vermählte und Neues wachsen ließ an menschlichen Werken, die von den Göttern Indiens befruchtet wurden.

Ganesha mit dem Elefantenkopf ist der heiterste der vielen Götter im hinduistischen Pantheon. Dickhäutig, wohlgenährt und ein Sinnbild vollendeter Zufriedenheit, thront Ganesha, neben ihm die stets um die plumpen Beine huschende Ratte. Er ist Sohn des Shiva und dessen Gattin Lakshmi. In unerschütterlicher Gemütsruhe ist er bereit, alle Hindernisse aus dem Weg zu räumen und mit schlenkerndem Rüssel das Ungemach der Menschen zu verscheuchen; ein Helfer, auf den man sich verlassen kann. Vor Reisen, Examen und wichtigen Entscheidungen wird er um Beistand gebeten. Dem Elefantengott, so berichten die alten Legenden, hat vor vielen Generationen der indische Dichter Krishna Dvaipayana

Vyasa das Mahabharata diktiert – und Ganesha hat das umfangreichste Epos der Menschheit auf Palmblättern niedergeschrieben in der ihm eigenen Geduld und Verläßlichkeit, auf daß es verbreitet werde in ganz Südostasien.

Im Cham-Museum von Da Nang sehen wir Ganesha wieder: 60 Zentimeter groß aus Sandstein, die rechte Hand abgebrochen, etwa 1200 Jahre alt. Die Skulptur ist eines von 300 Fundstücken, die in dem kleinen Museum nahe dem Han-Fluß das Erbe der Cham-Kultur ausbreiten. Das in nach vorne offenem Quadrat angelegte Gebäude wird vom Wind durchweht; die fensterähnlichen Mauerdurchbrüche haben keine Scheiben. So wird der naturverbundene Eindruck gefördert, der eine Ahnung von den authentischen Herkunftsstätten all der Plastiken, Reliefs, Büsten, Götter und Dämonen vermittelt. Ganesha stammt von der heiligen Tempelstätte My Son, 70 Kilometer südlich Da Nangs. 1915 hatten die Mitarbeiter der »Ecole Française d'Extrême Orient« mit dem Bau des Museums begonnen und eine der vorzüglichsten Sammlungen von Cham-Skulpturen begründet. In den dreißiger Jahren wurde das Museum erweitert; zum Glück hat es die vietnamesischen Kriege heil überdauert und bietet nun die eindrucksvolle Pforte zur Beschäftigung mit dem Volk der Cham und der Reichsformung der Champa: der eineinhalb Jahrtausende währenden Hochkultur unter dem Einfluß Indiens.

Zwischen dem Wolkenpaß im Zentrum des heutigen Vietnam und dem Delta des Mekong breiteten sich die Cham und ihre Reiche aus, eingewandert aus der kambodschanischen Tiefebene, in Sprache und Gebräuchen und ethnischem Ursprung mit den Bewohnern Malayas und Indonesiens verwandt. Ihr animistischer Glaube war empfänglich für die hinduistischen und buddhistischen Ideen von Werten und Macht. Ähnlich wie in anderen Regionen Südostasiens verschmolz das Neue mit den vorherrschenden Weltbildern und wurde zur starken Kraft, die auf den Grundlagen des Überschuß produzierenden Naßreisanbaus, des Handels und der Seefahrt blühende Reiche mit wechselnden Hauptstädten, aufwendigen Tempelanlagen und gottgleichen Königen hervorbrachte.

Der Name Cham, so die Forschung, geht auf eine chinesische Wortbildung zurück, geformt in frühen Zeiten der Konfrontation. Die Champa-Reiche, die sich ab dem 4. Jahrhundert bildeten, waren stets von China, von den Khmer, von javanischen Seeräubern bedroht. Der friedliche Ganesha täuscht. Durch die Geschichte der Cham zieht sich eine endlose Kette von Kriegen, mal in der Defensive, mal in der Offensive.

Mit den Khmer lieferten sich die Cham in Haßliebe eine Dauerfehde. Wir sind dem religiös-künstlerischen Ausdruck der profanen Machtkämpfe ja schon begegnet. Im weiten Tempelareal von Angkor steht der Bayon, in der Regierungszeit Jayavarmans VII: (1181 bis 1218) erbaut: ein Siegesmal über die Cham-Rivalen. Den Mekong waren sie stromaufwärts gesegelt und hatten Angkor überfallen. Auf den Reliefs des Bayon im Zentrum der einstigen Stadt Angkor Thom, gewissermaßen um die Ecke von Angkor Vat, sind die Kriege zwischen den Khmer und den Cham, zu Wasser und zu Lande, in Stein gehauen. Sogar in der stilistischen Verfremdung bleibt kein Zweifel: Es ging nicht zimperlich zu beim Streit um die fruchtbaren Reisebenen Kambodschas und die reichen Fischgründe vom Mekong und dem See Tonle Sap. Konfliktpotential, das für Kriege bis in die jüngere Vergangenheit reichte, als die Cham längst in der Bedeutungslosigkeit versunken waren und die anderen Konkurrenten im Vormachtstreben um die Pfründe Südostasiens, die Vietnamesen, die Khmer-Nachbarn zu unterwerfen versuchten und schließlich auch die Cham in die machtlose Rolle einer weiteren Minderheit unter den mehr als 50 Volksgruppen innerhalb der heutigen Grenzen Vietnams drängten.

Nicht zu vergessen: Die Vietnamesen – die selbst mehrmals von Aggressoren überfallen wurden, bis in die zweite Hälfte des 20. Jahrhunderts – waren in ihrer Geschichte keineswegs zurückhaltend, sondern ausgesprochen aggressiv und offensiv in der Ausbreitung ihres Lebensraumes. Was von Champa blieb, sind vor allem die baulichen Zeugnisse einer Kultur, die bis zu ihrem Verwelken und Absterben im 15. Jahrhundert zwei Epochen durchlebte und auszudrücken verstand: bis zum 10. Jahrhundert animiert von den Impulsen aus Indien und der Inselwelt Indonesiens, wie es die Kunst ausdrucksstark, sinnlich, gefühl- und kraftvoll gestaltete – Ganesha gehört dazu; und danach im Clinch mit den Khmer verarmend und sichtlich an Lebendigkeit und Schwung verlierend, formalistisch, statisch werdend, fast nur noch die Kopie eigener vergangener Kreativität. Die Brüste der ursprünglichen Cham-Kultur, die als pralles Motiv mit rundlaufen-

Markt im Mekong-Delta

den Wölbungen der Mutterschaft und Fruchtbarkeit und Leibesfreuden auch im Museum in Da Nang zu sehen sind, waren schließlich für immer ausgetrocknet. Welch beglückende Spurensuche, die vom Museum hinausführt ins ländliche, meerabgewandte Vietnam: in jenes Hinterland, wo noch immer die meisten Menschen leben und arbeiten.

In den Morgenstunden scheinen sie alle unterwegs zu sein. Fahrräder in Kolonnen. Marktfrauen. Schulkinder. Kurz nach Sonnenaufgang tummeln sich die Landleute, und schon ein paar Kilometer von Da Nang entfernt umfängt einen das bäuerliche Vietnam. Fleiß, wohin man blickt. In den Feldern die pflügenden Wasserbüffel; Männer und Frauen bei harter Arbeit. Das ist die Welt, die einst Grundlage für die streng hierarchisch geordneten Cham-Reiche bot. Hier wurde dank natürlichen Reichtums und williger Untertanen der Mehr-Wert erzeugt, der als Tempel himmelwärts wuchs.

Bang An heißt solch ein Kunstwerk aus roten Backsteinen, weithin in den Reisfeldern 30 Kilometer südlich von Da Nang zu sehen: achteckig, fast 22 Meter aufragend, oben konisch gekrönt wie von einer Haube, die sich in den Himmel bohrt, machtvoll und männlich. Kein Zweifel, welcher Kraft hier gehuldigt wurde, als das Bauwerk im 11. Jahrhundert entstand. Es ist Shiva geweiht. Im Dämmer des Innenraumes schraubt sich zart und zerbrechlich der Rauchfaden eines glimmenden Stäbchens in die Höhe. Das okkultisch-sakrale Zeichen, in den Morgenstunden von frommen Dorfleuten entzündet, läßt die ganz gegenwärtige Verehrung des Tempels erahnen. Unter rotem Tuch ruht der steinerne Lingam. Es ist die verkleinerte Form eines solchen Turmes, der »Kalan« genannt wird. Der Phallus da drinnen. Der Phallus da draußen. Die Umrisse seines warmen Rots spiegeln sich im wäßrigen frischen Grün der Reisfelder ringsum, in denen junge Sprößlinge wachsen. Davor treibt eine alte Bäuerin ein Büffelkalb zum Markt. Bilder vom Leben und von Fruchtbarkeit im sich stets erneuernden Zeitenlauf.

Die holprige Straße beim Dorf My Son ist unterbrochen, eine Brücke im Bau; noch müssen Autos hier parken. Eine Gruppe von Honda-Fahrern wartet auf Gäste. Auf dem Rücksitz eines Motorrades geht's weiter. Ein Pionierboot setzt über den Fluß, der uns schließlich noch trennt von der größten erhaltenen Tempelstätte der Cham. Nguyen Ba bietet seine Führerdienste an. Alles ist organisiert. Irgendwie wirkt dieser reibungslose Wechsel von Verkehrsmitteln und dienstbaren Helfern wie die verschwörerische Besichtigung einer Vietcong-Stellung im Dschungel. Doch wir erleben nicht den Krieg von gestern – nur die Hinterlassenschaft, wie sich zeigen wird –, sondern die clever kommerzialisierten Ansätze von Massentourismus. Für jede Station auf dem beschwerlichen Weg nach My Son ist zu zahlen; ein lokal gefertigtes Ticket-Heftchen hat einen Pauschalpreis. Nguyen Ba, der 24jährige, hat seine festen Sätze. Er spricht uns auf deutsch an, radebrechend und vom unabweisbaren Willen angetrieben, sich die einzigen Deutschen in jenen Stunden zu sichern. Von 1989 bis 1991 hat er als Vertragsarbeiter in einer Halleschen Pumpenfabrik das Scheitern des deutschen Versuchs in Sachen Sozialismus erlebt; nun nutzt er pfiffig mit angelesenem Wissen und mangelnden Vokabeln die neuen Freiräume der sozialistischen Marktöffnung des eigenen Landes. Ein Vollwaise, wie er demonstrativ auf sein Schicksal hinweist; die Eltern und Verwandten im Krieg umgekommen. Das kann so sein, solche Familienkatastrophe braucht in Vietnam niemand zu erfinden; und doch kommt einem bei solch touristischer Vermarktung bereits der Verdacht, daß persönliche Not nicht unbedingt der Wahrheit entsprechen muß, sondern der emotionalen Aufmerksamkeit und Wirkung wegen mitgeteilt wird.

Ein schmaler Fußpfad durchs hügelige Gelände; sanft gerundete Berge ringsum, karg bewachsen. Ein weites Tal. Spannungsgeladene Erwartung. Man hat das Gefühl, zu einem Versteck vorzudringen. Dann, plötzlich und in ihrer massiven Kompaktheit überraschend, stehen die roten Tempelruinen vor einem: geheimnisvoll und unwirklich. Gerade weil man My Son nicht auf breiter Straße im Omnibus anfahren kann – noch nicht, glücklicherweise –, sondern sich umständlich, behutsam nähert, wird der erste Blick über die Türme und Tempel aus gebrannten Ziegelsteinen in der grünen Umarmung von Moosen, Sträuchern, Bäumen zur Offenbarung: ganz so, als sei man der erste Mensch nach langer Zeit, der die Stätte kultischer Machtentfaltung wieder entdeckt.

Hier wurde vom 4. bis zum 13. Jahrhundert gebaut, erst in Holz und später in massivem Mauerwerk, das die Epochen überdauerte – wenigstens teilweise. Keine andere Tempelstätte der hinduistisch beeinflußten Kulturen Südostasiens war so lange und so kontinuierlich von Menschen besucht, bewundert, benutzt worden wie My Son: der »schöne Berg«. Die Blütezeit der anderen Monumente blieb von kürzerer Dauer: Borobudur auf Java, Angkor in Kambodscha, Pagan in Burma, Ayuthaya in Thailand – geistig verwandt und jedes eine Stätte mit eigener Ausstrahlung und dem eigenen unverwechselbaren Ausdruck regionalen Wechselspieles von Religion und weltlicher Macht, von Göttlichem und Irdischem.

An den Küsten waren die Häfen des Handels, Hoi An beispielsweise, nur 50 Kilometer entfernt und mit My Son durch einen einstmals schiffbaren Fluß verbunden: Tor zur südostasiatischen Welt, die den Reichtum mehrte, mit dem die Pracht von My Son zu bezahlen war. In den längst verfallenen, vergessenen Hauptstädten der Cham regierten die Herrscher über Dinge des Diesseits und versuchten, mit ihren Heeren die Grenzen der Territorien zu erweitern; dort waren die Kaufleute, die Seefahrer, die Beamten in einem für die damaligen Verhältnisse vor mehr als einem Jahrtausend bereits kosmopolitischen Verbindungsgeflecht. Hier in My Son waren die Priester und Gelehrten beauftragt, die in der Person des Königs verkörperte Beziehung zwischen oben und unten, zwischen Diesseits und Jenseits, zwischen den Göttern und den Menschen im Gleichgewicht der stets gefährdeten Harmonie zu halten. Ein solcher Geist ist spürbar geblieben in My Son – stärker als weltliche Macht und gefallene Reiche. Die Bauten der religiösen Kulte überdauerten endlose Kriege und Katastrophen, nicht die Paläste und Lagerhallen.

Dieser Urängste beschwörende Schamanengeist ist es wohl auch, der einen heutzutage das Mausoleum für Ho Chi Minh in Hanoi bedrückender unter die Haut gehen läßt als Prestige-Protzgebäude der Partei. Kultisch inszenierte Götterdämmerung einerseits, von Männern betrieben, die möglicherweise mehr mit My Son verbunden sind als mit Marx und sehr wohl die volkstümliche Opiumwirkung der Religion für die eigenen Zwecke zu nutzen wissen; kalte, seelenlose, bombastische Fassaden andererseits, die russische und chinesische Architekten auf Vietnam übertrugen, ohne einen festen Grund dafür zu finden. Ho Chi Minhs letzte (letzte?) Ruhestätte als sozialistisches Zentrum des Toten- und Personenkultes in gottgleicher, menschenabgewandter Überhöhung steht in direkter Nachkommenschaft zu My Son. Dies ist einer der vielen Gedanken und Bezüge, die einen bei der Erkundung des weitläufigen Bezirks der Ruinen bedrängen.

Von ehedem mehr als 70 Tempeln sind nur noch zwei Dutzend erkennbar, von den Archäologen mit Buchstaben und Ziffern gekennzeichnet: A bis K. Die Tempel, Meditationshallen, die einstige Bibliothek, die Grabstätten sind gedrungen, erdverbunden, nicht in der kühnen Aufrechtarchitektur wie Angkor Vat oder hinduistische Tempel auf Java, wenngleich die Silhouette von My Son einstens auch höher aufragte, als es nun im Verfall den Anschein hat.

Vogelgezwitscher aus dem Geäst ringsum. Ein Bach plätschert geschwätzig zwischen zwei Ruinenkomplexen und erzählt in seiner Sprache ohne Worte vom Aufstieg und Fall der Reiche dieser Welt; eine endlose Geschichte. My Son lädt zum Sinnieren, zum Träumen ein. Die Phantasie wird angeregt, sich die prächtig gewandeten Priester und Mönche in Prozession zwischen den Tempeln vorzustellen und dem verwehten Klang der Gebete und heiligen Sprüche zu lauschen. Frieden, wunderbarer Frieden hüllt die Stätte ein. Endlich!

Dies runde, flache Ding im Gras ist ein Kuhfladen. Der Besucher kann sicher sein. Bis vor wenigen Jahren lagen hier noch tödliche Landminen; und möglicherweise wartet diese mörderische Hinterlassenschaft des Vietnamkrieges Nr. 2 abseits der Trampelpfade und von den Führern empfohlenen Wege noch immer darauf, harmlose Zeitgenossen ins Jenseits zu befördern. Frieden? Hier wird er wieder bewußt und mit allen Sinnen empfunden. Eine Steintafel mit rundverschnörkelter Inschrift aus Champa-Zeiten weist drei Einschußlöcher auf. Vor dem Tempelstumpf der Gruppe F öffnen sich Bombenkrater wie unersättliche Erdmäuler, nun mit Wasser gefüllt. Biotope des Überlebens. Geborsten manche Säule, gestürzt so viel Gestein. Nein, das ist nicht Natur gewesen, die sich das zurückholt, was aus ihrem Schoß geformt und gestaltet wurde. Der Krieg. Der Krieg.

In den Ruinen von My Son versteckten sich ab 1968 Kämpfer des Vietcong. Wo einst meditiert worden war, wurde munitioniert in der Abwehr der Amerikaner. Deren Flugzeuge sprühten Entlaubungsgifte auf das Tal und die Berge und warfen Bomben. My Sons Heiligkeit war nur ein bedingter Schutz. Geplündert worden waren die Tempel zuvor immer wieder durch Javaner, Khmer, Chinesen und Vietnamesen. Das waren inner-asiatische Konflikte gewesen; man bekriegte sich ebenerdig und ebenbürtig. Die zerstörerische Fracht, die da aus der Luft abgeladen wurde, brachte eine neue, eine globale Dimension in das Stirb und Werde Vietnams. Die Spuren des Welten-Krieges haben sich eingegraben; die Folgen sind sichtbar geblieben.

Im Sockelfries des Tempels der Gruppe G fletschen Kalafratzen ihre Zähne und reißen die Augen abwehrend auf. Solche Dämonen sollten die bösen Geister fernhalten. Vergebens. Nun umranken Blätter die übriggebliebenen Wächterantlitze. Ein Nandi, das Rind als Shivas Reittier, liegt zerschossen im Gestrüpp. Shiva selbst daneben aufrecht, doch ohne Kopf. Drüben bei den Tempeln der Gruppe A ist der ihm geweihte Altar zerbombt. Was so festgefügt den Jahrhunderten widerstand, liegt in Stücken und Brocken; und es ist, als sei die Kraft gewichen, die an solcher Stelle mit Opfern bestärkt worden war in langer Generationenfolge der kundigen Männer. Der Lingam ist meterweit weggeschleudert worden von infernalischer Gewalt, die aus der Höhe der Flugzeuge und Hubschrauber kam. Einsam steht er in diesem Winkel am Rande des Tempelwerkes, losgelöst vom einstigen Verbund. Aber was? Der Lingam in voller Größe und strammer Rundung ist aufgerichtet. Aus dem Erdreich, dem weiblichen Element uralten Glaubens, ragt er auf: Fruchtbarkeit symbolisierend wieder und weiterhin, in die Zukunft gewandtes Zeichen inmitten phantastischer Trümmer.

Auf dem Rückweg machen wir Rast in einem kleinen Bretterverschlag neben der Baustelle der neuen Brücke. Sie wird My Son den organisierten Reisegruppen öffnen. Das liebreizende Mädchen, das uns einen Kaffee serviert, ist 18 Jahre jung, lächelt und ist darauf eingestimmt, mehr als nur diese zwei Zufallsgäste zu bedienen. In My Son und um My Son herum wird nicht mehr geschossen und gebombt. My Son bereitet sich auf einen Boom vor – den der Touristen. Das Mädchen, das im Frieden geboren wurde, offeriert »Instant Coffee«. Auf dem Päckchen ist zu lesen: »True American Taste«.

Phu Lac:
Nur Wind und Sonne gibt es reichlich

Die Fortschritts-Rallye macht sich hupend Bahn. An Omnibussen, die von Ho-Chi-Minh-Stadt aus auf der Nationalstraße Nr. 1 nordwärts fahren, ist nicht nur das Ziel Hanoi zu lesen, auch »Video« und »Karaoke« werden als Sonderservice der neuen Zeit gepriesen. Wenn die Busse zu waghalsigen Überholmanövern ausscheren, drücken sich zweirädrige Ochsenkarren bescheiden zur Seite. An der Abzweigung zum Dorf Phu Lac, 300 Kilometer nördlich von Ho-Chi-Minh-Stadt, hält keiner der eiligen Busse. Wir biegen ab, und es ist, als führen wir in die Vergangenheit. Eine weite Steppenlandschaft. Weißer Sand wirbelt auf. Niedriges, verdorrtes Gestrüpp. Stachelige Kakteen bilden Zäune. Am westlichen Horizont zieht sich eine blau-grüne Bergkette durch den Dunst.

»Nur Wind und Sonne haben wir hier reichlich.« Der Bürgermeister Kinh Van Ba sagt es lachend bei der Begrüßung. Wir sind in einer der trockensten Regionen Vietnams. 500 bis 600 Millimeter Niederschläge im Jahr; in Saigon doppelt soviel. Dort dauert die Trockenzeit sechs Monate; hier zieht sie sich acht bis neun Monate hin. Dann wird in Phu Lac das Wasser zur Kostbarkeit. An den natürlichen Gegebenheiten, die das Leben der Menschen prägen, belasten, sie zu immer neuen Anstrengungen herausfordern, läßt sich nichts ändern; wohl aber daran, wie diese Bürde zum Wohle aller zu erleichtern ist.

Davon ist die Rede in der Gesundheitsstation. Wo noch bis vor wenigen Wochen eine schäbige Baracke auf kargem Boden stand, ist nun weithin das schneeweiß gestrichene, ebenerdige neue Haus zu sehen. Ein eindrucksvoller Beweis, daß die Menschen hier sich nicht schicksalsergeben mit den Unbilden einer abweisenden Natur abfinden. In Nachbarschaftshilfe haben sie die Fundamente der neuen Sanitätszentrale gebaut; mit Mitteln von *terre des hommes* konnten die Wände hochgezogen, die Innenräume ausgestattet werden. Die Plakette neben der Eingangstür weist auf diese Kooperation hin. Das Gebäude ist zum Mittelpunkt der ländlichen Armutsbekämpfung geworden.

Um den Tisch im Besprechungszimmer sind die Männer und Frauen versammelt, die diesen Kampf aufgenommen haben und in ehrlicher Offenheit erzählen, wie sehr sie die Hilfe aus Deutschland zu schätzen wissen. Die Herren Tran Nhu Tan und Pham Tan Tai vom örtlichen Kinderschutzbund sind dabei und natürlich Frau Quan Thi Hong Loan, die Leiterin der Gesundheitsstation. Draußen rüttelt unablässig ein heißer, trockener Wind an den Fensterläden. Drinnen hören wir von den Lebensumständen, deren kümmerliche Grundlagen wir in des Wortes wahrer Bedeutung schon auf dem Wege hierher erfahren haben. Die meisten Menschen bauen Reis an. Nur eine Ernte im Jahr ist möglich. Der Ertrag reicht oft nur für sechs Monate. Dann muß die Provinzregierung mit einem Notprogramm aushelfen, damit die Menschen nicht verhungern und nicht alle Männer in den Süden fliehen, wo sie sich in den Städten einen Job erhoffen. Wegen der zu großen Nachfrage finden die wenigsten Arbeit. Tierzucht, Gemüseanbau, Maniok, Mais. Das alles in begrenztem Umfang. Einen industriellen Job gibt es im Umkreis von Hunderten von Kilometern nicht. Wassermangel, soweit die Menschen zurückdenken können. In der Nähe könnte man einen Fluß stauen, müßte Dämme bauen, Leitungen verlegen. Ein aufwendiges Projekt, das die Dorfleute selbst nie bezahlen könnten. Es bleibt ein Traum. Die Basisarbeit der ländlichen Entwicklung, an der *terre des hommes* beteiligt ist, gehört zur Realität, auf die die Leute von Phu Lac direkt einwirken.

Die Bestandsaufnahme des Elends ist rasch gemacht. Quan Thi Hong Loan verweist auf Zahlenreihen in Schulheften. Etwa 70 Prozent aller Kinder unter fünf Jahren sind unterernährt. Viele Kinder leiden an Augen- und Atemwegserkrankungen. Von Malaria werden Erwachsene wie Kinder geplagt. Aufklärung über Hygiene und darüber, wie man sich besser vor Krankheitserregern schützen kann, ist ein wichtiger Teil der Arbeit, die von der Sanitätsstation geleistet wird. Loan ist ausgebildete Krankenschwester, eine Art »Barfußdoktor«. Sie hat einen mehrmonatigen Schulungskurs in Ho-Chi-Minh-Stadt absolviert. Bei CROM, dem für die Pflege von unterernährten Kindern spezialisierten Institut hat sie praktische Erfahrungen sammeln können. Auch CROM wird von *terre des hommes* unterstützt; ein Beispiel, wie eine städtische Einrichtung weit ins Land wirken kann.

Loan trägt einen weißen Kittel. Die Frau wirkt energisch. Von ihr geht ein mitreißender Charme aus, wenn sie mit etwas rauchiger Stimme von der Arbeit und den Vorhaben erzählt. Es ist spürbar, wie eine solche Frau im Dorf zur einflußreichen Person wurde. Sie macht überzeugend die Notwendigkeit deutlich, sich nicht mit allem abzufinden, sondern nach Wegen und Möglichkeiten der Veränderung zu suchen.

In der weitgestreuten Siedlung Phu Lac leben mehr als 5 000 Menschen. 3 500 von ihnen gehören zu den Cham, der ethnischen Minderheit. Sie sind Nachkommen jenes Volkes, das zwischen dem 5. und 14. Jahrhundert wohlhabende Reiche hinduistischer Prägung gründete.

Ja, eigentlich gibt es drei Siedlungen im weitläufigen Phu Lac: die bescheidenen Steinhäuser der Vietnamesen und zwei grundverschiedene Wohnformen der Cham-Bevölkerung. Die einen leben verstreut in Lehmhütten einfachster Art, viereckig, strohgedeckt. Die anderen bewohnen solide Steinhäuser in engem Nachbarschaftsverband, durch Straßen verbunden. Deutlicher könnte der Unterschied nach außen hin nicht sichtbar werden; er ist durch die Religionszugehörigkeit gekennzeichnet.

Was sich da wohlgeordnet und offenbar gut geführt präsentiert, ist der von Moslems besiedelte Teil Phu Lacs. Sie bilden unter den Cham die größte Gruppe. Die Welle der Islamisierung, die Südostasien vom 12. Jahrhundert an erfaßte, erreichte auch die Cham. Wie in Indonesien ließen die Menschen sich vom Hinduismus zum Islam bekehren und vermengten Glaubens- und Lebensform. In Phu Lac steht eine kleine, weiße Moschee, an deren Fassade nicht nur arabische Schriftzeichen zu sehen sind, sondern auch Wörter in der vom Sanskrit beeinflußten Cham-Schrift, das gesamtasiatische Yin- und Yang-Zeichen der Ausgewogenheit und andere Symbole, die allesamt deutlich machen, daß hier viele Elemente verschiedener Religionen und Weltsichten synkretistisch verschmolzen. Die islamischen Würdenträger sind mit turbanähnlichen Kopfbedeckungen ausgestattet und verkörpern die Distanz, die offensichtlich zu den Lehmhütten der anderen Cham-Familien besteht, die hinduistischen Traditionen treu geblieben sind. Man lebt nebeneinander, verträgt sich; und doch sind unsichtbare Gräben spürbar. Selten kommt es zu Hochzeiten zwischen den verschiedenen Religionsgemeinschaften und Ethnien.

»Wir pflegen traditionsgemäß das Muttersystem, eine Art Matriarchat«, erklärt Loan, und sie weiß, wovon sie spricht: Sie ist eine Cham-Frau. »Bei uns zieht der Ehemann zur Familie der Frau. Die Erbschaft geht über die Linie der Töchter.«

Sie weist auf die Tempel der Umgebung hin, die aus der Zeit der Cham-Reiche stammen und keineswegs nur Ruinen von archäologischem Interesse sind.

Po Klaung Garai ist der bekannteste Komplex in dieser Region, nahe der Stadt Phan Rang an der Küste gelegen. Auf einem Hügel erhebt sich der Tempelbereich mit den drei Türmen wie auf einem gewaltigen Sockel. Po Klaung Garai wurde im 13. Jahrhundert errichtet und ist heute eine der bestrestaurierten Anlagen des Cham-Erbes in Vietnam. Nicht bloß ein musealer Bau, an dem vor allem polnische Fachleute in den achtziger Jahren ihre Kunst der Erneuerung bewiesen haben, sondern ein von den Landleuten noch heute zum Gebet besuchter Ort der Einkehr. Am Lingam im Hauptturm, der Shiva gewidmet ist, werden immer wieder Blumen hingelegt. Räucherstäbchen hüllen den Innenraum in graue Schwaden. Welche Variationsmöglichkeiten die Begegnung der Religionen zur Folge haben kann, zeigt der Lingam hier: Der ansonsten schmucklose Phallus ist mit einem Männerkopf kombiniert: schwarzbärtig und mit hohem, zylindrischem Hut. Über dem Haupteingang tanzt ein steinerner sechsarmiger Shiva.

Einmal im Jahr, zum Kate-Fest, pilgert eine vielköpfige Schar von Cham-Anhängern den Tempelberg hinauf, den eigentlich aus der Mode gekommenen Göttern zu opfern: dem männlich-machtvollen Shiva besonders, soll er sich doch um die Fruchtbarkeit und guten Ernten kümmern. Seltsame Feierlichkeiten in einem Land, dessen politische Führer im fernen Hanoi sich dem atheistischen Sozialismus verschrieben haben – hatten? Die tieferliegenden Wurzeln der Religiosität, aus denen sich Identität nährt, sind offenbar noch sehr lebendig und treiben aus.

Loan erzählt es selbstbewußt und mit spürbarem Stolz auf ihre Cham-Zugehörigkeit. Um den Hals trägt sie ein goldenes Kettchen mit einem kleinen Schlüssel. 42 Jahre ist sie alt. »Der Bau der Sanitätsstation mit allem organisatorischen Drum und Dran hat mich sechs Kilo gekostet«, sagt sie lachend, »soviel habe ich nämlich dabei abgenommen.« Eigentlich geht es ja darum, daß Kinder und auch ihre Mütter etwas zunehmen.

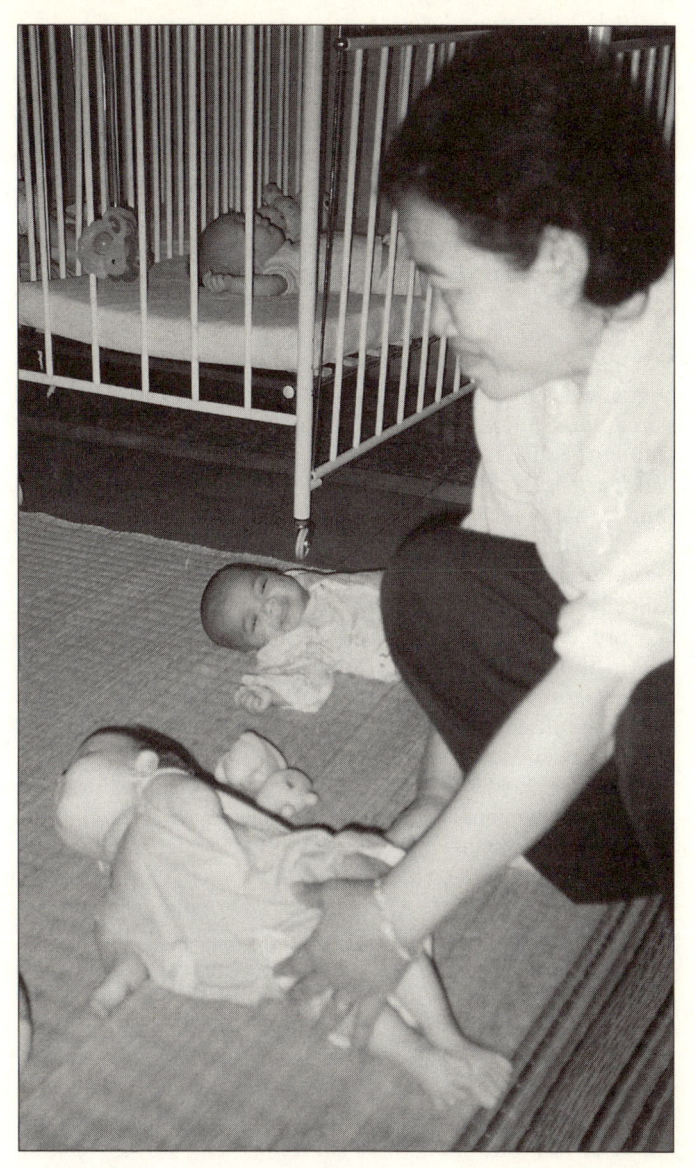

Frau Le Thi Man im Saigoner Rehabilitationszentrum CROM

Loan und ihre Mitarbeiterinnen und Mitarbeiter, teils aus Projektmitteln bezahlt, in den meisten Fällen jedoch ehrenamtlich, geben in der Sanitätsstelle allgemein gehaltene Informationsveranstaltungen zum Thema bessere Ernährung. Aber das ist es nicht allein. In den verschiedenen Ortsteilen werden Zusammenkünfte angeboten. Die Mütter sind aufgerufen, aktiv mitzumachen und nicht nur passiv zuzuhören nach dem Motto: Ihr könnt uns viel erzählen, aber was sollten wir denn mit den dürftigen Erträgen unserer Böden machen? Genau das ist der Punkt. Nicht irgendwo, sondern hier unter diesen Bedingungen praktizierbare Ratschläge zu geben.

Wir machen die Runde. In den Vormittagsstunden kommen in mehreren Vierteln die Mütter mit ihren Kindern zusammen. Es sind ausgewählte Kinder, denen es besonders schlecht geht. Die schlimmsten Fälle von Unterernährung werden mit Milchpulver und spezieller Nahrung behandelt. Doch für die anderen gilt: Was kann man mit den vorhandenen Früchten, Gemüsen, Gewürzen besser, nahrhafter, gesünder zubereiten? Jeden Morgen kocht eine Mutter für die anderen. Rührende Bilder, wenn sich dann die Kinder gegenseitig füttern. Die ältere Schwester stopft dem kleinen Bruder den Reis in den Mund.

Den Müttern wird erklärt, wie sie ein Gärtchen anlegen, wie sie für die Gegend neue Früchte anpflanzen können. Es geht darum, Selbstbewußtsein zu stärken, von dem eine Frau wie Quan Thi Hong Loan so viel zu bieten hat.

Die unterschiedlichen Ortsteile im Dorf, wo die praktische Anleitung zur besseren Versorgung stattfindet, sind nicht zufällig gewählt. Auch dem Gast fallen die deutlich abgegrenzten Siedlungen der Vietnamesen und der Cham auf.

Der Zusammenhang von Armut und hoher Kinderzahl, ursächlich und sich immer aufs Neue bestätigend, ist auch in Phu Lac eine alltägliche Angelegenheit. Vor einer der quadratischen Lehmhütten, die mit Stroh gedeckt sind, treffen wir Frau Thanh Thi Lieng. Die 33jährige Mutter hat sechs Töchter und einen Sohn. Die Behausung steht auf dem besonders trockenen Boden des ärmsten Viertels. Loan begrüßt sie freundlich, und der Gruß wird ebenso erwidert. Loan hat lange und oft mit der Frau gesprochen, ehe diese von einer Sterilisation überzeugt war. Solch ein Eingriff wird mißtrauisch und ablehnend bewertet. Eine Frau fürchtet um ihre Weiblichkeit. Der Mann weist diese Art von Familienplanung üblicherweise zurück. Loan berichtet, wie sie von der eigenen Verantwortung sprach, wie sie die Menschen über ihre Möglichkeiten aufklärte, die Zahl der Kinder selbst zu bestimmen.

Familienplanung, Schwangerschaftsberatung, Mütterberatung – alles wichtige Themen, um mit den Frauen ins Gespräch zu kommen und ihnen auf ihre individuellen Verhältnisse bezogene Ratschläge zu geben.

Zu den konkreten Ansätzen, die Lebensgrundlagen zu verbessern, gehören Kredite. Mit Startkapital, das besonders bedürftigen Familien gegeben wird, können sie Hühner, Schweine, Kälber anschaffen, um eine Zucht zu beginnen. Auch dabei ist praktischer Rat vonnöten. Wie geht man mit Geld um? Wie sind die Tiere zu ernähren, zu pflegen, vor Krankheiten zu schützen? Wie können Erträge vermarktet werden?

Hundert Familien sind bisher in dieses Programm einbezogen worden. Ein Programm, das Mut macht zur eigenen Initiative. Und was das Trinkwasser betrifft: Ein Rohr hat das Dorf bereits erreicht, aus dem für den Hausgebrauch sauberes, frisches Naß fließt. Die Distriktverwaltung hat mit ihren Mitteln dafür den Hahn aufgedreht. Hilfe zur Selbsthilfe.

Begegnungen:
Du findest immer noch den Krieg

Die Blechprothese

Oma Nguyen Thi Lien hat sechs Kinder, elf Enkel, einen blinden Mann und eine Blechprothese. Die alte Frau braucht keinen Stock. Erstaunlich sicher humpelt sie durch das Dorf An Hiep. Die befestigten Wege zwischen den Häusern sind lang. Rechts und links von der Straße, die zur Kirche führt, biegen sie ab. In An Hiep stehen keine einzelnen Häuser für nur eine Familie. Es sind eigenartige Reihenhäuser, aus Holz gebaut und mit Strohmatten gedeckt; ein Dutzend solcher Großraumbaracken für Hunderte von Menschen zu beiden Seiten der Hauptstraße. Eine sehr ungewöhnliche Bauweise im Mekong-Delta nahe der Stadt Ben Tre.

Was als provisorische Unterkunft im Transit zu einem besseren Leben gedacht gewesen war, besteht nun seit mehr als vier Jahrzehnten. Als Frau Nguyen Thi Lien noch keine Oma war, schloß sie sich mit ihrer Familie dem Exodus der Katholiken aus dem Norden in den Süden an. Nach der Teilung des Landes als Folge der Genfer Verträge von 1954 zogen Katholiken zu Hunderttausenden aus ihren angestammten Dörfern weg und machten sich auf in den Süden. In Sorge, von den Kommunisten ihres Glaubens wegen verfolgt und gedemütigt zu werden; gedrängt von den Kirchenführern, die zur Flucht aufriefen, um das Regime Ho Chi Minhs zu schwächen und mit den katholischen Neubürgern im Süden ein Bollwerk gegen den Kommunismus zu errichten.

Das Dorf An Hiep ist die erbärmliche Version solch unerfüllter Visionen. Oma Nguyen Thi Lien und ihre Familie und die anderen Familien, die im Zeichen des Kreuzes kamen und dem von den Kirchenoberen propagierten Aufruf der Mutter Maria gefolgt waren, wurden verraten und verkauft und längst vergessen von denen, die einst mit ihnen und ihrem Schicksal berechnende Politik gemacht hatten.

Die Kirche ist in der Siedlung das einzige Bollwerk aus Stein und festen Mauern. Die Abwassergräben entlang der Wege stinken. Das Trinkwasser ist verseucht. Arbeit? Einkommen? Fehlanzeige. In den halbdunklen Innenräumen der Häuser flechten Frauen, Kinder, Männer in mühsamer Geduldsfingerei meterlange Binsenmatten. Die Technik solcher Fertigkeit haben die Eltern und Großeltern aus dem Norden mitgebracht. Die Matten werden von Zwischenhändlern nach Taiwan exportiert. Die Leute im Dorf bekommen einen Hungerlohn. Die Katholiken von An Hiep gehören zu den Gestrandeten am Fluß der Geschichte.

Oma Nguyen Thi Lien ist 65. Auf die linke Hüfte gesetzt, trägt sie ein Enkelkind mit sich herum. Liebevoll hält sie das kleine Mädchen; und dessen Ärmchen umschlingen ihren Hals. Ein Bild inniger Familienbande, die stärker sind als alle Schicksalsschläge; eine Idylle fast, wäre da nicht die Prothese. Der Besucher bemerkt sie erst einmal gar nicht, so freundlich empfängt ihn das Vollmondlächeln im Gesicht der alten Frau. Sie begleitet den Gast ein Stück beim Rundgang im Dorf. Dabei hört er den metallen kratzenden Ton auf dem Boden, sieht genauer hin und bemerkt das Blechbein. Angerostet ist die eigenartige Gehhilfe, die wie eine Röhre aus dem hochgestreiften Hosenbein nach unten ragt, dem Körper Halt verleiht und zu Beweglichkeit verhilft. Das rechte Bein: ein zusammengebogenes, geschweißtes, gerolltes Stück Blech; es gleicht einer Geschoßhülse, die aus dem blutgetränkten Erdreich eines Schlachtfeldes gebuddelt wurde.

Beim Gehen stützt sich Oma Lien mit der rechten Hand auf die obere Wölbung ihrer robusten Eisenprothese; und dort, wo die Finger zupacken, ist sie blank gewetzt und abgegriffen nach Jahrzehnten des Gebrauchs. Die alte Frau zieht ihren Metallstumpf bei jedem Schritt etwas nach wie einen Gegenstand, der sich geweigert hat, Teil ihres Selbst zu werden.

Wo und wie hat sie ihr rechtes Bein verloren: Eine Mine im Grenzgebiet zwischen Nord- und Südvietnam? Eine Gewehrsalve aus einem amerikanischen Hubschrauber abgefeuert? Ein Schußwechsel bei der Verfolgung des Vietcong? Oma Nguyen Thi Lien schüttelt den Kopf. »Nein, nicht dieser Krieg, nicht der gegen die Amerikaner«, mit sanfter, leiser Stimme erweitert sie die historische Dimension im Leiden Vietnams. Sie ist eine alte Frau, die zwei Kriege erlebt hat. Ein Bombensplitter hat ihr das rechte Bein weggerissen. Eine Bombe aus einem französischen Flugzeug. 1946 ist es gewesen – damals im ersten Vietnamkrieg, der gegen die Franzosen geführt wurde. Oma Lien, die sechs Kinder, elf Enkel, einen blinden Mann und eine Blechprothese hat, war damals noch ein Kind. Mit zärtlicher Geste streicht sie dem kleinen Mädchen, das auf ihrer linken Hüfte sitzt, eine Haarsträhne aus dem Gesicht.

Vorwärts!

Bei Flaschenbier der Marke Tiger und Reisschnaps aus dem Dorf wird Vu Van Nho lockerer. Die eisige Funktionärsmaske taut auf. Der Leiter der Abteilung Soziale Fragen in der Provinzregierung von Thanh Hoa hat uns durch mehrere abgelegene Dörfer begleitet. Reserviert und zurückhaltend, spürbar unsicher im Umgang mit westlichen Besuchern. Der Mann ist bemüht, uns im Zeichen von *Doi Moi* einen Hauch von Offenheit zu beweisen und zu demonstrieren, daß ein Mann seines Schlages doch nicht so apparatschikartig verbohrt ist, wie das vermutlich diese Leute aus dem westlichen Europa angenommen haben. Mit anderen Worten: Die Gespräche bleiben verklemmt und in jener verkrampften offiziellen Atmosphäre der Bereitschaft, jede Frage zu beantworten, aber doch stets auf der Hut zu sein, nichts zu sagen, was später vielleicht von höherer Stelle zu Unannehmlichkeiten führen könnte. Eben doch das Verhalten eines Funktionärs, der in eine Behördenhierarchie eingebunden ist und eigene Gedanken dreimal ventiliert, ehe er sie ausspricht. Ein Mann übrigens, 50 Jahre alt, der das Oben und Unten aus Kriegszeiten verinnerlicht hat. Diese Rückblicke sind es denn, die in alkoholischer Entspannung menschliche Züge aufleuchten lassen.

Der Bauer Nguyen Ngoc Giao hat zum Essen eingeladen. Männer der Nachbarschaft kommen dazu. Im Dorf Halinh, einige Kilometer westlich der Nationalstraße 1, gehört der Bauer zu den wohlhabenden, den aktiven Personen; hochgewachsen der Mann, aus einer alten Bauernfamilie stammend, ein Führertyp von Geburt, nicht von Amts wegen. 38 Jahre alt, Vater von drei Kindern. Seine Frau und deren Helferinnen tafeln auf. Gekochten und gebratenen Fisch. Gemüse, roh und gedünstet. Dampfenden Reis. Schweine- und Krabbenfleisch in Reispapier gerollt. Chinakohl. Fischsoße Nuoc Mam. Tigerbier in Flaschen. Huhn mit Zitronengras. Und Reisschnaps. Der Hausherr duldet keine leeren Trinkgefäße; das gilt gleichermaßen für die großen Biergläser wie für die kleinen Schnapsbecher. Kaum angetrunken, wird nachgeschenkt; und beim Reisschnaps, dem klaren aus Flaschen ohne Etiketten, ist »ex« Ehrensache.

Die Besucher, die beim Fragenstellen so unermüdlich waren, halten sich zurück. Die einheimischen Männer sind in ihrem Element. Wir sitzen in einem Nebenraum an solcherart üppig gedecktem Tisch. Die Interviews sind gemacht, das Vorzeigeprogramm ländlicher Aufbauarbeit ist absolviert. Der Fahrer Nguyen Van Lang greift mit herzerfrischender Hemmungslosigkeit zu. Eine vietnamesische Frohnatur, stets verläßlich zur Stelle, wenn er gebraucht wird, aber ebenso zu einem Nickerchen bereit, wenn es der Dienst zuläßt. Eher schweigsam in solcher Runde, doch was die Befriedigung seiner leiblichen Bedürfnisse betrifft, mit robuster Beharrlichkeit ausgestattet, die seinesgleichen in aller Welt eigen ist. Gläser werden nicht gezählt. Die großen nicht, die kleinen Becher nicht. Bei letzteren müssen Trinksprüche ausgetauscht werden. Die schließen Glück und beste Wünsche und Frieden ein.

Irgendwann ist die Rede vom Krieg. Unvermeidbar. Trotz der pazifistischen Zukunftsaussichten. Oder wegen. Reisschnaps und Tigerbier lösen die Zungen. Vu Van Nho erzählt, daß er Russisch gelernt hat. Das »Nastrowje!« der Gäste erwidert er lachend mit »Spasiba!« – Prost und Danke. Ja, Russisch sei die sprachliche Grundlage gewesen, um sich in jener Raketendivision behaupten zu können, in der er damals diente. Das war eine Eliteeinheit, in der nur die Besten seines Jahrgangs gebraucht wurden. Stolz klingt in den Worten mit: »Mit unseren Raketen haben wir B 52 vom Himmel geholt.« Der Funktionär Vu Van Nho spricht von Leistungen, die seinem Leben einmal Sinn gegeben haben. Ein junger Mann vor drei Jahrzehnten, der einen Glauben hatte. In der Erinnerung daran ist er fast ein halbes Menschenalter später noch immer glaubwürdig. Zehn Jahre war er in der Armee: prägende Jahre der Ideale, des Aufstiegs, der Mannes-Bestätigung. Da bleibt Aufregendes, Außergewöhnliches, Rühmliches haften; alles viel wichtiger in der Rückschau als der Behördenalltag einer Provinzregierung. Vater erzählt aus dem Krieg. Bei Flaschenbier und Reisschnaps bekommen wir die vietnamesische Variante zu hören. Das war etwas im Leben, einmal beteiligt gewesen zu sein in einem großen, über Leben und Tod entscheidenden Apparat, in dem es um ein festes Freund-Feind-Bild ging, um Sein und Nichtsein: Krieg und Frieden. Klare Fronten, die einem die Orientierung erleichtern.

Der Fahrer Nguyen Van Lang erwähnt den Ho-Chi-Minh-Pfad, eher beiläufig nennt er die strategische Nord-Süd-Verbindung, die sein militärisches Schicksal war. Dreimal fuhr er die gefahrvolle Strecke als Lastwagenchauffeur. Seine Miene, ohnehin nicht verdüstert und verbittert und von keinem Dienstgeheimnis gegenüber westlichen Besuchern in Falten gelegt, hellt sich bei seinem Gesprächspart weiter auf. Ein kleiner Behördenfahrer hat etwas zu bieten, was den anderen imponiert. Dreimal Ho-Chi-Minh-Pfad und zurück. Ein Abenteuer fürs Leben – wenn man's überlebt hat. Von ausgeschalteten Scheinwerfern bei Nachtfahrten berichtet Nguyen Van Lang, von Schießereien, Abgründen, Luftangriffen. Er läßt sich bereitwillig den stets auf »ex« geleerten

Schnapsbecher nachfüllen und lacht. »Wenn die Bomben so fielen«, er macht mit den Fingern wirbelnde Bewegungen, »dann trafen sie dich. Wenn du die Dinger aber bei den Abwürfen so sehen konntest«, er deutet mit der flachen Hand eine schiefe Ebene an, »dann hattest du noch mal Glück.« Die anderen stimmen in sein Lachen ein. Der Krieg ist ihr Thema. Nie wieder sind sie so gefordert und überfordert worden.

Der Gastgeber hält sich in der alkoholisierten Kriegsheiterkeit zurück. Er hat die Bomben und Alarme als Jüngster in der Runde erlebt. Auch er als Soldat, der die letzten Kriegsjahre mitkämpfen mußte. Der Mann gibt keine der Erlebnisse zum besten, mit denen sich wohl überall auf der Welt die Krieger von gestern gegenseitig ihr Heldentum zu beweisen trachten. Nguyen Ngoc Giao berichtet, daß ihn der Krieg von damals noch heute gelegentlich des Nachts aufschrecken lasse. Dann höre er noch immer die Schreie von einst, sehe die zerfetzten Leiber, spüre den Tod. Kommandos reißen ihn aus dem Schlaf. »Vorwärts!« schrillt es dann, und er braucht stets ein paar Minuten, um aus dem Kriegstraum in die Friedenswirklichkeit zu finden – nach so langer Zeit. Er schüttelt über das Nicht-vergessen-Können den Kopf. Vu Van Nho, der Funktionär, hält seinen Becher mit Reisschnaps hoch. »Nastrowje!« sagt er gutgelaunt.

Das Glasauge

Wir haben einen Gesprächstermin bei Dr. Vo Dai Luoc, dem Direktor des »Institute of World Economy« in Hanoi. Einer dieser akademischen Apparate, die der Regierung die guten Ratschläge und verläßlichen Analysen vermitteln, aber nichts mehr kosten sollen. Wir treffen uns in einem auffallend neuen, mehrstöckigen Gebäude. Alles riecht nach Farbe. Während wir im Besprechungsraum nach Marx und Money fragen, tönt Baulärm in das funkelnagelneue Zimmer mit Pseudo-Stuck und Kristalleuchter. Wir seien die ersten Gesprächspartner in diesem Ambiente, erklärt uns der Institutsleiter mit sichtbarem Stolz. Woher das Geld für die Renovierung stamme? Ganz einfach: Auf dem zum Institutsgelände gehörenden Grundstück, Staatseigentum, versteht sich, hat ein Schweizer Pharmakonzern sein Bürohaus gebaut und als Gegenleistung die Mittel für die Institutserneuerung bereitgestellt. Noch ehe wir uns in Statistiken und Statements vertiefen, erhalten wir also bereits eine praktische Lektion in Marktwirtschaft: *World Economy à la Hanoi.*

Nguyen Van Trien, wissenschaftlicher Mitarbeiter des Instituts, ist gerade von einem Seminar aus Japan zurückgekehrt. Er erzählt in vorzüglichem Englisch von den internationalen Beziehungen und vom Lernprozeß in neuer Offenheit. Von den Erfahrungen der anderen lernen, so die Devise, die Devisen ins Land bringen soll. Rußland und China, die Lehrmeister von gestern, bleiben unerwähnt. Nguyen Van Trien ist der Typ des jugendlich wirkenden Intellektuellen; analytisch im Denken, gewandt im Auftreten, das Gegenteil eines Apparatschiks; Argumenten zugetan und selbstbewußt genug, Fragen zu stellen und Fragen zu beantworten. Eine lauernde Wachheit geht von ihm aus; beobachtend, nachhakend; ein Mann, der sich nicht hinter Parolen versteckt.

Schwierig für Europäer, sein Lebensalter zu bestimmen. Weil er sich so studentenhaft gibt, kommen dem Gesprächspartner Zweifel an den vermeintlich jungen Jahren. Ein Mann der Nachkriegszeit? Einer, der die Schreckenszeit nur aus Erzählungen und Geschichtsbüchern kennt und Helden auf Denkmalspodesten ortet? Unvermeidlich nach all den Wirtschaftsdaten und ökonomischer Zwischenbilanz die klärende Frage zu seiner Biographie. Die Antwort kommt erst mal ohne Worte aus. Nguyen Van Trien nimmt seine dunkle Brille ab und klopft sacht mit dem Bügel gegen sein rechtes Auge. Das leise, kaum hörbare Geräusch des Antippens dringt unter die Haut des Gastes. Ein hartes, helles Geräusch. Da treffen leblose Gegenstände aufeinander. Die Handbewegung hat etwas Unheimliches.

Ein paar Sätze waren erwartet worden, Privates vielleicht, Banales, ein Geburtsjahr. Doch dann diese Geste mit abgenommener Brille, dieses mit einem Mal so schutzlos dem überraschten Blick preisgegebene Gesicht in verletzlicher Blöße und das kurze Geräusch aufeinandertreffender toter Materie machen den Fragesteller verlegen. So genau wollte man die Antwort gar nicht wissen. Das Glasauge starrt in unerbittlicher Strenge wie zur Maßregelung unangebrachter Neugier. Dann hält Nguyen Van Trien die linke Hand hoch: Sie verfügt über keine Finger mehr, der Daumen ist verkrüppelt. Nguyen Van Trien lächelt und klemmt sich die Brille wieder auf die Nase. Es ist das Lächeln der Schicksalsergebenheit.

»Ich war noch Student damals«, erklärt er nun mit Worten, was die Blessuren bereits zur Altersbestimmung mitgeteilt hatten, »in den späten sechziger Jahren haben wir im Süden gekämpft. Von Hanoi aus waren wir Jungen losgeschickt worden, kaum daß wir mit dem Studium begonnen hatten. Ein kurzes militärisches Training. Dann los. Das waren die ersten Lektionen meines Lebens. Bei Hue wurde ich verwundet. Tet-Offensive, 1968. Na, Sie kennen das, nicht wahr?« Wir nicken und sehen die späten Folgen. Der Händedruck der Rechten beim Abschied ist kräftig. Nguyen Van Trien blickt uns lange nach, ehe wir im Verkehrsgewühl vor seinem Institut verschwinden. Wir winken und wissen seinen Blick zu deuten.

Agent Orange

Eine makabre Pointe der Geschichte: Im ehemaligen Gebäude des US-Informationsdienstes an der Vo-Van-Tan-Straße in Ho-Chi-Minh-Stadt erinnert ein Museum an die Greuel, die einst eben jener Informationsdienst zu vertuschen und zu verharmlosen hatte. »War Remnants Museum«, so heißt es nun offiziell: das Museum der Kriegshinterlassenschaft. Ach, wäre die doch auf ein solches Museum zu begrenzen! Da steht man fassungslos im Saal, der an Entlaubungsaktionen mit Agent Orange erinnert. Die Opfer: In Glasbehältern sind entsetzlich mißgestaltete Babys zu sehen, die nicht die geringste Chance des Überlebens hatten. An der Wand hängt das Foto eines kleinen Mädchens ohne Arme. Als Krüppel geboren. Die Folge chemischer Kriegführung. So ist das Museum, das Kriegsverbrechen zumindest im Namen nicht mehr amerikanisch nennt. Ein museal gestalteter Alptraum. Er ist nicht für alle zu Ende. Er kehrt wieder. In der dritten Generation bereits. Was da dokumentarisch ausgebreitet den Eindruck erweckt, eine abgeschlossene Epoche abzubilden, ist in den Auswirkungen unmittelbare Gegenwart.

Pham Thi Thuy Linh ist am 30. April 1994 in Hoai Duc, Provinz Ha Tay nahe Hanoi, geboren worden. Das Mädchen kam ohne Arme zur Welt. Wir begegnen dem Kind im Rehabilitationszentrum für unterernährte Waisenkinder, kurz CROM; an der Tu-Xuong-Straße gelegen, nur wenige Fußminuten vom Museum der Kriegsverbrechen entfernt.

Museum der Kriegshinterlassenschaft in Hanoi

Noch während der Kämpfe wurde mit Unterstützung von *terre des hommes* im damaligen Saigon ein »sozialmedizinisches Zentrum« eröffnet; daraus wurde CROM entwickelt, wie es seit 1977 heißt: »Centre de réhabilitation des orphelins malnutris». Das älteste *terre-des-hommes*-Projekt in Vietnam überhaupt. Aufbau und gewandelte, erweiterte Aufgaben von Nothilfe hin zu Entwicklungshilfe spiegeln auch ein Stück der Geschichte des Kinderhilfswerkes wider. Heute ist CROM ein Kinderschutzzentrum von großer sozialpolitischer Bedeutung und mit anerkanntem Einfluß, der weit über die Grenzen von Ho-Chi-Minh-Stadt hinausreicht. Es geht nicht mehr nur um das Aufpäppeln unterernährter Kinder – nach wie vor ein drängendes Problem –, sondern auch – zukunftsbezogen – darum, die Ursachen der Not zu bekämpfen.

Spielende Kleinkinder. Geschrei. Lachen. An den Wänden grinsen Clowns und tummeln sich aufgemalte Schlümpfe. Eine Atmosphäre ausgelassener Heiterkeit. Mittendrin: das kleine Mädchen ohne Arme. Die Ähnlichkeit mit dem Foto im Museum verblüfft. Jahrzehnte liegen dazwischen. Pham Thi Tuy Linh ist kein Objekt entrückter Präsentation. Das Mädchen lächelt bei der Begrüßung.

Frau Nguyen Thi Man, die Direktorin von CROM, berichtet von einer Familientragödie. Der Großvater war Pilot der südvietnamesischen Luftwaffe gewesen und flog während des Krieges im amerikanischen Auftrag auch Einsätze, bei denen das dioxinhaltige Entlaubungsmittel Agent Orange versprüht wurde. Vermutlich ist der Mann mit dem Teufelszeug in Berührung gekommen. Jahre nach dem Krieg bekam er eine Art Aussatz, verlor seine Finger, siechte dahin und starb verarmt und qualvoll. Sein Sohn ist gesund. Die Enkelin Linh ist ein Opfer in der übernächsten Generation. Sie wurde unehelich geboren. Die Mißbildung war der Grund, daß die Familie des ehemaligen Piloten dem Vater die Hochzeit verbot. Die junge Mutter schlägt sich nun als Straßenhändlerin in Ho-Chi-Minh-Stadt durch. Tagsüber bringt sie das Mädchen Linh zu CROM, abends nimmt die Frau ihr Töchterchen zu sich; sie lebt in einem der Armenviertel. Der Fluch des Krieges wütet weiter.

Frau Man leitet seit 1981 das Zentrum. Im Krieg hat sie auf seiten des Vietcong für ein besseres, ein friedlicheres Vietnam gekämpft. In ihrem Gesicht haben sich Sorgen eingegraben; eine Frau und Mutter, die ihre Erfahrungen im Grenzbereich zwischen

Leben und Tod gemacht hat. Sie strahlt eine stille Ernsthaftigkeit aus, der jegliches Getue fremd ist. Eine zupackende Frau, die mit anteilnehmendem Lächeln auf Kinder und Besucher zugeht und etwas von ihrer Bedrückung ahnen läßt, wenn sie sich abwendet und ihr Gesicht so ernst, fast traurig wird.

Regelmäßig fahren Mitglieder des CROM-Teams in die Dörfer, um dort einen Gesundheitsdienst besonders für Kinder in Gang zu bringen. In Kindergärten werden Aufklärungsaktionen, Impfprogramme, Zahnuntersuchungen veranstaltet. Im Umkreis von Hunderten von Kilometern arbeitet CROM mit verschiedenen Hilfsprogrammen zusammen, die ebenfalls von *terre des hommes* gefördert werden. Bei CROM werden Krankenschwestern und Kinderpflegerinnen aus- und fortgebildet, die in entlegenen Dörfern ihre neuen Kenntnisse und Erfahrungen anwenden können. CROM leistet Fachberatung für andere Kinderheime. An manchen Tagen kommt Frau Man gar nicht zu ihrer eigentlichen Arbeit, weil sie Besuchergruppen aus aller Welt führen muß. Die ursprüngliche Bezeichnung mit der französischen Wortfolge kennt heute kaum noch jemand; die daraus abgeleitete Abkürzung CROM aber ist zu einem vietnamesischen Markenzeichen für Kinderhilfe geworden.

Das armlose Mädchen Linh wird in der Kindertagesstätte betreut. Zusammen mit 60 anderen Jungen und Mädchen im Vorschulalter hat sie hier eine Geborgenheit, die ihr sonst nirgends zuteil werden könnte. Die meisten Mütter, die hier ihre Kleinen tagsüber gut versorgt wissen, gehören zu den Ärmsten und müssen ihr Geld verdienen. Die Betreuung ist kostenlos. Auch Linh kann ein paar Jahre hier behandelt werden. Sie hat eine Lebenschance erhalten. Die Helferinnen unterstützen das Mädchen, seinen so beklagenswerten unzulänglichen Körper beherrschen zu lernen. Die Füße werden die Hände ersetzen.

Roll- und Rennstühle

»Am nächsten Samstag findet ein internationales Marathon statt. Sie sollten sich das anschauen. Wir sind nämlich auch beim Rennen dabei.« Eine Gruppe von Rollstuhlfahrern empfängt uns mit dieser Einladung auf dem Vorplatz von CREP in Ho-Chi-Minh-Stadt. Lachen in den Gesichtern. Noch ehe wir das weitläufige

Areal des mit der Abkürzung CREP bezeichneten Rehabilitationszentrums für gelähmte Kinder betreten, ist etwas von diesem Lebensmut zu spüren, der hier eingeübt und gefördert wird. Die Anlage ist großzügig gestaltet. Flache Häuser. Lange, überdachte Gänge. Nirgends das Gefühl von Eingeengtsein, dafür überall vor allem junge Menschen in Bewegung und eine Atmosphäre, die von einem »Wir-lassen-uns-nicht-Unterkriegen« durchdrungen ist: humpelnd, rollend, kriechend.

Das Reha-Zentrum wurde am 8. November 1983 nach fünfjähriger Bauzeit und mit einem Zuschuß von 3,4 Millionen DM von *terre des hommes* eröffnet. Das Spezialkrankenhaus im Dienste körperbehinderter Kinder entstand als Folgeeinrichtung des 1974 vom Kinderhilfswerk *terre des hommes* geförderten Reha-Zentrums für querschnittsgelähmte Kinder und Jugendliche in Dalat, im Hochland Vietnams. Ursprünglich war auch das neue Zentrum in Ho-Chi-Minh-Stadt ausschließlich für querschnittsgelähmte und körperbehinderte Kinder gedacht. Doch längst werden auch andere Leiden behandelt. Dr. Nguyen Than Phat, der Leiter von CREP, nennt Zahlen. Demnach sind unter den stationär und ambulant versorgten Patienten etwa 30 Prozent Querschnittsgelähmte, 60 Prozent Poliokranke und zehn Prozent mit anderen Behinderungen, wie Spastiker.

In der orthopädischen Werkstatt treffen wir Nguyen Than Tho. Der 42jährige Mann ist dabei, Gehhilfen für Kinder herzustellen. Er selbst sitzt in einem Rollstuhl. In deutscher Sprache erzählt er seine Geschichte. 15 Jahre war er alt, als ihn 1967 im Heimatdorf bei Hue die Bombensplitter trafen. Ein Bein mußte amputiert werden; die Wirbelsäule war verletzt. 1969 wurde er nach Deutschland gebracht. Dort wurde der Junge behandelt. Die Städte Würzburg, Mönchengladbach, Bad Oeynhausen haben sich ihm eingeprägt. Fünfeinhalb Jahre war er dort. Nach seiner Rehabilitierung ließ er sich als Orthopädie-Handwerker ausbilden. Er kehrte nach Vietnam zurück und arbeitete zuerst im Reha-Zentrum Dalat.

Seit acht Jahren ist er bei CREP. Er und andere Kriegsopfer, die in Deutschland therapiert worden waren, helfen nun mit, daß behinderte Kinder und Jugendliche die passenden Bandagen, Prothesen oder sonstige Bewegungshilfen erhalten. Die handwerkliche Produktion bei CREP spart Kosten. Vor einigen Jahren muß-

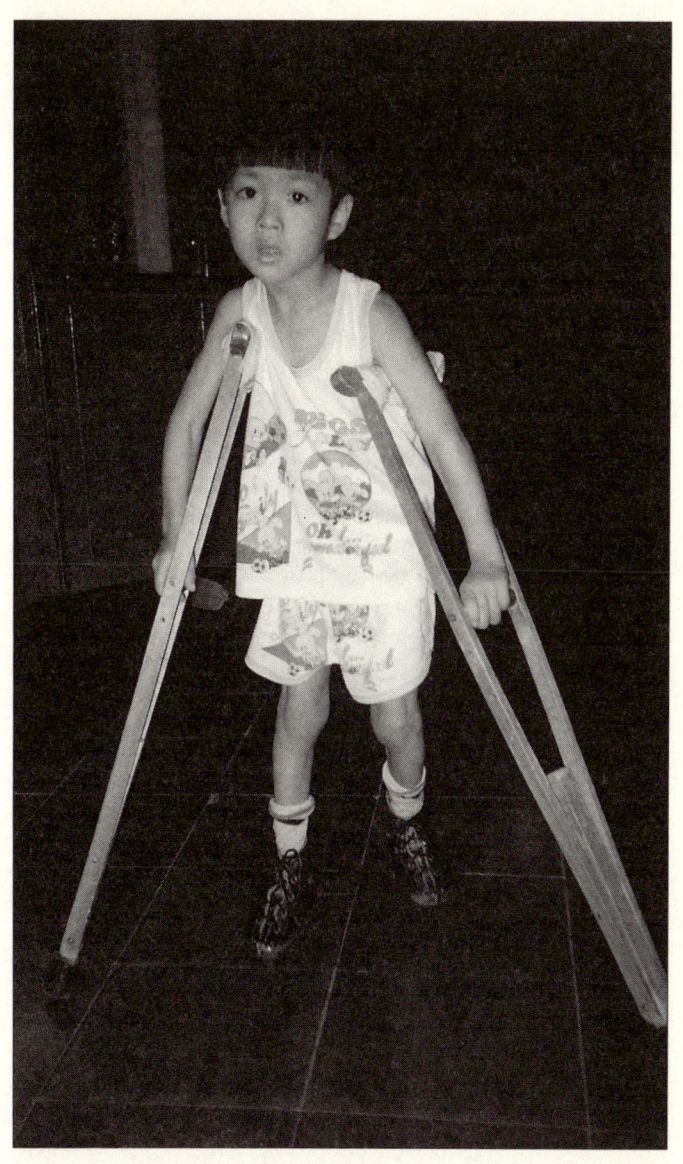

Im Saigoner Rehabilitationszentrum CREP

ten einige Materialien noch aus Deutschland importiert werden. Heute wird alles in Vietnam gekauft.

Erinnerungen an Deutschland? Nguyen Than Tho lächelt: »Der Winter, wissen Sie, den vergißt man nicht. Der war immer besonders schön. Wir haben Schneeballschlachten gemacht. Ja, wir mit unseren Rollstühlen.«

80 junge Patienten werden stationär, täglich etwa 30 ambulant versorgt. Bei der Vielfalt der Leiden und der Intensität der Behandlung erfordert dies ein personalstarkes Helferteam. Sieben Ärztinnen und Ärzte gehören dazu, neun Techniker, neun Krankenschwestern; mit dem gesamten Personal sind es 60 Menschen, die in CREP rund um die Uhr Dienst tun.

Dr. Nguyen Than Phat berichtet eher zurückhaltend davon, ganz der Praktiker, dem Gesten und Gehabe fremd sind. Ein robuster Typ mit wulstigen Khmer-Lippen, die an die Kolossalköpfe der Tempel von Angkor in Kambodscha erinnern. Der Chef von CREP hat als junger Mediziner beim Vietcong gekämpft und seine gesunden Knochen riskiert. Der Krieg? Jeder in seiner Generation hat den Preis dafür zahlen müssen. Der Doktor streift seine Hose hoch. An den Beinen sind die Narben der Einschüsse sichtbar geblieben. Da, er beugt den Kopf, auch da traf ein Streifschuß.

Ist das Ziel erreicht worden, für das damals in den sechziger Jahren im Untergrund, im Hinterhalt, im Dschungel gekämpft worden ist?

»Ein Ziel ist verwirklicht worden«, sagt der Arzt ohne Zögern, »wir haben die Unabhängigkeit, die Freiheit in unserem Lande; keine ausländische Macht mischt sich mehr in unsere Angelegenheiten ein. Ja, dafür haben wir damals unseren Kopf hingehalten. Das weitere Ziel aber liegt noch immer in weiter Ferne: die Beseitigung der Armut. Auch dafür haben wir gekämpft. Und dafür müssen wir weiter kämpfen.«

Wie lange noch? Die Frage bleibt offen.

Ein paar Tage später stehen wir in der Zuschauermenge vor der protzigen Wiedervereinigungshalle, dem einstigen Sitz der Regierung von Südvietnam. Beginn des Marathonlaufes, der von Pepsi und anderen Firmen gesponsert wird. Hunderte von Sportlern auf der Straße. Lautsprecherdurchsagen. Mitten im Gewühl: die Rollstuhlfahrer. Wir erkennen die Gruppe von CREP. Unternehmenslustiges Zuwinken. Eröffnungsreden. Nationalhymne. Und ehe die Läufer lostraben, die mit den muskulösen, gesunden Waden, fahren die Rollstühle zum Start; schnittige Renner und ganz normale. Dabeisein ist alles. Zehn Kilometer lang ist die Strecke. Anfeuernde Zurufe. Das Team von CREP lacht selbstbewußt. Dann schnellen sie los wie Pfeile von einer Armbrust, schwungvoll, die Räder von kräftigen Armen angetrieben.

Der Kanister

Nguyen Viet Chiem sitzt zum erstenmal in seinem Leben in einem Rollstuhl. Sein Vater und Vo Suong haben den 15jährigen unter die Schultern gefaßt und in die Polster gedrückt. Apathisch ließ es der Junge geschehen. Nun hockt er in dem ungewohnten Gefährt, und es bleibt Außenstehenden verborgen, was er vom Treiben im Hof von CROM wahrnimmt. Die anderen Rollstühle, die spielenden Kinder, vorbeifahrende Autos.

Nguyen Viet Chiems Blick ist in die unbestimmte Ferne seiner verlorenen Kinderjahre gerichtet. Einer biegsamen Marionette gleich hat sich sein spindeldürrer Körper dem Rollstuhl angepaßt. Der Vater sitzt auf einer Bank daneben; erschöpft auch der 68jährige, ein Bündel aus Haut und Knochen, in Lumpen gehüllt; vorstehende Backenknochen, über die sich pergamentene Haut spannt, das Gesicht gezeichnet von tiefen Falten unendlicher Entbehrung. Der Mann lehnt sich zurück, zum erstenmal seit Jahren von einer Last befreit. Auf seinen eingefallenen Schultern hatte er den Jungen herumgeschleppt. Seit Tagen war er mit dem Krüppel durch Ho-Chi-Minh-Stadt geirrt, bettelnd, bittend, suchend nach einer Bleibe und Hilfe für den Sohn, getrieben von der letzten Hoffnung auf seiner Odyssee durch das Südvietnam der Nachkriegsjahre.

Ein Tag im Januar 1980 hatte das Leben der Familie Nguyen Minh auf grausame Weise verändert. Mit einem Mal war nichts mehr wie zuvor; und niemals mehr würde ihr Dasein vom Ereignis dieses einen Tages, dieser einen Stunde zu lösen sein. Die Familie lebte in Ca Mau im Mekong-Delta. Der Vater und die Tochter waren zu Hause geblieben; die Mutter und der damals sechsjährige ältere Sohn waren auf dem Feld. Die Frau war im sechsten Monat schwanger. Sie hackte den Boden. Plötzlich traf ihr Eisenschaft einen harten Gegenstand im Erdreich. Ein Gefäß, ein

Kunststoffkanister, wie sich später erkennen ließ. Der Frau blieb keine Zeit, Nachforschungen über das Ding anzustellen. Offenbar hatte ihre Hacke die Umhüllung durchlöchert. Rauch quoll heraus, dunkler als Zigarettenrauch, so erinnert sie sich nach dem Vorfall, dem fürs erste keine große Aufmerksamkeit geschenkt wurde. Rasch war das seltsame Behältnis wieder mit Erde bedeckt worden. Doch was da als schwarze Wolke ins Freie gedrungen war, hatte sich in den Kleidern von Mutter und Sohn festgesetzt, war eingeatmet worden und sandte seine verderbliche Kraft aus, die jahrelang im Boden gelegen hatte.

Mutter und Sohn klagten bald über Kopfschmerzen; die Haut überzog sich mit Pickeln; es folgten Übelkeit, Erbrechen, Schwindelanfälle. Der Zusammenhang zwischen der schwindenden Gesundheit und diesem rauchenden Ding auf dem Feld wurde immer klarer. Fünf Jahre nach dem Ende des Krieges hatte er die Familie Nguyen Minh heimtückisch ein zweites Mal erreicht. Der Kanister, einst aus einem Flugzeug abgeworfen oder verloren, war mit Chemikalien zur Entlaubung von Wäldern gefüllt gewesen. Drei Monate nach der unfreiwilligen Entdeckung der toxischen Zeitbombe brachte die Frau ihren zweiten Sohn zur Welt: Nguyen Viet Chiem. Ein Baby mit mißgestalteten Gliedmaßen, geistig gestört, mehr tot als lebendig. Niemand glaubte daran, den Jungen retten zu können. Doch die physiologischen Kräfte erwiesen sich als stärker als die geistigen; der Körper wuchs; der Funke der Inspiration, der den Unterschied vom Tier zum Mensch markiert, blieb aus. Alle Ersparnisse der Bauernfamilie Nguyen Minh, kümmerlich ohnehin, wurden für die ärztliche Behandlung aufgebraucht.

Später zeigte sich, daß der ältere Bruder ebenfalls in seinen Sinnen geschädigt worden war. Auch er wuchs heran, verkümmerte aber im Geiste. Der Junge bekam Anfälle unberechenbarer Gewalttätigkeit. Fortan konnte immer nur einer der Eltern auf dem Feld arbeiten; stets war ein wachsames Auge daheim erforderlich. Die Mutter klagte über Kopfschmerzen. Einzig Vater und Tochter waren von den zersetzenden Ausdünstungen des Kanisters verschont geblieben. Die Tochter, kaum herangereift, ging nach Ho-Chi-Minh-Stadt als Hausmädchen, später verkaufte sie als Prostituierte ihren Körper, den gesunden; und so schändeten Not und Verzweiflung als weitere Folgen des Krieges auch dieses junge Leben.

Schließlich gaben die Nguyen Minhs ihre Landwirtschaft ganz auf. Der Vater schlug sich und die Seinen mit Gelegenheitsarbeiten durch. Nguyen Viet Chiem blieb bewegungsgehemmt. Ohne Hilfe war er zu keinem Schritt fähig. Dann hörte Vater Nguyen Minh von einem Rehabilitationszentrum, wo des Sohnes Not gelindert werden könnte. So machte sich der Mann auf den Weg, den Sohn geschultert. Mehr an Gepäck war eh nicht zu tragen, da die Familie nichts mehr von Wert besaß. Am Straßenrand machten die beiden Rast, dem Großmut freundlicher Spender vertrauend. Das Verhungern konnte vermieden werden. Nach Tagen und Nächten unter Bäumen und Brücken wurde der Weg zu CROM gefunden. Der Vater lud seinen Sohn ab wie eine Bürde, die ihm ein unverdientes Schicksal auferlegt hatte. Der alte Mann, der unter diesem Gewicht fast zusammengebrochen wäre, setzte den Jungen in den bereitgestellten Rollstuhl mit dem Aufatmen einer geschundenen Kreatur, die sich vergeblich fragt, warum ihr all diese Lebensprüfungen aufgetragen worden sind, so viele Jahre nach dem Krieg.

Ökologie:
Der Fortschritt frißt seine Früchte

Mit populären Fernsehsendungen, wissenschaftlichen Untersuchungen und praktischer Projektarbeit propagiert der international bekannte Ökologe Prof. Vo Quy von der Universität Hanoi die umweltverträgliche Nutzung der Natur. Anerkennung und Unterstützung erhält er dafür auch aus Deutschland. 1994 bekam er den Bruno-H.-Schubert-Preis, eine der bedeutendsten Auszeichnungen für Naturschutz.

Man kann es symbolträchtig verstehen: Im Treppenhaus der Universität von Hanoi (Vietnam National University) stehen die Skelette eines Elefanten und anderer großer Säugetiere. Auf dem Weg zum Büro des Prof. Vo Quy kommt der Besucher unvermeidlich an diesen beeindruckenden Knochenwesen vorbei. Sie wirken wie eine Warnung vor dem großen Sterben in einer ausgebeuteten, verseuchten Natur. Es ist das Thema, das zum Lebensinhalt und zur Lebensaufgabe des Seniors unter den Ökologen Südostasien geworden ist. Seine 67 Jahre sieht man dem agilen Mann nicht an. Sein Name ist eng verbunden mit dem »Centre for Natural Resources Management and Environmental Studies« (CRES), das der Universität angegliedert ist.

Dr. Vo Quy ist Autorität und Institution in einer Person. Wenn er nicht auf internationalen Kongressen spricht oder unterwegs ist bei praxisbezogenen Arbeiten des Umweltschutzes, dann kann man ihn in seinem Büro antreffen. An Besuchern mangelt es dem weltbekannten Wissenschaftler und Pionier in Sachen Ökologie nicht. Sein Arbeitszimmer, vollgestopft mit Büchern, Karten, Abbildungen von Tieren, dürfte das bekannteste Büro Vietnams sein. Hier werden die Fernsehsendungen aufgenommen, in denen sich Vo Quy alle zwei Wochen in regelmäßiger Folge zu Themen der Natur und deren Erhaltung äußert.

»Gar nicht wissenschaftlich und mit Fachwörtern«, so erklärt er uns, »ich will den Leuten die Schönheit der Natur vermitteln; ich möchte ihnen zeigen, was es wert ist, geschützt zu werden. Mir geht es um den Zusammenhang von Natur und Gesellschaft.« Dr. Vo Quy erzählt engagiert. Der Gast spürt sofort, da ist ein Mann mit Leib und Seele bei der Sache. Er berichtet humorvoll, unerhört lebendig; ein Mann, von dem Begeisterung ausgeht. Die Sache ist voller Probleme. Dr. Vo Quy bringt die Analyse der ökologischen Situation in Vietnam auf den Punkt: »In Vietnam, wie in vielen anderen Entwicklungsländern, hat der Entwicklungsprozeß zu unvermeidlichen Verlusten an natürlichen Rohstoffen geführt, was ökologisch unstabile Verhältnisse hervorgerufen hat. Einige Ursachen für diese Situation sind: schnelles Bevölkerungswachstum, unzureichendes Umweltbewußtsein und Mangel an Finanzmitteln für Umwelt- und sozialökonomische Entwicklungsprojekte.«

Probleme, die weltweit zur Herausforderung der Menschen und zur Frage des Überlebens geworden sind, haben in Vietnam dramatische Besonderheiten. Dr. Vo Quy: »In Vietnam ist das Bild nach 100 Jahren Kolonialregime und 30 Jahren Krieg sogar noch düsterer: In vielen Regionen gibt es eine schrittweise Verschlechterung, und manche sind von vollständiger Zerstörung bedroht.

Die Folgen des Krieges haben die bestehenden Probleme verschärft und Lösungen schwieriger gemacht.«

Seit den siebziger Jahren hat Vo Quy umfangreiche Untersuchungen zu den Umweltfolgen des Vietnamkrieges gemacht. Diese Bestandsaufnahme der Verwüstung trug dazu bei, daß man mit gesicherten Daten die Schadensregulierung beginnen konnte. Dabei ist Prof. Vo Quy nie nur ein Mann der Theorie gewesen; immer hat er den Bezug zum täglichen Leben der Menschen und zu deren Umweltbedingungen zu verbessern gesucht. Stolz zeigt er eine Jutetasche, auf der zwei Fasane abgebildet sind. »Die sind von uns in der Wäldern Vietnams überhaupt erst entdeckt worden«, sagt er in einer Mischung aus Bescheidenheit und Freude darüber, was ein Wissenschaftler erreichen kann, der als Vogelkundler alle Umweltaspekte im Blick behält. Das seltene Vogeltier ist zum Markenzeichen des Projektes geworden, mit dem Vo Quy praktischen Umweltschutz in Gang gesetzt hat.

Er ist in der zentralvietnamesischen Provinz Ha Tinh geboren und unter Bauern aufgewachsen; als prominenter Umweltschützer kehrte er zu den Wurzeln seiner eigenen Vergangenheit zurück. Rund um das Dorf Ky Thuong sind mehr als tausend Familien daran beteiligt, den Regenwald zu regenerieren, zu schützen und dessen natürlichen Reichtum sowohl zu erhalten als auch schonend zu nutzen. Hier werden Erfahrungen gesammelt, die auf weitere Projekte dieser Art übertragbar sind und Schule machen sollen. Wenn der Professor bei den Landleuten auftaucht und im Gefolge seine Studenten mitbringt, dann findet ein wahrer Erfahrungsaustausch von akademischer Warte und »grass root level« statt.

Das Vorhaben »Planung und Ausweisung eines Schutzgebietes im Regenwald Ky Anh – Ke Go« wird von der deutschen Umweltschutzorganisation OroVerde, Frankfurt am Main, und von der Gesellschaft für Technische Zusammenarbeit (GTZ) gefördert. Dr. Vo Quy ist häufig in Deutschland gewesen und dort bei Umweltschützern ein gern gesehener Partner. Dr. Manfred Niekisch, Geschäftsführer von OroVerde, nennt ihn einen »engen Freund«. Für sein Lebenswerk ist Prof. Vo Quy 1994 in der Paulskirche in Frankfurt mit dem Bruno-H.-Schubert-Preis ausgezeichnet worden, eine der größten Auszeichnungen für Naturschutz.

Beim Projekt um Ky Anh geht es um den Schutz von 20 000 Hektar Regenwald. Es ist Pionierarbeit. Durch dieses Projekt gelang es erstmals in Vietnam, unter direkter Beteiligung der lokalen Bevölkerung ein Waldgebiet zur Schutzzone zu erklären und schonend zu behandeln. Die Menschen haben gelernt, den Wald zu nutzen, ohne ihn zu zerstören.

Der globale Bezug des Umweltschutzes wird durch Dr. Vo Quy geradezu verkörpert: Er hat in China und Rußland studiert, spricht neben Vietnamesisch auch Französisch, Russisch, Chinesisch, Englisch. Er ist auf dem Parkett der internationalen Konferenzen ebenso zu Hause wie auf dem kargen Boden ärmlicher Provinzen seiner Heimat. Stets ist es ihm darum zu tun, wissenschaftliche Erkenntnisse und politische Forderungen sowie ökonomische Ansprüche in der Praxis auf einen umweltverträglichen Nenner zu bringen.

Umweltbewußtsein ist das Stichwort. Im Gespräch weist der Professor mehrmals darauf hin, eben weil es in seinem eigenen Land noch so wenig entwickelt sei. Dr. Le Trong Cuc, CRES-Direktor, gibt eine Erklärung: »Die Entwicklung nach dem Krieg, die Umstellung von Plan- zu Marktwirtschaft ist einfach zu schnell gegangen.« Die Universität bietet deshalb Umweltmanagement-Kurse an. Hochrangige Beamte als Multiplikatoren haben in Hanoi die Gelegenheit, aus der Praxis für die Praxis zu lernen. Sie sollen ihr an der Universität erworbenes Fachwissen unmittelbar anwenden können. Vo Quy sieht als höchstes Ziel die enge Verzahnung von Ökonomie und Ökologie an. Ein Konfliktbereich, der in allen aufstrebenden Ländern gerade Asiens längst zum Streitfall zwischen Umweltschützern und Wirtschaftsbossen geworden ist. »Wir sollten aus den Fehlern von Bangkok und Manila und den anderen Hauptstädten lernen«, sagt Dr. Le Trong Cuc.

Daß es in manchen Bereichen bereits spät, vielleicht zu spät ist, um Schaden abzuwenden, macht ein anderes Projekt deutlich, das ebenfalls vom Institut der Universität in Hanoi ausgeht: der Schutz der Mangrovenwälder. Dr. Le Dien Duc ist der Leiter des »Wetland Restorations Program«. Der Vogelkundler hat zwischen 1968 und 1972 an der Humboldt-Universität in der damaligen DDR studiert. Wenn er von seinem Projekt spricht, untermalt er die Sätze gestenreich und erklärt, welch besorgniserregendes Stadium der Zerstörung die Mangrovenwälder in Vietnam bereits erreicht haben. Was der Krieg an Verwüstung begann, setzt nun Busineß fort. Was in Jahrtausenden wuchs, wird in einer Generation ausgebeutet und zunichte gemacht.

Früher waren die Mangrovenwälder entlang der Küste im Norden und Süden Vietnams als *community forest* von der Dorfgemeinde genutzt worden. Jeder konnte fischen, Holz nehmen. Mangroven gehören zum komplizierten Ökosystem der Küstenregionen tropischer Länder. Darin gedeihen Fische, Shrimps und eine Vielzahl anderer Lebewesen. Seit einigen Jahren werden Shrimps nicht mehr nur in traditioneller Weise gefangen, sondern in Becken gezüchtet: *shrimp farming*. Das setzt Investitionen voraus, macht das Geschäft zum Großunternehmen, schädigt die Natur, vertreibt einfache Landleute in die Städte – gefährdet insgesamt die natürlichen Grundlagen des höchst sensiblen Lebensraums zwischen Ebbe und Flut, zwischen Meer und Land. Die Zeit drängt.

Gemäß der Maxime, die Dr. Vo Quy für seine Arbeit und sein Institut stets zu verwirklichen beabsichtigt, bietet Dr. Le Dien Duc mit seinen Mitarbeitern praktische Modelle der Problemlösung an. CRES hat Einrichtungen entwickelt, die Shrimps-Zucht auf umweltfreundliche Weise erlauben. Im Delta des Roten Flusses in Nordvietnam sind derartige Modellprojekte bereits erprobt worden. Das System überzeugt die Fachleute, doch es hat einen Haken: Es kostet Geld. Um zehn Hektar Mangrovenwald schonend und erhaltend mit *shrimp farming* zu bewirtschaften, müssen 10 000 Dollar aufgebracht werden.

Um Ökologie und Ökonomie sinnvoll zu verbinden, bedarf es solch ambitionierter Menschen wie Dr. Vo Quy und seiner Mitarbeiter. Die Beteiligung der Bevölkerung sei gefragt, so der Umweltschützer. Ein langwieriger Prozeß. Immerhin: Dr. Vo Quy ist mit seiner sanften Hartnäckigkeit wesentlich daran beteiligt gewesen, daß in Vietnam ein Umweltschutzgesetz erarbeitet worden ist, das die Forderungen der Ökologie aufgreift. Zwei Mitarbeiter von CRES waren eigens nach Deutschland gereist, um dort Anregungen für die Gestaltung des Gesetzestextes zu bekommen. Dr. Vo Quy ist Realist: »Jetzt kommt es auf die Implementierung des Gesetzes an.«

Es liegt noch ein langer steiniger Weg vor denen, die Umweltschutz zum Inhalt ihres Lebens gemacht haben. Vo Quy: »Vietnam steht vor neuen Problemen in einer bereits instabilen Umwelt, die weitgehend durch ökologische Katastrophen des Krieges und des Bevölkerungswachstums verursacht worden sind. Um einen schnellen Verbrauch der natürlichen Rohstoffe zu verhindern, brauchen wir ein neues Entwicklungsmodell für unser Land. Wir müssen uns mit der Familienplanung befassen und einen klügeren und vernünftigeren Verbrauch der natürlichen Rohstoffe in Angriff nehmen. Unsere Entwicklungsziele müssen so angelegt sein, daß die Umweltprobleme eine zentrale Rolle spielen. Das ist eine große und schwierige Aufgabe, die viel Optimismus, Anstrengungen und Geduld erfordert.«

Die bange Frage drängt sich auf, ob es überhaupt noch eine Chance im ungleichen Wettlauf zwischen der rasanten Zerstörung der Umwelt und Prof. Quys Kampf für die Natur gibt. Bei dem unkontrollierten Wirtschaften, das jetzt um sich greift, bleibt die Natur völlig auf der Strecke. Die Städte wachsen in atemberaubendem Tempo und ersticken jetzt schon im Verkehr der Hondas und Autos. Der Fortschritt frißt seine Früchte.

Flucht und politische Verfolgung: »Alle anderen sind nun weg«

In Ho-Chi-Minh-Stadt machen wir uns zu Fuß auf, um eine uns bekannte Familie in einer kleinen Gasse zu besuchen, in der man seine Stippvisite nicht vorher per Telefon anmelden kann. Wir bummeln die belebte Straße Le Van Sy (früher Truong Minh Giang) entlang, vorbei an der ehemaligen buddhistischen Universität Van Hanh und dem Straßenmarkt am Fuß der Brücke gegenüber, und finden bald die kleine Straße und das Haus.

Ein alter Mann öffnet vorsichtig das Gartentor und weist uns freundlich, aber bestimmt ab. Familie Nguyen Van Can wohne nicht mehr hier, und er wisse nicht, wohin sie gezogen sei. In dem Augenblick kommt eine jüngere Frau über den kleinen Hof ans Tor und erklärt uns in gutem Englisch, daß sie das Haus von Familie Can gekauft habe, sie selbst lebe jedoch in Australien und sei seit 1975 zum ersten Mal zu Besuch bei ihrer Familie in Ho-Chi-Minh-Stadt.

Als der letzte Sohn der Familie Can im Herbst 1995 das Land verließ und nach Texas zog, hatte er das Stammhaus der Familie verkauft, erfahren wir im Haus gegenüber, wo seine Schwester Lan mit ihrer Familie wohnt. Sie freut sich über unseren Besuch, lädt uns zum Tee ein und erzählt die Geschichte ihrer großen Familie und der kleinen Straße.

»Alle anderen sind nun weg«, sagt sie. Ihre Eltern und alle acht Geschwister hätten das Land verlassen und lebten inzwischen in den USA, in Kalifornien und Texas. Lan ist mit ihrem Mann und drei Kindern als einzige der Familie in Ho-Chi-Minh-Stadt zurückgeblieben und hält die Verbindung zu den Angehörigen in den USA aufrecht. Ihre Eltern und Geschwister sind mit ihren Familien und Kindern auf bunten Fotos unter der Glasplatte des Küchentisches ausgestellt. Teetassen und Teller mit Früchten werden auf dem Tisch hin- und hergeschoben, damit die richtigen Bilder zu ihrer Erzählung zu sehen sind.

Die halbe Familie ist mit den betagten Eltern, einer Tante und zwei kleinen Enkelkindern 1975 geflüchtet und über den US-Militärstützpunkt Guam nach Kalifornien gekommen. Eine Schwägerin, die im Buchungsbüro von Air Vietnam tätig war, hatte rechtzeitig Plätze auf einem der letzten Flüge aus Saigon reserviert. Ihr ältester Bruder, ein einfacher Soldat in der südvietnamesischen Armee, war drei Jahre im Umerziehungslager und ist Ende der siebziger über das Familien-Zusammenführungsprogramm der Vereinten Nationen ausgereist. Er lebt jetzt mit seiner Familie in Kalifornien und ist als Lehrer in San José tätig. Ihr zweiter Bruder hat schlimme Zeiten durchgemacht. Er war fünf Jahre in drei verschiedenen Umerziehungslagern in weit abgelegenen Landprovinzen, in denen viele Gefangene umgekommen sind. Wenn sie ihm nicht regelmäßig Nahrungsmittel und Medikamente gebracht hätte, wäre er auch gestorben, so miserabel war die Situation in den Lagern, sagt Lan.

Vor 1975 hatte er sein Chemiestudium abbrechen müssen, weil er in die südvietnamesische Armee eingezogen wurde. Nach 1975 konnte er nicht weiterstudieren, da er unter dem alten Regime Soldat gewesen war. Er hatte sich gegen die ungerechte Behandlung und die Schikanen der Parteikader aufgelehnt und war deshalb nach der Entlassung bespitzelt und verfolgt worden. Mit illegalem Medikamentenhandel hatte er sich und seine Familie über Wasser gehalten und schließlich im Herbst 1995 nach der Aufnahme der diplomatischen Beziehungen zwischen Vietnam und den USA die Erlaubnis zur Ausreise in die USA bekommen. Dort erhielt er jedoch nur eine Einreiseerlaubnis für Texas, nicht für Kalifornien, wo die anderen Angehörigen der Familie leben. Eine ältere Schwester von Lan war Ende der siebziger Jahre mit dem Boot geflüchtet. Sie hatte die gefährliche Fahrt über das Südchinesische Meer überlebt und war von Malaysia aus glücklich in Kalifornien angekommen. Das Geld für die Flucht war von der Familie in Kalifornien geschickt worden.

»Den Familienangehörigen in den USA geht es inzwischen wirtschaftlich gut«, sagt Lan. Sie hätten ganz unterschiedliche Beschäftigungen gefunden, in der Schule, im Buchhandel und in der Industrie. Ein Bruder hat sein Medizinstudium abgeschlossen und ist augenblicklich in New York tätig. Ein anderer war nach dem Studium in Tokio nach Kalifornien ausgewandert. Ein Schwager hat einen Job in einem Rüstungsbetrieb gefunden, der – welche makabere Ironie – Waffen für den Vietnamkrieg herstellte. Alle würden jedoch von Heimweh nach Vietnam gequält, aber keiner wage, zurückzukommen, nicht einmal für einen Besuch, bedauert Lan.

Die Eltern waren vor vier und zwei Jahren in San José gestorben. Sie hatten sich immer gewünscht, vor ihrem Tod nach Vietnam zurückzukehren und ihre letzte Ruhe in der Heimat zu finden. Es sind auch Fotos von den Trauerfeiern unter der Glasplatte zu sehen, gleichzeitig in Kalifornien und in Vietnam, die Kinder in langen, weißen Kapuzenkleidern, buddhistische Mönche im Gebet und viele Blumen. Auf dem Hausaltar hat Lan schwarz umrandete Fotos von den Eltern aufgestellt. Der Vater war ein gutmütiger Patriarch gewesen, die Mutter eine aktive Frau, die den Familienclan zusammengehalten hatte. Bis 1945 war der Vater in der französischen Kolonialverwaltung in Hanoi tätig gewesen, danach in einer Bank in Saigon. Die Mutter stammte aus der Familie eines nordvietnamesischen Großgrundbesitzers. Sie waren bei der Teilung des Landes im Jahre 1954 mit ihren neun Kindern nach Südvietnam geflüchtet.

Lan ist eine freundliche Frau von Mitte fünfzig, sehr mütterlich und kommunikativ. Man kann ihr die schmerzliche Erfahrung der

Trennung von ihren Angehörigen anmerken. Sie ist Krankenschwester, hat aber nur einen Teilzeitjob an einem öffentlichen Krankenhaus für ganz wenig Geld. Ohne finanzielle Unterstützung aus Kalifornien könnte die Familie nicht überleben und hätten die Kinder schon gar nicht studieren können, sagt sie mit trauriger Stimme.

Zwei Kinder sind inzwischen mit ihren Hondas nach Hause gekommen. Der Älteste ist ein sympathischer junger Mann, der sich aufgeschlossen und kritisch zeigt. Er ist Ingenieur und in einer japanisch-malaysisch-vietnamesischen Autofirma tätig, im siebten Joint-Venture der Stadt für den Bau von Autos, die Ho-Chi-Minh-Stadt noch mehr verstopfen werden, wie er sagt.

Die Tochter ist Lehrerin, hat Russisch aufgegeben und nimmt an einer Fortbildung für Englisch teil. Sie hat in uns zwei »Opfer« für englische Konversation gefunden.

Später bringen uns die beiden auf ihren »Honda-Taxis« in die Ky-Dong-Straße, wo wir ihren Vater bei der Arbeit aufsuchen. Er ist völlig überrascht über unseren Besuch und zeigt uns voller Stolz sein Geschäft. Mit Unterstützung aus Kalifornien hat er einen gutgehenden Frisörsalon mit sechs Angestellten aufgebaut, der ganz in der Nähe der Ky-Dong-Kirche liegt, in der wir einige Tage zuvor Pater Chan Tin besucht hatten. Begonnen hatte er vor fünf Jahren mit einem Spiegel an einer Mauer, einem Gartenstuhl davor und einem Gerätekasten. Es war sehr schwierig gewesen, genügend Kundschaft zu gewinnen, denn die Konkurrenz an der Ky Dong ist groß. Aber jetzt hat er es geschafft.

Zurück zur kleinen Straße! Sie wirkt im Vergleich zum starken Verkehr auf der Le Van Sy wie eine Oase der Ruhe mitten in der Stadt. Es gibt keinen Durchgangsverkehr, denn sie endet nach etwa 300 Metern vor einem kleinen Fluß. Die Straße ist daher ein beliebter Spielplatz für Kinder. Die Häuser sind ganz unterschiedlich gebaut, aber haben nicht mehr als drei Stockwerke und fast alle einen Innenhof hinter dem Gartentor. Die meisten Fassaden sind in der tropischen Witterung fahl und grau geworden. In einigen Vorgärten gibt es kleine Kioske, die einheimische Leckereien, Schreibmaterial und buntes Spielzeug aus Plastik anbieten.

An manchen Häusern wird gebaut, so auch unmittelbar neben Lans Haus. Da wird Beton gemischt und mit einfachen Flaschenzügen hochgezogen, Steine werden gestapelt und Moniereisen gebogen. Das Haus soll gleich vier Stockwerke erhalten. Ein typisches »Handtuchhaus«, wie sie überall in Vietnam auf kleinen Parzellen entstehen. Das Geld dafür stammt natürlich wieder aus den USA, so Lan. Für den, der die Straße von früher kennt, ist sie wie ausgewechselt. Bis auf zwei Familien sind alle 1975 oder in den Jahren danach geflohen und leben in den USA. Die neuen Bewohner, größtenteils Verwandte der Geflüchteten, haben die konfiszierten Häuser vom Parteikommitee des Viertels zurückgekauft. Ob denn die Verwandten mal zurückkehren würden? Das hinge von der Entwicklung ab, davon träumen würden jedoch alle, meint Lan, sonst würden die Häuser auch nicht so groß ausgebaut werden.

Lans Haus ist klein und steht in einer Reihe mit den Nachbarhäusern, hat zwei Stockwerke und einen kleinen Vorhof. Die weite Krone einer Kokospalme hängt über dem kleinen Balkon im Obergeschoß. Das Haus gehört ihrer älteren Schwester, einer engagierten Sozialarbeiterin, die sich 1975 beim Einmarsch der nordvietnamesischen Truppen im Ausland aufhielt und von dort zur Familie nach Kalifornien gezogen war. Es war immer ein Treffpunkt der kleinen Straße gewesen. Hier hatte man die Befestigung und den Schutz der Straße vor Hochwasser organisiert. Es waren auch Trainingskurse für Spar- und Kreditgenossenschaften in der Nachbarschaft und anderen Stadtteilen organisiert worden. Die schwarze Schreibtafel aus jener Zeit hängt noch an der Wand. Während des Krieges hatten sich hier Angehörige der »Dritten Kraft« getroffen, Journalisten, Sozialarbeiter, Politiker und Kirchenvertreter, die den Krieg der USA, aber auch den rigiden Kurs der Kommunistischen Partei ablehnten und einen mittleren Weg verfolgten. Pater Chan Tin und Pham Khac Tu waren häufig hier gewesen und hatten über eine aktive Rolle der Kirche im Befreiungskrieg und für den Aufbau des Landes diskutiert.

Viele von ihnen sind erst Ende der siebziger Jahre ins Ausland geflohen, als sie die Hoffnung auf eine eigenständige Entwicklung des Südens aufgegeben hatten und nicht mehr an demokratische Verhältnisse im wiedervereinigten Vietnam glaubten. Das sind Persönlichkeiten wie Ho Ngoc Nhuan und Ngo Cong Duc, Herausgeber der unabhängigen Tageszeitung »Tin Sang« (Morgenpost), die 1978 geschlossen wurde. Dazu zählt auch der Rechtsanwalt Doan Thanh Liem, Vertreter des »Ökumenischen Rates der Kirchen« in Saigon, der 1975 zunächst als Berater ins Justizministerium berufen, dann aber 1976 ohne Angabe von Gründen für ein Jahr in einem Umerziehungslager interniert worden war. 1990 wurde er erneut verhaftet und 1992 zu zwölf Jahren Gefängnis wegen »anti-sozialistischer Propaganda« und »Zugehörigkeit zu einem Spionagering« verurteilt. Durch Intervention des »Ökumenischen Rates der Kirchen« ist er Anfang 1996 vorzeitig entlassen worden und in die USA emigriert.

In der Nachbarschaft des Hauses hatten sich damals auch die Quäker aus Großbritannien niedergelassen, die eine gute Sozial- und Friedensarbeit betrieben und dafür Kontakte zu allen Seiten unterhielten. Natürlich war das Haus der Sicherheitspolizei aufgefallen, es stand auf der »schwarzen Liste« und wurde häufig nachts kontrolliert. Aber die Nachbarn waren immer auf der Hut und schützten sich gegenseitig. Doch was ist seitdem alles geschehen? Die Straße ist kaum wiederzuerkennen. Der karge Raum in Lans Haus mit den Fotos unter der Glasplatte wird zum historischen Ort der Erinnerungen, der ganz privaten, aber auch der hochpolitischen.

Viele Menschen hätten Vietnam nicht verlassen und sich konstruktiv am Aufbau des Landes beteiligt, wenn die Parteiführung nach dem Sieg über Südvietnam großmütiger mit der Bevölkerung umgegangen wäre. Die wirklich Schuldigen und Kollaborateure mit der US-Kriegführung waren vor dem Einmarsch der nordvietnamesischen Truppen längst geflüchtet. Über 120 000 Menschen in Südvietnam wurden zur »Umerziehung« in Arbeitslager und Gefängnisse gebracht, die Mehrheit nur für kurze Zeit, viele jedoch für mehrere Jahre und manche sogar bis zu 20 Jahren, fast alle ohne Gerichtsverfahren und Verurteilung.

Bui Tin, ehemaliger Offizier Nordvietnams und stellvertretender Chefredakteur der Parteizeitung »Nhan Dan« (Das Volk), der 1975 an der Einnahme des Regierungspalastes in Saigon beteiligt war, äußerte sich jüngst selbstkritisch über das Vorgehen der Führung: »Wir waren vom Sieg betrunken. Unser Verhalten war verheerend. Wir waren arrogant und unwissend.« Er wurde 1990 wegen seiner Kritik aus der Partei ausgeschlossen und lebt heute in Paris im Exil. Die Kriminalisierung von unabhängigen Intellektuellen und die Verdächtigung und Verfolgung unschuldiger Menschen setzte ein, als das Umerziehungsprogramm vom Innenministerium in Hanoi übernommen wurde, so seine Erklärung. Es war ursprünglich nur zur Reintegration von Militärangehörigen des Thieu-Regimes ins zivile Leben gedacht.

Er denke mit Grauen an die vielen Lager, die 1975 nach stalinistischem Vorbild in Südvietnam errichtet wurden, schreibt er 1995 in seinen Erinnerungen »Follow Ho Chi Minh«. Das Netz von Lagern und Gefängnissen im Norden habe man auf den Süden übertragen, und aus Kriegsgefangenen seien »politische Kriminelle« gemacht worden. Er selbst sah 1975 in einem Lager in Thu Duc, in einem Vorort von Ho-Chi-Minh-Stadt, viele junge Frauen, die nachts ohne Schlafmatte und Moskitonetze auf dem harten Betonboden lagen und nur eine dünne Plastikfolie zum Schlafen hatten. Sie hatten sich nichts zuschulden kommen lassen, sondern waren nur einfache Angestellte in der südvietnamesischen Armee gewesen.

In einem anderen Lager, in Tuyen Quang in Nordvietnam, waren die meisten Gefangenen über 70 Jahre alte Greise, die aufgrund unzureichender Ernährung schwach und blind geworden waren. Aufsässige wurden mit Einzelhaft bestraft, die Füße angekettet. Nach Leutnant Nguyen Huu Co befragt, der für nur 35 Stunden die militärische Führung Südvietnams zur Kapitulation übernommen hatte und wie ein Kriegsverbrecher behandelt wurde, antwortete Innenminister Pham Hung damals: »Die Amtszeit besagt nichts. Co und seine Freunde hätten uns umgebracht, wenn sie gekonnt hätten. Daher verdienen sie keine Gnade.«

Ein anderes Beispiel des gnadenlosen Umgangs mit Menschen ist das von Truong Dinh Du, einem integeren und angesehen Rechtsanwalt in Saigon, der bei den Präsidentschaftswahlen von 1967 gegen Nguyen Van Thieu und die Militärs kandidierte und trotz manipulierter Wahlen ein beachtliches Ergebnis erzielt hatte. Dafür war er von Nguyen Van Thieu wegen »Beleidigung der Staatsführung« mehrere Jahre inhaftiert worden. Nach 1975 war er zunächst mit Untersuchungen über die rechtliche und wirtschaftliche Anpassung Südvietnams an die »Demokratische Republik Nordvietnam« beauftragt worden, bis der Geheimdienst ihn verdächtigte, einen Umsturz zu betreiben und mit der CIA zu kollaborieren. Ohne Untersuchung der Vorwürfe und ohne Verurteilung wurde er 1978 in ein Lager in Nordvietnam verschleppt, wo er nach kurzer Zeit gestorben ist. Sein Sohn Truong Dinh Hung (als

David Truong bekannt) wurde – in trauriger Parallele – 1978 in den USA verhaftet und ausgewiesen. Er studierte Ökonomie in den USA und hatte Pläne des US-Außenministeriums über einen »Marshallplan« für das wiedervereinigte Vietnam an die vietnamesische Botschaft bei der UNO in New York weitergegeben. Er lebt heute in den Niederlanden und ist an der Universität von Amsterdam tätig, an der er ein Ausbildungsprogramm für vietnamesische Fachkräfte im wirtschaftlichen Transformationsprozeß des Landes leitet.

Die andere Tragik der fehlenden Integration war die lebensgefährliche Flucht von Menschen über das Südchinesische Meer, der sogenannten »boat people«. Wie Lans Schwester haben von 1975 bis Anfang der achtziger Jahre über eine Million Menschen aus Angst, Wut oder Frustration Südvietnam verlassen. Ein Viertel von ihnen ist nach Schätzung des Hochkommissariats für Flüchtlinge der Vereinten Nationen im Südchinesischen Meer umgekommen, mit den kleinen Fischerbooten untergegangen und ertrunken, verdurstet oder von Piraten ausgeraubt und umgebracht worden.

Von seiten der vietnamesischen Parteiführung ist kein Bedauern oder Mitleid bekannt geworden. Im Gegenteil, die Flüchtlinge wurden als antikommunistische Renegaten und bürgerliche Parasiten diffamiert, die sich dem Aufbau des Sozialismus verweigerten und sich von den Verlockungen des Westens verführen ließen. Welch heuchlerische Doppelzüngigkeit! Parteikader kassierten Fluchtgelder von den Flüchtlingen, bis zu 5 000 US-Dollar pro Person, und waren an Syndikaten beteiligt, die den Menschen kurz vor der Flucht alle Wertsachen abnahmen. Viele Linke im Westen stimmten der Diffamierung der Flüchtlinge zu, weil Angst und Frustration von Menschen nicht zu ihrem Bild vom vietnamesischen Sozialismus paßten und sie die unmenschliche Politik der Kommunistischen Partei Vietnams nicht wahrhaben wollten. Die Flüchtlinge waren in den USA und Westeuropa solange willkommen, wie man mit ihnen antikommunistische Propaganda betreiben konnte. Nur wenige Personen und Institutionen verfolgten den schmalen Grat unvoreingenommener humanitärer Hilfeleistung wie Rupert Neudeck und seine Initiative der Cap Anamur zur Rettung von Flüchtlingen im Süchinesischen Meer.

Einen großen Exodus gab es 1978, als die Landwirtschaft verstaatlicht und das gesamte wirtschaftliche Leben in Südvietnam unter staatliche Kontrolle gestellt wurde. Sehr viele chinesischstämmige Vietnamesen (»Hoa«) verließen 1979 das Land, die aufgrund der Spannungen mit China wegen des vietnamesischen Kambodscha-Einmarsches bedrängt und vertrieben wurden. Allein im Jahr 1979 wurden in den Lagern Südostasiens über 70 000 neuangekommene Flüchtlinge registriert. Von 1989 bis 1991 verließ abermals ein Flüchtlingsstrom das Land, als die Partei mit repressiven Maßnahmen auf den Zusammenbruch des Sozialismus in Osteuropa und die Demokratiebewegung in China reagierte und die Lockerung der Planwirtschaft vorübergehend zurücknahm. In den Lagern der Region trafen noch einmal ebensoviele Flüchtlinge ein wie zehn Jahre zuvor.

Die Länder Südostasiens haben die eigentliche Last der Flüchtlinge getragen. In den Lagern von Malaysia, Hongkong, Thailand, Indonesien und den Philippinen wurden von 1975 bis Mitte 1996 über 850 000 Flüchtlinge aus Vietnam registriert, die 600 000 Flüchtlinge aus Kambodscha und Laos in thailändischen Lagern und die Flüchtlinge in China nicht mitgerechnet. In den ersten zehn Jahren von 1975 bis 1985 wurden über eine halbe Million Flüchtlinge im Westen aufgenommen, danach kaum noch ein Flüchtling. Als Konsequenz daraus wurden Flüchtlinge an den Küsten Südostasiens, besonders in Malaysia und Thailand, abgewiesen und aufs Meer zurückgeschickt. Seit 1989 verhandeln die südostasiatischen Staaten mit der Regierung in Hanoi und haben 1995 die Rücknahme der Flüchtlinge zur Bedingung für die Aufnahme Vietnams in den südostasiatischen Staatenverband ASEAN gemacht. Es wurde vereinbart, daß die verbliebenen 25 000 registrierten Flüchtlinge zurückgeführt werden, auch mit Zwang. Der größte Teil, etwa 17 000 Flüchtlinge, hielt sich Mitte 1996 in Hongkong auf, die Mitte 1997 bis auf 3 000 von Drittstaaten aufgenommen oder auch gegen ihren Willen nach Vietnam zurückgeführt wurden. Von China wurde starker Druck ausgeübt, alle Flüchtlinge bis zur Eingliederung Hongkongs am 1. Juli 1997 zurückzuführen.

In Deutschland ist seit dem Fall der Mauer und der deutsch-deutschen Vereinigung eine Krise um die Vietnamesen entstanden. In Betrieben der DDR waren 1989 etwa 60 000 sogenannte

Vertragsarbeiter tätig, die fast alle ihre Arbeitsplätze verloren haben. Bis auf schätzungsweise 15 000 sind die Vertragsarbeiter zurückgekehrt. Für die verbliebenen ist es sehr schwierig, unter den schlechten Arbeitsbedingungen in Ostdeutschland ein festes Einkommen als Voraussetzung für eine Aufenthaltsgenehmigung nachzuweisen. Außerdem sind viele Vertragsarbeiter aus der ehemaligen Sowjetunion aufgrund noch schwierigerer Arbeitsbedingungen in Osteuropa in die Bundesrepublik gezogen. Und selbst aus Vietnam sind viele wegen der politischen und wirtschaftlichen Verhältnisse zurückgekehrt.

Im Teufelskreis von Einkommensnachweis und Aufenthaltsgenehmigung sind viele Vietnamesen auf illegale Geschäfte angewiesen. Manche gehen auf die Straße und verkaufen Zigaretten, unter erpresserischen Konditionen der Zigarettenmafia. Seit 1992 sind über 30 Vietnamesen der Mafia und rivalisierender Händlerringe zum Opfer gefallen. Die Bundesregierung hat eine relativ willkürliche Zahl von 40 000 Vietnamesen festgelegt, deren Aufenthalt als illegal gilt und die bis zum Jahr 2000 repatriiert werden sollten. Die Fixierung auf die Abschiebung von Vietnamesen ohne gültige Aufenthaltserlaubnis als Lösung für ein Problem der Arbeitsmigration aus der DDR-Zeit und zur Bekämpfung der Mafia ist eine Irreführung und führt in der Öffentlichkeit zur weiteren Diskriminierung aller in Deutschland lebenden Vietnamesen.

Die vietnamesische Regierung wird mit Entwicklungshilfe unter Druck gesetzt, die Rücknahme zu beschleunigen. Die Regierung in Hanoi hat allerdings auch keine Scheu, mit den Auslandsvietnamesen eine Politik des Pokerns zu betreiben. Für die Vietnamesen ist selbst das kleinste Einkommen in Deutschland um ein Vielfaches höher als eines in Vietnam, und geringe Geldtransfers sind eine große Unterstützung für ihre Angehörigen in der Heimat.

Die bedauernswertesten Opfer vietnamesischer Parteipolitik sind die politischen Gefangenen. Die Lebensbedingungen in den Gefängnissen sind menschenunwürdig. Die Behandlung der Gefangenen, besonders der kranken, ist unmenschlich. »Die vietnamesischen Kommunisten töten die Gefangenen nicht mit Gewehren, sondern durch Hunger und Arbeit«, sagte der Schriftsteller Nguyen Chi Thien Anfang 1996 anläßlich eines Besuches in Deutschland. Er war 30 Jahre ohne plausiblen Grund inhaftiert und 1991 mit 63 Jahren auf internationalen Druck freigelassen worden und in die USA emigriert. Nach Untersuchungen von *amnesty international* und *Human Rights Watch/Asia* waren Ende 2000 immer noch zahlreiche politische Gefangene inhaftiert, die teils wegen »Verstößen gegen die nationale Sicherheit« als Kriminelle eingestuft und in entlegenen Provinzen festgehalten wurden. *Human Rights Watch/Asia* hat eine »Musterliste« von 48 politischen Gefangenen zusammengestellt, mit der die Menschenrechtsorganisationen für die Freilassung aller Gefangenen arbeiten.

Die vietnamesische Regierung hat bei allen Anfragen behauptet, daß es in Vietnam keine politischen Gefangenen gibt. Auf Zweifel und Kritik aus dem Ausland reagiert sie mit ungewöhnlicher Schärfe. Sie erwiderte 1995 auf den Bericht der Arbeitsgruppe der Vereinten Nationen, daß »Vietnam als souveräner Staat keinen Anlaß hat, einer Delegation ... die Untersuchung der sogenannten Menschenrechtssituation in einer Form zu gestatten, die einer Einmischung ... in seine inneren Angelegenheiten gleichkommt«. Die Arbeitsgruppe machte die Feststellung, daß mit der wirtschaftlichen Liberalisierung und internationalen Öffnung des Landes die Meinungs-, Versammlungs-, Vereinigungs-, Glaubens- und Religionsfreiheit nicht gelockert, sondern im Gegenteil seit der Normalisierung der Beziehungen zu den USA von Mitte 1995 an verschärft wurde.

Seit 1995 sind bei den verschiedentlichen Amnestien zu den nationalen Feiertagen – dem Tag der Unabhängigkeit am 2. September und der Einnahme von Saigon am 30. April – namhafte und international bekannt gewordene politische Gefangene freigelassen worden, was offensichtlich auf internationalen Druck geschah und der Aufbesserung des Ansehens Vietnams im Ausland dienen sollte. Die Freigelassenen wurden teils ausgebürgert oder unter Hausarrest und polizeiliche Aufsicht gestellt. Viele von ihnen haben sich täglich auf der Polizeiwache zu melden, ihre Wohnungen werden regelmäßig durchsucht, und ihre Besucher namentlich registriert.

Nguyen Dan Que, ehemaliger Direktor des Kinderhospitals Cho Ray in Ho-Chi-Minh-Stadt, Begründer der Bürgerrechtsvereinigung »Hohe Zeit des Humanismus« und Gründungsmitglied der vietnamesischen Sektion von *amnesty international,* war von

1978 bis 1988 ohne Gerichtsverfahren in Haft. Er wurde Mitte 1990 erneut festgenommen und im November 1991 wegen »Aktivitäten zum Sturz der Regierung« zu 20 Jahren Gefängnis verurteilt. Er wurde 1998 freigelassen, obwohl er sich weigerte, als Bedingung der Freilassung das Land zu verlassen. Seitdem wird er politisch isoliert gehalten. Sein Telefon und Internetanschluß sind gesperrt, sein Briefwechsel wird kontrolliert, und seine Angehörigen werden von der Polizei über seine Aktivitäten verhört.

Unter ähnlichen Bedinungen wurden auch die neun Mitglieder der »Vereinigung des Volkes zum Aufbau der Demokratie« freigelassen, gegen die im August 1995 Gefängnisstrafen von vier bis 15 Jahren verhängt wurden, weil sie versucht hatten, in Ho-Chi-Minh-Stadt eine Konferenz über »Demokratie und wirtschaftliche Entwicklung« durchzuführen. Der Vorsitzende Nguyen Dinh Huy wurde zu 15 Jahren verurteilt, zuvor war er bereits 17 Jahre in Haft. Der stellvertretende Vorsitzende Dong Tuy (67) wurde zu elf Jahren verurteilt und war zuvor von 1975 bis 1988 in Haft.

Durch die hartnäckige Intervention von Menschenrechtsorganisationen, vor allen von *Reporter ohne Grenzen,* wurden 1998 fünf renommierte Journalisten freigelassen: Doan Viet Hoat, Mitbegründer der Zeitschrift »Freiheitsforum«, wurde im März 1993 wegen »schwerwiegender krimineller Vergehen« zu 20 Jahren Haft verurteilt. Wegen ähnlicher unbegründeter Vorwürfe wurden auch seine Kollegen Pham Duc Kham und Nguyen Van Thuan zu langen Strafen verurteilt. Seit 1984 verbüßte Thai Nhu Sieu, Herausgeber einer regimekritischen Kulturzeitschrift, eine 20jährige Haftstrafe. Sein Leidensweg begann mit 19 Jahren wegen Vorwürfe der »Spionage«.

Die willkürliche Repression traf auch kritische Funktionäre der Partei. Hoang Minh Chinh (auch Tran Ngoc Nghiem genannt), ein hochdekorierter Freiheitskämpfer und ehemaliger Direktor des »Instituts für Marxismus-Leninismus-Studien«, war wegen seiner Kritik am Machtmonopol der Partei seit 1967 insgesamt elf Jahre in Haft und stand neun Jahre unter Hausarrest. 1990 wurde er wieder verhaftet, 1992 aus der Partei ausgestoßen und im November 1995 zu zwölf Monaten Gefängnis wegen »Mißbrauchs demokratischer Freiheiten und Verstößen gegen die Interessen des Staates und gesellschaftlicher Organisationen« verurteilt. Anfang 1996 wurde er wegen seiner schweren Erkrankung vorzeitig entlassen. Er gehört zu den Kreisen, die eine Aufklärung der »Säuberung« der Partei in den sechziger Jahren und die Rehabilitierung der Opfer fordern.

Ein anderes Beispiel ist Do Trung Hieu (61), politischer Kommissar im Befreiungskrieg und Mitglied des »Clubs ehemaliger Widerstandskämpfer«. Wie Hoang Minh Chinh wurde er 1992 aus der Partei ausgeschlossen. Er war Beauftragter für Religionsangelegenheiten in Ho-Chi-Minh-Stadt und wurde wegen seiner Kritik an der Repression gegen die »Vereinigung Buddhistischer Pagoden in Vietnam« 1990 verhaftet und ebenfalls im November 1995 zu 15 Monaten Gefängnis verurteilt, offensichtlich, um ihn für die Zeit des VIII. Parteitags im Juni 1996 festzusetzen. Seit seiner Entlassung steht er unter Hausarrest, alle Aktivitäten und Kontakte werden von der Polizei streng überwacht.

Nach Angaben von Menschenrechtsorganisationen ist die Zahl der verhängten Todesstrafen in den vergangenen Jahren gleich geblieben, die Vollstreckungen haben jedoch abgenommen. Im Jahr 1999 hat *amnesty international* 99 Todesurteile und acht Vollstreckungen registriert. Die Verurteilten wurden größtenteils öffentlich hingerichtet. Nach Recherchen der Nachrichtenagentur *Agence France Press* wurden 1999 jedoch 194 Todesurteile verhängt, wobei nicht ermittelt werden konnte, wie viele davon vollstreckt wurden. Die Straftatbestände für die Todesstrafe wurden 1999 von der Nationalversammlung auf 29 reduziert, darunter unverändert Wirtschaftskriminalität, bewaffnete Raubüberfälle und Drogenhandel.

Mit Willkür und Repressionen versetzt die Parteiführung die Menschen des Landes, wie Lans Familie in der kleinen Straße in Ho-Chi-Minh-Stadt, in ständige Angst. Aber auch viele Vietnamesen, die lange im Ausland leben (»Viet Khieu« genannt) und jetzt zum Aufbau des Landes beitragen möchten, wagen nicht, zurückzukehren, nicht einmal für einen Besuch. Nur ausländische Regierungsdelegationen, Unternehmer und Vertreter von Banken kommen ins Land, um die neuen Marktchancen der wirtschaftlichen Liberalisierung zu nutzen. Kaum jemand thematisiert die Angst der Bevölkerung vor Repressionen oder die Situation von politischen Gefangenen und macht die Freilassung zur Bedingung geschäftlicher Beziehungen.

Von all dem wird an jenem Nachmittag im Hause Lans nur andeutungsweise gesprochen, aber die große Politik ist spürbar gegenwärtig – auch in der kleinen Straße, die sich so verändert hat.

Saigon IV:
Wie frau sich einen Job schneidert

Die vier Mädchen sind bildschön. Züchtig wirken sie und bescheiden; den Blick gesenkt; die grazilen Gestalten umhüllt das duftige Hosenkleid *Ao Dai* vietnamesischer Tradition.

Die vier Mädchen sind als Lackarbeiten erstarrt und zieren die Wand im unteren Geschoß des Hauses der Frauenunion im Stadtteil Saigon IV, in der Hafengegend von Ho-Chi-Minh-Stadt. Die schmalen Bilder in Braun und Rot künden von femininem Ideal, das an diesem Ort besonders weit hergeholt zu sein scheint.

Auch die Mädchen in dem werkstattähnlichen, hohen Raum haben den Blick gesenkt, aber keineswegs züchtig, sondern konzentriert auf die Stoffbahnen, die sie unter den pickenden Nadeln robuster Industrienähmaschinen entlangschieben. Mit den feenhaft-entrückten Mädchen der Lackbildnisse haben die Näherinnen wenig gemeinsam.

Le Thi Thanh beispielsweise. 15 Jahre ist sie jung; die Nummer sechs von sieben Geschwistern. Der Vater ist vor zehn Jahren gestorben. Sie erinnert sich kaum an ihn. Die Mutter verkauft Zigaretten am Straßenrand. Nein, selten mal eine ganze Packung. Hier, in diesem Stadtteil der Ärmsten, werden Zigaretten einzeln verlangt. An jeder Ecke hockt eine Frau wie Le Thi Thanhs Mutter. Da ist an Glimmstengeln kein Mangel. Aber wer kann sich gleich eine ganze Schachtel leisten!

Das stämmige Mädchen hat die Abendschule bis zur fünften Klasse besucht. Wie ihre Geschwister mußte sie schon als Kind zum Überleben der Familie beitragen. Da war es mit dem regelmäßigen Lernen nicht weit her. Auf dem Markt hat sie den Händlern geholfen. Manchmal bekam sie ein paar Dong, wenn sie auf fremder Leute Kinder aufpaßte. Babysitten.

Während sie davon erzählt, blickt sie auf von der Näherei. Träume? Die Frage danach macht das Mädchen unsicher, sie kneift die dunklen Augen zusammen. Ihr fallen keine phantastischen Wünsche ein. Einen festen Job zu finden, arbeiten zu können, selber Geld zu verdienen. Sie sagt das zögernd. Ja, das ist ihr Traum. Le Thi Thanh lächelt schüchtern, als habe sie etwas anmaßend Unerreichbares benannt. Dann rattert ihre Nähmaschine weiter – genauso wie das Dutzend dieser Maschinen der Marken »Butterfly« und »Hope«, an denen die anderen Mädchen ihre Fertigkeit trainieren, saubere Nähte und exakte Schnitte zusammenzufügen.

Die Frauenunion ist der staatliche vietnamesische Frauenverband, national geleitet, eine der Unterorganisationen der Kommunistischen Partei. Davon erwähnt Pham Thi Duy kein Wort. Die Leiterin der Frauenunion im Bezirk Saigon IV ist in den Vierzigern, kleinwüchsig, zierlich. Sie spricht leise und kommt dabei ohne Phrasen und Parolen aus. Saigon IV: Auf vier Quadratkilometern leben, hausen, vegetieren hier 200 000 Menschen. Einen dauerhaften, ordentlich bezahlten Arbeitsplatz zu finden, gehört tatsächlich zu den Glückstreffern. »Die meisten Mädchen hier haben, wenn überhaupt, nur ein paar Schuljahre absolviert«, berichtet Frau Pham Thi Duy im oberen Stockwerk des Zentrums der Frauenunion, wo sie ein kleines Büro hat, »trotz Schulpflicht in unserem Land. Und was sollen die Mädchen machen? Wenn die Familie kein Geld hat, dann müssen die Kinder arbeiten. Kaugummi verkaufen. Suppen, Lose der Lotterie. Mädchen genauso wie Jungen. Nur die Mädchen sind in Gefahr, noch etwas ganz anderes zu verkaufen, nämlich: ihren Körper.«

Prostitution ist eine endlose Geschichte. Während des Vietnamkriegs war sie für Hunderttausende von Frauen und Mädchen die Haupteinnahmequelle. Danach ist der mit viel Moralin durchtränkte Versuch der Regierung gescheitert, mit Zwangseinweisung von Prostituierten in Umerziehungslager das Gewerbe aus der Welt zu schaffen. 60 bis 70 Prozent der Frauen machten nach ihrer Entlassung dort weiter, wo sie zuvor aufgehört hatten. Eine vollmundige Kampagne, die heuchlerisch mit Verboten und Verhaftungen die eigentlichen Opfer der Verhältnisse bestraft und ihnen keine alternativen Arbeitsmöglichkeiten eröffnet, führt in die Sackgasse der Hoffnungslosigkeit. In den Slums von Saigon IV

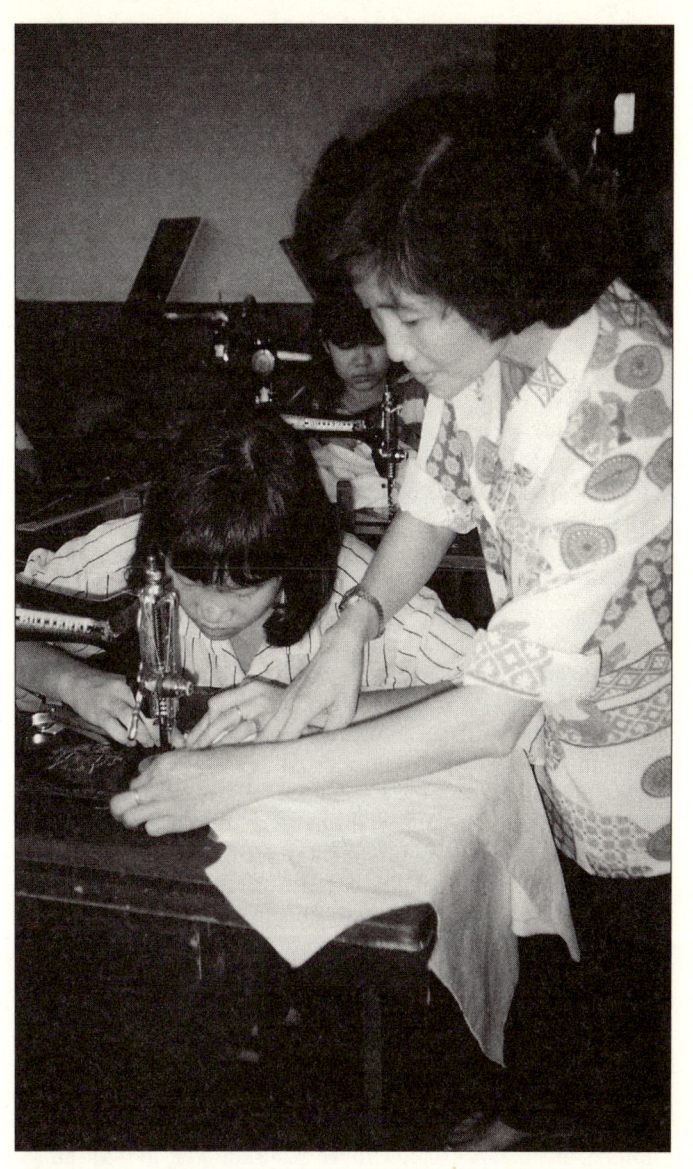

Berufsausbildung in Saigon IV

wachsen die Mädchen heran, die das Reservoir im Geschäft mit der Liebe bilden, das als Folge der neuen Marktwirtschaft erneut blüht. Längst gibt es Kinderprostitution. Drogen und Aids sind zum Problem geworden.

Eine Frau wie Pham Thi Duy hat allen Grund, keine hochtrabenden Worte aus dem kommunistischen Zitatenschatz zu gebrauchen. Hier geht es um praktische Hilfe. 1993 haben sie und ihre Mitarbeiterinnen der lokalen Frauenunion damit begonnen, jungen Mädchen einen Nähkurs anzubieten. Mit uralten Maschinen fing es an. »Ohne eine Ausbildung, ohne irgendeine trainierte Spezialisierung haben die Mädchen überhaupt keine Chance, eine Arbeit zu finden«, sagt sie; und was so selbstverständlich und überzeugend klingt, ist mit vielen Schwierigkeiten verbunden. Die materiellen Möglichkeiten der Frauenunion auf der untersten Ebene eines Stadtbezirks sind sehr eng bemessen. Die Ausstattung mit Maschinen, mit Lehrmaterial, ein ausreichender Raum, die Bezahlung von Lehrerinnen, ein Arbeitsplan – all das setzt Organisation und Unterstützung voraus. Deshalb war die Starthilfe von *terre des hommes* willkommen; deshalb wird die Förderung über mehrere Jahre sehr begrüßt.

Nun findet bereits der dritte Ausbildungskurs in Nähen und Stricken statt. Ursprünglich sollte ein Kurs nur vier Monate laufen, doch dies erwies sich als zu kurz. Jetzt sind sechs Monate angesetzt. Die Auswahl der Teilnehmerinnen ist gar nicht so einfach. Erst einmal gilt es nämlich, die Mädchen zu überzeugen, daß ihnen eine Ausbildung die Grundlage für ein späteres Einkommen schaffen kann. Besonders die hübschen Mädchen, die als Prostituierte viel schneller und für eine gewisse Zeit viel mehr Geld als eine Arbeiterin verdienen können, sehen das Angebot einer Schneiderlehre als wenig attraktiv an. Andere Frauen, die durch Gelegenheitsjobs ihre Familien miternähren müssen, können es sich kaum leisten, sechs Monate für eine Ausbildung zu verwenden. Viele der Mädchen sind Analphabetinnen und haben auch deshalb Probleme, an einem Kurs mitzumachen, der ja nicht bloß handwerkliche Fertigkeiten vermittelt, sondern im weitesten Sinne bilden soll.

Die 30 Frauen und Mädchen im dritten Kurs kommen auch zusammen, um über Aids und Drogen zu diskutieren. Sie sind aufgefordert, kritisch ihre Meinung zum Lehrprogramm, zu Familien-

In den Slums von Saigon IV

planung, zu den Lehrerinnen der Frauenunion, zum Verhalten der Kolleginnen zu äußern. Gefragt ist ein gestärktes Selbstbewußtsein.

Der Kurs endet mit einer Prüfung. Bisher haben die meisten Teilnehmerinnen das Ziel erreicht. Mit Kleinkrediten wird geholfen, selbst eine Maschine anzuschaffen, um Näharbeiten in eigener Regie anzunehmen. Über die Frauenunion werden Jobs in Fabriken vermittelt. Die Mehrzahl der Absolventinnen findet einen Einstieg in neue Erwerbsmöglichkeiten. Doch auch dies nennt Frau Pham Thi Duy, wenn sie von den Ergebnissen spricht: die Frauen, die trotz aller guten Absichten wieder auf den Strich gehen. »Aber wir lassen uns da nicht entmutigen«, sagt sie energisch, »ohne ein solches Ausbildungsangebot wären die Chancen gleich null, überhaupt aus diesem Teufelskreis der Armut herauszukommen.«

Nein, für Phrasen hat Frau Pham Thi Duy wirklich nichts übrig. Die drei Porträts, die im oberen Stockwerk an der Wand hängen, stammen aus einer Epoche und einer Ideologie, die im heutigen Vietnam keinesfalls öffentlich in Frage gestellt, aber von der täglichen Praxis des Überlebenskampfes in den Hintergrund gedrängt werden: Marx, Ho Chi Minh und Lenin schauen da von der Wand auf die Mädchen mit ihren Nähmaschinen herab.

In den verschlammten Gassen der Slums ringsherum fällt dem Besucher zu Sozialismus ohnehin nichts mehr ein. Die brüchigen Hütten, die schwarzen Kanäle der Müllkippen, die schwankenden Stege über Kloaken, Kinderscharen, zusammengepferchte Tagelöhner, Cyclo-Fahrer, ausgezehrte Alte, die Händler mit den winzigen Portionen an Gemüse, Reishäufchen, Kaugummi: In diesem Gestank vermag der Fremde, dem die mißtrauischen Blicke folgen, nicht den geringsten Unterschied zu den Slums in Manila, Bangkok oder Bombay zu erkennen. Was ist hier wohl sozialistisch? Hier hausen die Hungerleider, die draußen in den breiten Straßen den Müll beseitigen und einen Menschen dazu, wenn es verlangt und bezahlt wird. Saigon IV ist zum Inbegriff der Kehrseite dieser neuen marktwirtschaftlichen Offenbarung geworden. Aber das alles wollte uns Frau Pham Thi Duy mit ihren Frauen gar nicht so deutlich zeigen.

In diesem Labyrinth des Elends sind wir auf dem Wege zur »Klasse der Liebe«. Es ist eine der baufälligen Hütten. Hier treffen sich am späten Nachmittag die Kinder, die in den Morgenstunden auf den Straßen die Plastiktüten zum Weiterverkauf sammeln, den Touristen Postkarten verhökern, Kaugummi, Zigaretten anbieten. Zur regulären Schule fehlt den Kindern die Zeit. Für die Zehn- bis Dreizehnjährigen ist die »Klasse der Liebe« eingerichtet worden. Es ist Selbsthilfe ganz unten. Ehrenamtliche Lehrerinnen aus der Nachbarschaft, so arm wie die meisten anderen auch, geben den Unterricht. Ein bißchen Lesen, ein bißchen Schreiben. Nein, das ist nicht viel und schafft die Ursachen der Not nicht aus der vietnamesischen Welt. Aber dahinter steckt die tatkräftige Überzeugung, sich nicht mit den Gegebenheiten abzufinden, wie sie sind – in diesem Hinterhof der rasanten Veränderungen, die ein Spötter »Manchester-Sozialismus« genannt hat.

Ho-Chi-Minh-Stadt:
Aufholen, nachholen, überholen

An der Kreuzung der Straßen Nguyen Dinh Chiem und Cach Mang Thang Tam in Ho-Chi-Minh-Stadt steht eine Tankstelle. Hier sprudelt der Saft, der den Fortschritt in Bewegung hält. Nach vier Himmelsrichtungen ist er unterwegs. Ein Fußgänger muß sich sputen, will er hier eine der Straßen überqueren. Der motorisierte Verkehr hat die Ausmaße einer Invasion, deren Teilnehmer sich offenbar nicht über die Stoßrichtung einigen können und gegeneinander, aufeinander, miteinander rasen. Der Krieg findet nun auf der Straße statt.

In Hanoi reihen sich Motorrad- und Radfahrer ein, lassen sich treiben vom allgemeinen Fluß, wollen ein-, aber nicht überholen. Der Fußgänger hat eine Chance. Man fährt *hinter* ihm vorbei, macht einen ausweichenden Schlenker der Höflichkeit im kollektiv eingeübten Bewußtsein von Leben und Lebenlassen. Ganz anders in Ho-Chi-Minh-Stadt. Da wird überholt, rechts, links, jeder Zweiradfahrer ein Konkurrent im Wettrennen um die Zukunft, hart *vor* dem Fußgänger weitergeprescht. Jeder gegen jeden.

Wir müssen höllisch aufpassen, um von der Tankstelle zum Denkmal des Thich Quang Duc auf der anderen Seite zu spurten.

Woher wohl der Mönch damals das Benzin hatte, mit dem er sich in Flammen setzte? Von dieser Zapfsäule? Die makabre Frage drängt sich auf im Gestank der Abgase aus ungezählten Auspuffrohren. Bei der Zickzack-Hatz durchs Honda-Inferno auch dieser flüchtige Gedanke: Würde sich heute zur Rush-hour ein Mensch verbrennen, es fiele im Gewühl kaum auf. Der Lärm übertönte die Schreie der Not und die der möglichen Helfer. Der Rauch verkohlenden Fleisches mischte sich unauffällig in den Smog der neuen Zeit.

Da stehen wir nun vor dem Erinnerungsmal im Stil einer kleinen Pagode mit gelbgestrichener, niedriger Mauer drumherum und doppeltem Ziegeldach in Rot, gekrönt von einer weißen Lotosblüte. Viermal ist der meditierende Mönch in Halbreliefs dargestellt; von welcher Seite man sich seinem Denkmal auch nähert, dieses in sich gekehrte Antlitz, stumm und von tiefem Ernst geprägt, blickt einen an wie der Bote einer anderen Welt. Seine Botschaft einst war klar gewesen und von aufrüttelnder Konsequenz. Im Juni 1963 war Thich Quang Duc aus der Thien-Mu-Pagode am »Fluß der Wohlgerüche« bei Hue hierher nach Saigon gereist, um sich selbst zu verbrennen. An dieser Kreuzung machte er sich zum Fanal: die spektakulärste der Selbstverbrennungen buddhistischer Mönche und Nonnen jener Jahre. Die auflodernden Flammen, das zur Unkenntlichkeit geschwärzte Gesicht – das nun so strahlend weiß vom Denkmal leuchtet –, die in sich gekrümmte Gestalt wurden als Pressefoto in den Medien rund um den Globus zum Symbol des Widerstandes. Ein Mönch machte sich zur Fackel, um das mörderische Regime des Präsidenten Ngo Dinh Diem und dessen amerikanische Handlanger anzuklagen. Wo die Worte keinen Eindruck mehr zu wecken vermochten, sprachen die Flammen unmißverständlich. Damit war das Ende des Krieges nicht zu erzwingen gewesen, aber das Feuer des Fleisches demaskierte die Mächtigen in ihrer Menschenverachtung.

Die berüchtigte Schwägerin des Präsidenten, die zierliche, schicke, gebildete und abgrundtief zynische Madame Nhu, gebrauchte angesichts brennender Buddhisten das Wort »barbecue« und sagte voller Hohn: »Laßt sie brennen.« War es diese Art von Humanität, die die katholische Kirche missionierend nach Vietnam getragen hatte? War das die Frohe Botschaft, mit der sich der erzkatholische Diem-Clan dank des amerikanischen Kardinals

Stoßzeit in Ho-Chi-Minh-Stadt

Spellman tatkräftiger Hilfe in die einflußreichsten Ämter Südvietnams gebracht hatte, bigott und fanatisch? Menschen wie Thich Quang Duc blieben überzeugender – über den Tod hinaus.

Erich Fried dichtete damals:

>»Die buddhistischen Mönche
>werden oft Rote genannt
>In Wirklichkeit sind sie gelb
>aber nicht wenn sie brennen.«

Und:

>»Fleisch wird zubereitet
>auf zweierlei Art
>Entweder langsam mit Napalm
>oder schnell mit Benzin
>Letzteres gilt als barbarisch
>ersteres nicht.«

Auch von der Dachterrasse im Restaurant Quan Khan direkt an der Kreuzung behalten wir die Tankstelle und die Gedenkstätte des verbrannten Mönches im Blick. Die eine ist Örtlichkeit unmittelbarer Gegenwart mit endlosen An- und Abfahrten, die andere nur noch Anlaß der Erinnerung für Eingeweihte. Im Aluminiumgefäß mit glimmender Holzkohle brodelt die Fischsuppe, »Steamboat« genannt, köstlich, heiß und scharf gewürzt. Unter uns knattert, stinkt und pulsiert das Honda-Zeitalter im Takt der Kolben. Aus der luftigen Höhendistanz wird klar: Hier findet Kompensation statt. Die verlorenen Jahre des Krieges versucht diese Generation nachzuholen, aufzuholen, zu überholen. Auch so ist die Hektik zu verstehen. Vietnam gibt Gas. Die Hondas da unten, die Autos – übrigens deutlich zahlreicher als in Hanoi –, die Fahrräder – übrigens deutlich weniger als in Hanoi –, die Fußgänger: alle in Eile, als gelte es, die Zukunft nicht zu verpassen.

Zwei junge Männer humpeln an Holzkrücken durchs Gedränge. Die einbeinigen Krüppel haben die Hosen über den Knien zusammengebunden wie Säcke ohne Inhalt. Die beiden hasten vorüber, als seien sie auf der Flucht vor dem motorisierten Ansturm, dem unausweichlichen. Fremdkörper in dieser benzingeschwängerten Orgie des Unterwegsseins, nicht dazugehörend wie jener Mönch, der sich verbrannte vor langer, langer Zeit.

Buddhistischem Geist spüren wir zu abendlicher Stunde im oberen Gebetsraum der Xa-Loi-Pagode nach, ein paar Straßenekken weiter. Vor den kleinen Restaurants der Nachbarschaft betteln ausgehungerte Kinder und balgen sich um Essensreste, während drinnen in überfüllten Räumen die Profiteure der Marktwirtschaft das Flaschenbier gleich kastenweise neben den Tischen stehen haben und zwischen zwei Gerichten per Handy die Geschäftskontakte pflegen. Und immer wieder offene Hände: kleine, junge, alte, verkrampfte, gesunde, zerschossene, energisch hingehalten, zitternd, zögernd, mit frischer, mit zerknitterter Haut. Die Prozession der Habenichtse schiebt sich an den Tischen der Herren vorbei – übrigens auffallend mehr Bettler als in Hanoi.

Da oben im hohen, hell erleuchteten Saal der Pagode bleibt der spannungsgeladene Alltag auf merkwürdig wohltuende Weise zurück. Neumond. Ein milder Abendwind. Das Haupttor weit geöffnet. Schon beim Betreten der meditativen Stätte ist die füllige Statue Buddhas zu sehen, golden und sanft gerundet in aufragender

Größe an der Stirnwand der Halle. Wie ein bombastischer Hauptdarsteller thront er da, von grünem Lotosschmuck umrahmt vor einem Theatervorhang.

Die hohen Wände zu beiden Seiten sind mit Motiven aus Buddhas Leben bemalt. Der Prinz aus reichem Hause sollte nichts erfahren von Krankheit, Alter, Tod. Wir kennen die Geschichte. Als er ausfuhr, der junge Mann, und den behüteten Luxus des Palastes hinter sich ließ, sah er Leid, Siechtum, Verfall, sah den Kampf ums Überleben, sah die Abgründe des irdischen Jammertals. Der Prinz kehrte nicht mehr in den Palast zurück. Wir wissen von seinem weiteren Weg der Suche und der Lehre der Überwindung menschlicher Nichtigkeiten, die Reichtum, Macht, Eitelkeit heißen. Davon erzählen die Bilder in der Xa-Loi-Pagode, die 1965 mit dieser Ausgestaltung wieder aufgebaut worden ist.

Der goldene Buddha hält die Augen geschlossen, ist in sich versunken, aus der Ruhe heraus wirkend auf all jene, die vor ihm Abgeklärtheit und inneren Frieden ersehnen. In graue Gewänder gehüllt, kommen die Gläubigen an jenem Abend des Neumondes. Unter den nackten Füßen sind die Kacheln angenehm kühl. Kerzen flackern. Elektrische Lichterketten illuminieren Altäre mit Blumen und Früchten. Man hockt sich nieder vor hölzernen Buchständern mit den heiligen Texten. Bald ist die Pagode gefüllt mit hundert zur Innerlichkeit bereiten Menschen der verschiedenen Generationen, erstaunlich viele junge Leute darunter.

Schon im Norden Vietnams war uns aufgefallen, welche Attraktivität religiöse Stätten auf Männer, Frauen jugendlichen Alters ausüben. Die 15- bis 20jährigen, die aufwuchsen im kommunistisch geprägten Unterricht, die Marxens Geist auswendig zu lernen hatten und eingetrichtert bekamen, daß Religion das Opium sei fürs Volk, haben offenbar einen heftigen Drang, in wieder geöffneten Kirchen, Pagoden, Tempeln dieses Opium zu kosten. Auch dies scheint Züge von Kompensation zu haben, eine Suche nach Alternativen zum lärmenden Wettrennen auf den Straßen. Nach den Jahren der Zwangsrekrutierung zu Armee und Parteitag kommen sie nun freiwillig.

Ein Mönch betet vor, und über Lautsprecher wird sein Singsang auch ins Freie übertragen. Die Litanei wird vom Trommelschlag in Takt gehalten, rhythmisch, schnell, voller Kraft und Dynamik. Man läßt sich mitreißen vom Fluß der Sprüche, fällt ein in die frommen Sätze buddhistischer Lehre. Mit indischen Pilgern war sie zum Ende des 2. Jahrhunderts nach Christi in die vietnamesischen Landschaften getragen worden; es war die Lehre des Theravada-Buddhismus. Etwa zur selben Zeit führten chinesische Mönche den Mahayana-Buddhismus ein. Beide Schulen fanden in Vietnam ihre Anhänger. Unterschiede? Die Volksfrömmigkeit verwischte sie, aber auch in den Lehrbüchern wird säuberlich getrennt: Während man im Theravada-Buddhismus danach strebt, ein perfekter Heiliger, ein Arhat, zu werden, der für das Nirvana bereit ist und sich um irdische Irrungen nicht mehr kümmert, ist das Mahayana-Ideal der Boddhisattva, der die Erleuchtung erfahren hat, der gewissermaßen abheben könnte ins Jenseits des Immateriellen, und doch in der Welt bleibt, um andere zu retten, damit auch sie sich freimachen von Wünschen, Lastern, Lüsten. Im Laufe der Jahrhunderte mit wechselnder Oberherrschaft und wechselnden Zentren der Macht vermengten sich die religiösen Einflüsse mit den Sittengeboten des Konfuzius und den Elementen des Taoismus zu Religiosität, die letztlich auch die importierte Gottlosigkeit marxistischer Prägung überdauerte. So strömen die Menschen an einem warmen Abend des Neumondes in Kirchen und Pagoden.

Der Mönch unter dem massigen Buddha festlichen Goldes überträgt die Worte der heiligen Schriften in einen scheinbar endlosen Strom stark akzentuierten Sprechgesangs. Dem Eindruck können auch wir uns nicht entziehen: Weit, weit weg ist das turbulente Saigon; und das grausame Geschehen, das hier in dieser Pagode die Menschen einst aus dem Gleichmaß buddhistischer Gelassenheit aufschreckte, ist längst Geschichte. Nein, man kann sich das als unbeteiligter Gast nicht vorstellen.

Im August 1963 wurde die Xa-Loi-Pagode ein weiterer Schauplatz der brutalen Verfolgung kritischer Geister durch das Regime des Katholiken Ngo Dinh Diem. Unter dem Kommando seines Bruders, Ngo Dinh Nhu, stürmten bewaffnete Schlägertrupps das Gelände der Pagode und drangen ein in die Räume der Ruhe. Hier hatte sich Widerstand formiert, aus dem heraus Mönche flammende Zeichen der Selbstverbrennung setzten. Auch Thich Quang Duc hatte in der Xa-Loi-Pagode geistliche Einkehr gehalten, ehe er sich aufmachte zu seinem letzten Gang. Im Aufbegehren gegen die frömmelnde Diem-Diktatur hatte sich der Buddhis-

Buddhistischer Mönch in Hue

mus in den sechziger Jahren zur populären Kraft moralischer Erneuerung gemacht. Die Horden des Ngo Dinh Nhu schlugen in der Xa-Loi-Pagode alles kurz und klein und verhafteten 400 Mönche und Nonnen, die hier Schutz gesucht hatten.

Die Schreie sind verhallt. An diesem Neumondabend wirkt der Gebetszyklus so friedlich, als habe es vor diesen Wänden nie Verfolgung gegeben. Doch Religionsgemeinschaften sind totalitären Regimen jedweder Couleur suspekt und gefährlich, weil es da Bereiche geben könnte, die sich der Kontrolle entziehen. Das hat Kirchenführer schon frühzeitig in der Geschichte auf den praktischen Gedanken gebracht, weltliche und geistliche Macht in Personalunion zu vereinen und den Kirchenapparat mit zentralistischer Omnipotenz auszustatten. Die römische Kirche der Päpste hat dieses Modell am perfektesten und dauerhaftesten entwickelt und global installiert – mit und ohne Gewalt.

Nach 1975 haben die kommunistischen Herren aus Hanoi jedenfalls auch den buddhistischen Organisationen das gleiche militante Mißtrauen entgegengebracht, das christlichen Kirchen und anderen Religionsgruppen zuteil wurde. Buddhistische Bewegungen wurden gleichgeschaltet, auf staatlichen Kurs gezwungen. Daß sich dennoch nicht die erwünschten Massenorganisationen formen ließen, lehrt der Augenschein in all den Stätten der Gottes- und Geistessuche. Da wirkt offenbar eine stärkere Kraft, als sich Parteistrategen vorstellen können. Letztlich bleibt offen, wer da wen manipuliert und wer den längeren Atem hat.

Die »Vereinigung Buddhistischer Pagoden Vietnams«, 1951 von unabhängigen buddhistischen Geistlichen gegründet, wird besonders hartnäckig von der Partei verfolgt. Als Gegenorganisation wurden 1981 von der Partei die »Vietnamesisch-Buddhistischen Pagoden« gegründet, die Mitglied in der »Vaterländischen Front« sind. Die Vereinigung hatte schon 1963 gegen die Repression des katholischen Diktators Ngo Dinh Diem protestiert und die Öffentlichkeit gegen ihn mobilisiert.

Ende 2000 waren zahlreiche Buddhistenführer inhaftiert. Der alte Vorsitzende der unabhängigen Vereinigung, Thich Huynh Quang (81), stand zehn Jahre in der Provinz Quang Ngai in Mittelvietnam unter Hausarrest. Ende 1994 wurde er verhaftet und Anfang 1995 an einem abgelegenen Ort in der Provinz in Isolationshaft genommen, weil er »Mönche in seiner Pagode und Einheimische häufig gestört« habe, heißt es. Der Generalsekretär der Vereinigung, Thich Quang Do (72), stand zehn Jahre in der Than-Minh-Pagode in Ho-Chi-Minh-Stadt unter Hausarrest und wurde Anfang 1995 mit fünf weiteren buddhistischen Geistlichen und Laien festgenommen und im August 1995 zu fünf Jahren Haft wegen »Unruhestiftung unter Mißachtung vietnamesischen Rechts« und »Untergrabung der Politik der Einheit« verurteilt. Ein weiteres Vorstandsmitglied der Vereinigung, Thich Long Tri, wurde im Oktober 1994 mit 20 buddhistischen Geistlichen verhaftet, weil sie einen Hilfskonvoi für Opfer der Flutkatastrophe im Mekong-Delta vom Sommer 1994 organisiert hatten.

Der Mönch unter dem großen Buddha der Xa-Loi-Pagode betet weiter mit kräftiger Stimme, die draußen der Wind der Neumondnacht in die auch zu später Stunde noch dicht befahrenen Straßen von Ho-Chi-Minh-Stadt trägt.

Cu Chi: Schüsse am Ende des Tunnels

Dieser Titel sozialistischer Pflichterfüllung läßt aufhorchen: »Meister der Flugzeugvernichtung«. Die weibliche Stimme, die ein solches Wortungetüm in deutscher Sprache von sich gibt, klingt jung und kämpferisch; ganz der Originalton propagandistisch überhöhten Heldentums. Pathetische Denkmäler können aus Beton und Stahl geformt sein – und aus Vokabeln dieser Art. Die Stimme kommentiert einen Videofilm über das, so der mitreißende Superlativ, »Tunnelsystem, wie es noch nie in der Weltgeschichte bestand«. Schwarzweiße Filmszenen flimmern über den Bildschirm, infolge häufiger Vorführung bereits schadhaft und streckenweise von gespenstischer Düsternis umflort. Fröhliche, junge Bauern und Dorfmädchen verwandeln sich da in stahlharte Soldaten, die sich in endlosen Tunnelgängen eingraben und aus solch irdischer Tiefe ihre Anschläge gegen Stellungen der Amerikaner starten, um »die Feinde zum Schweigen zu bringen«, erklärt die schrille, jungmädchenhafte Stimme, denn: »Die Amerikaner schießen wie die Wilden.«

Sie taten's mit der perfekten Waffentechnik der zweiten Hälfte des 20. Jahrhunderts, doch in völliger Verkennung des Geistes, der die Erdmenschen beseelte. Die schmiedeten sich gewissermaßen ihre Waffen aus Hacken und Schaufeln und setzten den listigen Einfallsreichtum ihres unausrottbaren Lebenswillens den Bomben, dem Napalm und Tränengas entgegen. Was auch dem nachfahrenden Reisenden zum Ende des Jahrhunderts stummes Staunen und Respekt abnötigt, gerinnt im Videofilm von 1967 zum Zerrbild. Geschichte, klar; Geschichte auch schon, mit welchen Darstellungsmitteln einst solche Selbstinszenierung des Widerstandes im kommunistischen Kollektiv gefilmt wurde: Übermenschen aus dem Untergrund von Cu Chi.

Seltsamer Kriegslärm ist zu hören. In das Geknatter auf dem Videoschlachtfeld mischen sich Gewehrschüsse, die offenbar in unmittelbarer Nachbarschaft abgefeuert werden. Zuweilen ist gar nicht zu unterscheiden, wo und wann die Einschläge krachen: in der filmisch festgehaltenen Vergangenheit oder in der Gegenwart des authentischen Schauplatzes mehr als drei Jahrzehnte danach. Ehe wir freilich die Ursache dieser akustischen Doppelschießerei herausfinden, geraten wir unter das Kommando von Le Van Tung. 42 Jahre ist er alt, klein, drahtig, in grüner Militäruniform, deren eher zivile Saloppheit, um nicht Lässigkeit zu sagen, ein zweifelhaftes Mißverhältnis zum strammen, kurz angebundenen Auftreten des Mannes bildet. In der offenen Begrüßungshalle von Cu Chi, wo der Videoapparat steht, Landkarten den Kriegsverlauf um Saigon markieren und Schnittzeichnungen das Tunnelsystem erläutern, waltet Le Van Tung als Mitglied der Führerriege seines Zeigestabes.

Nachdem uns schon die nahen Einschüsse irgendwo hinter dem Dämmerlicht der dicht bepflanzten Eukalyptusbäume ringsum irritierten, verblüfft der Soldat als Fremdenführer vollends. In unverkennbarem amerikanischen Slang spult er seine Erklärungen ab und schnarrt militärisch knapp die tausendmal gesagten Sprüche herunter. Dies ein vietnamesischer Kämpfer? Ein Sohn jener Heldenfamilie, die wir eben so furchtlos aus der Froschperspektive die amerikanischen Herren des Himmels attackieren sahen? Das Ohr will es nicht glauben. Wie der da breitbeinig vor den Landkarten steht und mit dem Holzstab den farbigen Pfeilen der Vorstöße auf Saigon nachfährt und Überraschungsangriffe des

Vietcong lokalisiert, ist uns, als seien wir in das Briefing eines amerikanischen Presseoffiziers geraten.

Das kann nicht ernst gemeint sein. Eine Persiflage? Macht sich David wieder einmal lustig über den tumben Goliath? Ein kleiner vietnamesischer Soldat mit Zeigestock und schauspielerischen Talenten der komischen Art? Die Karikatur der einstigen Widersacher? Alles das – und offenbar ungewollt. Sein täuschend echtes Amerikanisch hat er als Hörer der »Voice of America« gelernt. Seit wann er der Stimme des Feindsenders erlaubtermaßen lauschen durfte und zu welchen Zeiten solcher Radioempfang noch verboten war, bleibt unbeantwortet. Le Van Tung ist eh nicht auf Konversation eingerichtet, sondern darauf, seine Statements abzugeben; ganz wie beim Briefing der einstigen Feinde, deren Waffen schließlich zum Schweigen gebracht wurden – nicht aber deren Worte, wie aus dem Munde von Le Van Tung zu vernehmen ist.

Der Mann stammt aus der Gegend von Cu Chi. Als 15jähriger, als 18jähriger war er dabei. Er hat erlebt, worüber er spricht; er hat überlebt, was er vorführt: Vietcong-Mythos in GI-Pose. Wie sich die Zeiten ändern können. So schnell. Die Spanne eines halben Lebenslaufes reicht. Was bleibt, ist zumindest eine spannende Geschichte.

Schon Ende der vierziger Jahre begannen in der Region von Cu Chi die Bauern, tiefer als nur zur Auflockerung der Erde ihre Reisfelder zu graben. Der Vietminh erkannte die strategische Bedeutung des harten roten Untergrundes im Einzugsbereich von Saigon. Etwa 30 Kilometer ist die Metropole in südöstlicher Richtung entfernt. Noch hatten damals die Franzosen das Sagen im Lande. Saigon war ihre Hochburg. Man nannte die Guerilla-Taktik noch nicht amerikanisch verkürzt *Hit-and-Run,* aber sie wurde bereits praktiziert. Was im zweiten Vietnamkrieg zur Meisterschaft entwickelt wurde von den Enkeln des Vietminh, den Vietcong, war im andauernden Widerstand gegen die Franzosen aus dem Untergrund und Hinterhalt von Cu Chi längst erprobt worden. Schon die französischen Fremdenlegionäre wollten ihren Augen nicht trauen, wenn Bauernjungen, die gerade einen Militärkonvoi in die Luft gesprengt hatten, spurlos vom Erdboden verschwunden waren. Die Partisanen des Vietminh, nationalistisch begeistert, kommunistisch geführt, nutzten geschickt die natürlichen Gegebenheiten der weithin flachen, von Flüssen durchzogenen Region.

Geschichte wiederholt sich nicht, aber zuweilen ist der letzte Akt eines bombastischen Zusammenbruchs nur die furiose, gigantische Steigerung dessen, was bereits in der Generalprobe geboten worden war. So läßt sich die Fortsetzung der Wühlarbeit bewerten, die die Nationale Befreiungsfront (NLF), in den westlichen Medien gemeinhin Vietcong genannt, nach 1960 in Cu Chi betrieb. Die Franzosen waren nur mit vernichtender militärischer Niederlage davon zu überzeugen gewesen, daß ihre Zeit als Kolonialherren unwiederbringlich abgelaufen war; weder Diplomatie noch politische Vernunft hatten in Paris diese Einsicht zuwege gebracht. Daß die Amerikaner drei Jahrzehnte nach dem ehrlosen Rausschmiß der Franzosen wiederum nur in der todbringenden Sprache der Kriegswaffen zu begreifen bereit waren, daß ihre GIs in Vietnam nichts, aber auch überhaupt nichts verloren hatten (außer ihrem Gesicht), gehört zu den tragischen Bankrotterklärungen menschlicher Vernunft; der sich Individuen zuweilen ebensowenig zu bedienen vermögen wie hochgebildete und hochdekorierte Armeegenerale, Regierungen und ihre Beraterstäbe. Im Labyrinth der Tunnel von Cu Chi wäre für Franzosen und Amerikaner einiges zu lernen gewesen, wenn sie die unterirdischen Zeichen rechtzeitig wahrgenommen und verstanden hätten.

Der Vietcong jedenfalls trieb die Stollen weiter ins Erdreich voran, die der Vietminh eine Generation zuvor schon gebuddelt hatte. Im Bezirk Cu Chi erreichten die Tunnel schließlich eine Gesamtlänge von 200 Kilometern. Es war ein kompliziertes System von Verstecken, Lebensräumen, Kampfzonen. Über mehrere Etagen zogen sich die Gänge und Schutzbereiche hin, miteinander verbunden, belüftet, mit Strom und Wasser versorgt. Ein Anhauch jener Genialität, mit der die Vorfahren ihre Bauwerke von Angkor und My Son in die Höhe wachsen ließen, mußte auch die Tunnelkonstrukteure beseelt haben, die in die Tiefe von Cu Chi drangen. Wie bei allen gewaltigen Bauten der Geschichte mußten hier vielfältige Kräfte aus unterschiedlichen Quellen zusammentreffen, gewissermaßen in höherem Dienst gebündelt werden, um ein solches Werk gemeinschaftlicher Anstrengungen zu schaffen: die straffe, bedingungslose Befehlsstruktur von oben nach unten; der nationalistische Geist, der nach Unabhängigkeit drängte und nach eigenständigem Neubeginn; die Abwehr eines übermächtigen Feindes, der mit jedem waffentechnisch durchschlagenden

Angriff den Willen zum Widerstand steigerte und anheizte und keinesfalls brach; die aus dem Verwurzeltsein im heimischen Boden genährte Fähigkeit, mit Tricks und Improvisation den Mangel an Waffen und Gerät auszugleichen; letztlich die allen außergewöhnlichen Bauwerken innewohnende Religiosität, die im Anspruch einer Idee kleine, unbedeutende Menschen über sich hinauswachsen läßt und Gigantisches erreicht. Über der Erde. Unter der Erde.

Le Van Tung schiebt mit der Schuhspitze trockenes, braunes Laub auf dem Boden zur Seite. Eine Falltür wird erkennbar. Wir zwängen uns gebückt, festgetretene Stufen hinabtastend, in einen Tunnel. Vorwärts gesenkten Hauptes. Schwüle schlägt uns entgegen. Nach wenigen Metern ist man schweißgebadet. Die Luft ist dumpf. Die Hände tatschen die gerundeten Wände ab. Ständig hat man das Gefühl, anzustoßen, sich zu verletzen, einzudringen in das Gedärm eines Monsters. Es ist wie eine Pflichtübung, die einem unablässig suggeriert, wieder ans Tageslicht kommen zu wollen. Was hat sich in diesen Erdröhren abgespielt? Le Van Tungs Erklärungen sind zu Anekdoten geronnen, täglich dutzendmal wiederholt, abgegriffen, abgeschliffen wie die von ungezählten Schweißfingern berührten Tunnelwände.

Mit Schäferhunden spürten die Amerikaner, so sie einen der getarnten Eingänge entdeckt hatten, den Erdmenschen nach. Die Vietcong wechselten ihre Duftmarken, wuschen sich mit erbeuteter amerikanischer Seife, zogen gestohlene Uniformen der GIs an und waren für Hundenasen nicht mehr von deren Herren zu unterscheiden. »Friendly smell«, sagt unser Führer im Ton unfreiwilliger Ironie mit pflichtbewußter Miene, »you understand?«

Der Strategie, die Tunnel auszuräuchern und mit Giftgas zu tödlichen Fallen zu machen, schoben ihre Bewohner buchstäblich Riegel vor. Mit Zwischentüren konnten einzelne Bereiche abgeschottet werden. Wenn sich GIs in die Gänge wagten, waren sie von vornherein in der schwächeren Position. Sprengsätze machten Tunnel zur Hölle. Bei Feuergefechten kannten die Vietcong ihre Fluchtwege.

Es waren genau die verschlungenen Fuchsbauten, aus denen heraus die überraschenden Angriffe auf Saigon während der Tet-Offensive von 1968 erfolgten. Scheinbar aus dem Nichts tauchten die Kämpfer auf; aus dem Untergrund wurden Agenten eingeschleust; aus dem schützenden Schoß von Mutter Erde krochen die Sabotageteams hervor, um in Saigon ihre Anschläge zu verüben.

Mit »strategischen Dörfern« versuchten die Abwehrspezialisten, den Vietcong den Boden zu entziehen. Die Bauern, die ihnen Unterschlupf boten, die für Ernährung sorgten, wurden in befestigten Lagern zwangsweise zusammengetrieben, um besser überwacht werden zu können. Zehntausende, Hunderttausende von Menschen mußten ihre angestammten Dörfer verlassen, waren daran gehindert, die Felder zu bestellen – und das ungewollte Ergebnis war weniger, den Vietcong die Aktionsmöglichkeiten zu beschneiden, als vielmehr der Befreiungsfront weitere aktive Kämpfer zuzuführen. Und was »strategische Dörfer« im Bezirk Cu Chi betrifft: Auch die waren bald untergraben, wortwörtlich. Die spitzen Bambuspfähle, die oberirdisch, zu undurchdringlichen Zäunen aufgerichtet, jeglichen Kontakt mit den Vietcong verhindern sollten, waren nur mehr Dekoration. Die Vietcong kamen und gingen unter Tage.

Das Tunnelinnenleben von Cu Chi erstreckte sich in einer Region von 430 Quadratkilometern. Die Amerikaner bombten, was ihre B 52 an vernichtender Fracht fassen konnten. Mit Entlaubungsaktionen wurde die Sicht von oben freigeätzt. Was blieb an Vegetation und abgestorbenen Bäumen, ging nach Brandstiftung in Flammen auf. Dörfer zersplitterten unter dem Einsatz von Bulldozern. Cu Chi wurde zur »Free-Strike-Zone« erklärt. Die Amerikaner und ihre südvietnamesischen Verbündeten – von den Vietcong und Hanois Politführung geringschätzig nur Marionetten genannt – schossen auf alles, was da kreuchte und fleuchte. Die Verluste der Erdmenschen waren gewaltig. Nur etwa 6 000 der hier kämpfenden Tunnelaktivisten überlebten den Krieg. Tausende von Zivilisten starben bei Bombenangriffen und verendeten als Folge der chemischen Gifte, unter deren Spätwirkungen noch die Enkel und deren Kinder zu leiden haben.

»Let's go down, please.« Wir folgen unserem Führer auf den festgetrampelten Pfaden der Rundtour von Cu Chi. Anders als in den Tunneln von Vinh Moc in Mittelvietnam ist hier alles und jeder auf Massenbetrieb eingerichtet. Das Dorf Vinh Moc lebt noch immer neben und über seinen Erdgängen und liegt im Abseits der großen Touristenzentren. Dort sind die meisten Tunnel ziemlich erhalten und auf weite Strecken zugänglich. Viele Tunnel von Cu Chi wurden schließlich doch vom Dauerbombardement der Amerikaner zerstört oder unpassierbar gemacht – zu einem Zeitpunkt des Krieges, als der für die Amerikaner bereits politisch und psychologisch verloren war: eben weil ihnen aus Tunneln wie denen von Vinh Moc und Cu Chi ein Widerstandsgeist entgegengeschlagen war, den Bomben und Napalm nicht besiegen konnten.

In Cu Chi sind nur noch wenige Dutzend Meter unterirdisch für Touristen geöffnet. Da wurden Erdlöcher verbreitert, um korpulenten Gästen den Eingang zu erleichtern. In Cu Chi vermischen sich historische Authentizität mit vermarkteter Modell-Präsentation wie die Gewehrsalven der Videovorführung mit den tatsächlichen Einschüssen um die nächste Ecke. Wir haben deren Ursache noch immer nicht herausgefunden, als uns Le Van Tung in eine elektrisch beleuchtete Kommandozentrale ein paar Meter unter Tage lotst. Als wir uns aus der erzwungenermaßen demutsvollen Kriechhaltung aufrichten, stehen wir in einem Bunker mit langem Tisch und Platz für 50 Offiziere. Eine Durchhalteparole von Ho Chi Minh an der Wand. Die Vietcongfahne und die rote mit gelbem Hammer und Sichel. Eine Landkarte, auf der rote Pfeile das unterirdisch belagerte Saigon zangenförmig umarmen. Quer zum Längstisch steht ein kleinerer, an dem der Kommandeur saß. Grüne Decke, darauf die unvermeidliche Teekanne mit den kleinen, henkellosen Tassen. Le Van Tung stellt sich bereitwillig an den Platz des Kommandeurs, den musealen Ort mit seiner Uniform überzeugend ausstaffierend.

Es mag ja fast so pathetisch klingen wie der phrasenreiche Kommentar des Videofilms, aber in diesem Winkel kommt einem doch der Gedanke, daß aus solcher Maulwurfshöhle ein Stück Weltgeschichte des 20. Jahrhunderts entschieden worden ist. Irgendwo weit weg die klimatisierten Stabsstellen der US-Army, das Ovale Zimmer im Weißen Haus, mit Stuck und Kronleuchter ausgestattete Chefetagen im Kreml, abhörsichere Regierungsbüros in Peking und Hanoi. Ja doch, dort wurden die großen, folgenreichen Entscheidungen getroffen. Hier aber, in der feuchten Düsternis des Erdloches, wurden solche Befehle in Taten umgesetzt oder deren Absicht zu vereiteln versucht. Hier im Schein von Petroleumlampen oder je nach Stromzufuhr im Zwielicht von 25-Watt-Birnen, wurde agiert und reagiert, wurden die tausend winzigen

Nadeln gespitzt, mit denen der amerikanische Militärkoloß schließlich unter Schimpf und Schande vertrieben wurde. »Meister der Flugzeugvernichtung« schafften ihre Abschüsse letztlich nur mit waffentechnischer Ausrüstung sowjetischer Herkunft, aber eben nicht nur damit. Es war jener Geist, der sich in die Erde bohrte, um neu auferstehen zu können. Dieser Geist drängt sich einem auf in dem Rechteck, das als Kommandozentrale in den Leib der Erde gegraben wurde. Nun ist sie ein als Museum aufbereitetes Überbleibsel eines einzigartigen Tunnelsystems, das seinen Zweck erfüllt hat vor langer, langer Zeit.

So klingt's denn doppelsinnig, wenn Le Van Tung sagt: »Hier endet die Führung.« Er sagt es in der für Touristen auf echt getrimmten Vietcong-Küche unter Tage. Der Rauchabzug des offenen Feuers ist wie ehedem einige Meter durch die Erde nach oben geleitet, um den tatsächlichen Ort der Küche zu verbergen. Wie schlürfen heißen, dünnen Tee, knabbern harte Maniokstücke, um auf den Geschmack der historischen Tunneltage zu kommen. »That's the end of my duty«, sagt der Soldat Le Van Tung und verschwindet in diesem dürren Hain des Bambus- und Eukalyptusschattens, der mit Laub gefüllte Bombentrichter, Tunnelschächte und die Vergangenheit einhüllt wie ein graues Leichentuch.

Auf dem weiteren Weg passieren wir ein Paar, das unseren Schritt stocken läßt, weil wir im ersten Moment erwarten, angesprochen zu werden. Ein Mann, eine junge Frau in voller Kampfmontur. Das Gewehr in der Rechten, Handgranaten am Gürtel. Zwei Vietcong aus dem Bilderbuch, keine Frage. Aus Autoreifen geschnittene Sandalen an den nackten Füßen, schwarze Hosen, blauweiß gestreifte Halstücher, grüne Schlapphüte auf den Köpfen, den Blick forschend ins Unterholz gerichtet. Die Überraschung ist gelungen, die Täuschung dem Ort angemessen. Nein, die Augen sind tot. Zwei Schaufensterfiguren nur, die da lebensgroß die Szene bevölkern. Spätestens als sich eine Gruppe junger Vietnamesen um die beiden schart, sie wie Hanswurste einer Kirmesnummer begrüßt und wechselweise mit umgelegten Armen kumpelhaft Verbrüderung aufs Blitzlichtfoto bannt, werden die Pappmaché-Vietcong in ihrer Hilflosigkeit demaskiert.

Ach, welche Begegnung! Das Kichern der beiden Mädchen hatte uns schon bei der Tunneltour begleitet und gestört. Schicke, weiße, weite Hüte tragen sie, modisch die Röcke, keß ausgeschnitten die Blusen. Die jungen Männer wollen Eindruck schinden. Fratzenschneidend posieren sie neben dem Kämpferduo. Jovial werden leblose Schultern geklopft. Es macht den jungen Leuten sichtlich Spaß, genauso wie sie mit witzigen Bemerkungen in die Vorzeigetunnel gestiegen waren, und sich die Mädchen lachend beklagten, daß die Gänge für ihre schönen Hüte so eng seien. Es sind Studenten aus Hanoi. Studienreise in den Süden. Der Vietcong als Schießbudenfigur. Opas Krieg. Es wird gelebt und gelacht. Jetzt.

In mehreren Pavillons werden Souvenirs ausgebreitet. Die Postkarten. Die Bildbände. Die Kalender. Patronenhülsen als Kugelschreiber. Auf T-Shirts lächelt der ziegenbärtige Onkel Ho neben dem grinsenden französischen Comic-Helden Tin Tin. Die ideologische Kluft wird sinnbildlich vom Film-Slogan »Good Morning Vietnam« auf einer weiteren Hemdenzierde überbrückt. What a lovely war! Eine Miniarmee aus Kupferblech lädt amerikanische Veteranen ein, im heimischen Sandkasten die Schlacht von einst nachzuspielen und endlich zu gewinnen. Wer seine Helikopter, Flugzeuge, Panzer, Fregatten markenbewußter auswählt, kann derartiges Kriegsgerät geformt und gebogen aus bunten Cola- und Pepsi-Dosen kaufen. Was in die Sturmfeuerzeuge graviert ist, die originalgetreu den GI-Rauchutensilien nachgebaut und mit den alten Sprüchen versehen werden, liest sich wie Pornolyrik aus den Morastgräben der Blut- und Spermawelt: »When I kill, the only feeling I have is the recon from my riffle.« – »The more days you've been in the army the more hells you've gotten.« – »When I die bury my face down so the whole world can kiss my ass.« – »Fighter by day, lover by night, drunken by choice, army by mistake.« – »Please! Don't tell me about Vietnam. I have been there.«

Solcher Zynismus, in Feuerzeuge geritzt, ist stumm. Der Zynismus ballernder Gewehre ist unüberhörbar. Die Einschläge hatten sich schon beim Videofilm der »Meister der Flugzeugvernichtung« als unmittelbarer Waffenlärm vorgedrängt. Nun stehen wir am Ort der Zielübungen. Die Anlage hat zehn Schießstände. Jede der gemauerten Auflagestützen weist fünf Etagen auf, geeignet für Schützen jeder Körpergröße. Der Hüne aus den USA findet da ebenso seinen sicheren Halt fürs Gewehr wie der Schüler aus Da Nang auf Klassenfahrt. In dem Ständer darf gewählt werden: Originalschießeisen aus dem Krieg, die M 16, AK-47, die Kalaschnikow. Je nach Geschmack und politischem Standort. Die vietnamesische Armee befehligt auch diesen Schießbetrieb wie die gesamte Tunnelpräsentation. Marktwirtschaft mit der Knarre. Aus dem Untergrund ist ein Unternehmen geworden. Manch ein Veteran mag sich hier das schlechte Gewissen entlasten, wenn er auf den Abzug drückt. Schulkinder schlüpfen in die Rolle von Filmhelden. Junge Männer können ihren Freundinnen imponieren wie auf jedem x-beliebigen Rummelplatz.

Jeder Schuß, banal zum gedankenlosen Freizeitvergnügen feilgeboten, verletzt die Würde all derer, die hier ihr Leben ließen. Die Region Cu Chi war das am stärksten bombardierte, beschossene, begaste, entlaubte und verwüstete Gebiet der Kriegsgeschichte, stellten Historiker am Ende der Vernichtung fest. Auf dem Wege zu den Tunneln kamen wir an Soldatenfriedhöfen vorbei. Wie weiße Särge breiten sich da Tausende von Grabstätten aus, flach und kastenförmig, symmetrisch ausgerichtet in trostloser Endlosigkeit. Da herrscht die Ruhe der Pietät. Da ist stille Einkehr möglich, ja geboten. Da zwingt sich Nachdenklichkeit dem Besucher auf – Nachdenklichkeit, die so unterhaltsam, so geschäftstüchtig bei den Tunneln von Cu Chi weggeballert wird.

Auf einem der Grabsteine ist ein Foto zu sehen, wie es Brauch ist auf französischen und italienischen Friedhöfen, ganz ungewöhnlich in Vietnam. Dieses eine Gesicht auf weißem Stein, das aus der Anonymität des Massensterbens übriggeblieben ist, prägt sich dem Betrachter ein. Ein junger Mann, ein Jüngling noch, schüchtern, unfertig, gerade dabei, für sich die Welt zu entdecken. Der Blick ist fragend und wirkt so arglos: Warum das alles? Warum ich? Ein kleines ovales Porträt, das einzige, winzige menschliche Antlitz in der weißen Gräberwüste der Gefallenen. Ein Mensch vielleicht, der damals in den Untergrund von Cu Chi ging. Vielleicht ist er das geworden, was der Videofilm einen »Meister der Flugzeugvernichtung« preist. Auf dem Foto, das den jungen Mann um Jahrzehnte überdauerte und nun allmählich im Sonnenlicht verblaßt, wirkt er zerbrechlich und so verletzbar.

Derweil zerreißen die heutigen Schüsse von Cu Chi den Nachmittag. Schüsse am Ende des Tunnels. Jeder Schuß zum Festpreis von einem Dollar. Überall im wiedervereinigten Land gibt es bei Bahn und Flugzeugen und Museumstüren zwei Tarife: einen

Abend am Parfümfluß in Hue

niedrigen für Einheimische, einen deutlich höheren für Ausländer und Auslandsvietnamesen. Am zehnfachen Schießstand von Cu Chi sind alle gleich. Jeder Schuß ein Dollar. Wie viele Schützen am Tag auf die Scheiben mit dem Tiermotiven anlegen? Der Soldat an der Patronenausgabe schätzt so um die 500.

Wir gehen weiter. Uns dröhnen die Ohren. Nun sind die Studenten aus Hanoi dran. Die beiden Mädchen mit den breitkrempigen Hüten kichern vergnügt. Jeder Schuß ein Dollar. Auch so geht ein Krieg zu Ende. Einer von so vielen. Dieser ganz besondere.

Zeittafel

Funde von Werkzeugen und Gefäßen aus der Stein- und Bronzezeit zeugen von frühen menschlichen Siedlungen im heutigen Vietnam. Nach den Funden in Dong Son (Provinz Thanh Hoa in Nordvietnam) wird die südostasiatische Bronzezeit benannt (Blütezeit 1000 v.Chr., vgl. die berühmten Dong-Son-Trommeln). In schriftlichen Zeugnissen chinesischer Historiker wird die Bevölkerung im heutigen Nordvietnam *Bach Viet* genannt. Mit den reisanbauenden *Lac Viet*, Stämmen der *Bach Viet*, beginnt in legendärer Zeit die Geschichte Vietnams.

258–208 v. Chr.
Das Reich Au Lac der Thuc-Dynastie im heutigen Nordvietnam.

208–111 v. Chr.
Das Reich Nam Viet der Trieu-Dynastie in Nord- und Mittelvietnam.

111 v. Chr.–938 n. Chr.
Nam Viet als chinesisches Protektorat Giao Chi; wechselvolle Zeit von Aufständen und Niederlagen.

1009 n. Chr.
Ly Thai Tho begründet die Ly-Dynastie mit der Hauptstadt Thangh Long (fliegender Drache) in der Nähe des heutigen Hanoi; das Volk und Land werden Dai Viet genannt.

1225
Die Tran-Dynastie löst die Ly-Könige ab.

1257–1287
Dai Viet wird von der Mongolen-Armee Dschingis-Khans besetzt und vom König Tran Nhan Ton in den Schlachten am Bach Dang befreit.

1407–1427
Die Armee der Ming-Dynastie besetzt Dai Viet.

1427
Le Loi befreit das Land von der chinesischen Besatzung mit bäuerlichen Guerillatruppen; er begründet in Hanoi die Le-Dynastie, die bis ins 16. Jahrhundert herrscht.

1470
Vertreibung der Cham aus Mittelvietnam, Zerfall ihres Reiches und Rückzug nach Phan Rang; letzte Schlacht 1693 und Zerstreuung der Cham in Südvietnam und Kambodscha.

Ende des 16. Jhds.
Teilung Vietnams zwischen den Fürstengeschlechtern der Trinh im Norden (Tonkin) und Nguyen, die ihr Reich im Süden ausdehnen und die Cham und Khmer vertreiben.

1802
Nguyen An bringt den Norden unter den Einfluß der Nguyen-Dynastie und erklärt sich unter dem Namen Gia Long zum Herrscher eines vereinten Königreichs Vietnam mit Sitz in Hue; Entstehung des nationalen Epos »Kieu« von Nguyen Du.

1861
Frankreich beginnt die Eroberung Vietnams und errichtet die Kolonie Indochina: Saigon wird besetzt (1859), die Nguyen-Herrscher treten Cochin-China (Südvietnam) ab (1862), Kambodscha wird Protektorat (1863), französische Truppen erobern Hanoi (1883), Tonkin und Annam (Mittelvietnam) werden Protektorat (1864) und Laos wird Teil Indochinas (1893), der Hof von Hue wird entmachtet.

1886-1896
Aufstand der Intellektuellen (»révolte des lettrés«) gegen die französische Kolonialmacht, Pham Boi Chau gründet in Tokio die »Liga zur Erneuerung Vietnams« zur Befreiung des Landes (1905).

1911
Nguyen Tat Than (Ho Chi Minh) beginnt seine Tätigkeit im Ausland, schließt sich den französischen Sozialisten an (1917) und legt auf der Friedenskonferenz von Versailles ein Unabhängigkeitsprogramm für Indochina vor (1919).

1930

Gründungsparteitag der »Kommunistischen Partei Vietnams« in Hongkong, die auf Weisung der »Komintern« in »Kommunistische Partei Indochinas« umbenannt wird.

1940-1945

Militärische Kontrolle Japans über Indochina, die 1945 mit einer großen Hungersnot in Nordvietnam endet; die französische Kolonialverwaltung bleibt unter japanischer Oberhoheit bestehen.

1941

Die »Kommunistische Partei Indochinas« gründet die »Liga für die Unabhängigkeit Vietnams« (Vietminh) für den bewaffneten Aufstand gegen die japanische Besatzungsmacht und die mit ihr verbündete Vichy-Administration.

1945

Bedingungslose Kapitulation Japans; Ho Chi Minh mobilisiert den Volksaufstand (Augustrevolution); Rücktritt von Kaiser Bao Dai aus der Nguyen-Dynastie in Hue; Bildung einer »Provisorischen Regierung« unter Vorsitz von Ho Chi Minh; Unabhängigkeitserklärung (2. September) und Bildung der »Demokratischen Republik Vietnam«; französische Truppen kehren nach Indochina zurück und landen unter General Leclerc in Saigon.

1946

Allgemeine Wahlen mit großer Mehrheit für den Vietminh; die »Demokratische Republik Vietnam« wird als »freier Staat« in die »Französische Union« aufgenommen; französische Kriegsschiffe beschießen Haiphong; offene Feindschaft zwischen französischen Kolonialtruppen und dem Vietminh; Beginn des ersten Indochinakriegs.

1951

Formelle Auflösung der »Kommunistischen Partei Indochinas« zugunsten national-kommunistischer Parteien auf dem II. Parteitag; Nachfolgepartei »Arbeiterpartei Vietnams« genannt;

Gründung der »Allianz des vietnamesischen, kambodschanischen und laotischen Volkes« zur Bekämpfung der französischen Kolonialmacht.

1954
Niederlage der französischen Truppen bei Dien Bien Phu; auf der Genfer Konferenz wird die Souveränität Vietnams, Kambodschas und Laos erklärt; Vietnam bleibt am 17. Breitengrad geteilt, bis innerhalb von zwei Jahren freie Wahlen abgehalten werden; Flucht von etwa 1,5 Millionen Nordvietnamesen, hauptsächlich Katholiken, in den Süden; US-Präsident Eisenhower bietet dem katholischen Präsidenten Südvietnams, Ngo Dinh Diem, Unterstützung an.

1956
Präsident Ngo Dinh Diem lehnt freie Wahlen ab; statt dessen wird eine Verfassung für die 1955 ausgerufene »Republik Südvietnam« verabschiedet; Bauernaufstände in Nordvietnam wegen der rigorosen Bodenreform.

1960
Auf dem III. Parteitag der »Arbeiterpartei Vietnams« wird die Doppelstrategie beschlossen: Aufbau des Sozialismus in Nordvietnam und Befreiung Südvietnams; Gründung der »Nationalen Befreiungsfront« (NLF) zur Vertreibung Ngo Dinh Diems und Befreiung Südvietnams (auch »Vietcong«, i.e. »Vietnam Cong San« – vietnamesische Kommunisten genannt).

1963
Höhepunkt des Widerstands der buddhistischen Opposition gegen Ngo Dinh Diem; öffentliche Selbstverbrennung von buddhistischen Nonnen und Geistlichen in Hue und Saigon; Präsident Ngo Dinh Diem wird im Verlauf eines von den USA unterstützten Militärputsches ermordet.

1964
Angeblicher Angriff der nordvietnamesischen Marine auf einen amerikanischen Zerstörer in der Bucht von Tonkin; Tonkin-Resolution des US-Senats für weitgehende militärische Voll-

machten des US-Präsidenten gegen Vietnam; Aufnahme der Bombardierung Nordvietnams; die NLF kontrolliert nach südvietnamesischen Angaben über die Hälfte der ländlichen Gebiete; Beginn des zweiten Indochinakrieges.

1965

Nguyen Van Thieu wird Staatschef Südvietnams; Eskalation der Einsätze von US-Truppen; Anwachsen der Truppenstärke, Ende 1965: 180 000, Ende 1967: 480 000, im April 1969: 540 000; nach Amtsantritt von Breschnew Zusage umfangreicher militärischer Unterstützung der Sowjetunion für Nordvietnam.

1968

Tet-Offensive der NLF und regulärer Truppen Nordvietnams in ganz Südvietnam; Einsicht der US-Militärs, daß kein militärischer Sieg möglich ist; Präsident Johnson stellt Bombardierungen Nordvietnams ein; Aufnahme von Vier-Parteien-Friedensverhandlungen in Paris (aus der NLF wird 1968 die »Provisorische Revolutionsregierung« gebildet).

1970

Sturz von Norodom Sihanouk durch General Lon Nol in Kambodscha mit Unterstützung der USA; US- und südvietnamesische Truppen marschieren in Kambodscha ein, um Stützpunkte nordvietnamesischer Truppen (Ho-Chi-Minh-Pfad) zu zerstören (zum selben Zweck 1971 Einmarsch südvietnamesischer Truppen nach Laos); Norodom Sihanouk bildet eine Exilregierung mit den »Roten Khmer« in Beijing; ganz Kambodscha wird vom Bürgerkrieg erfaßt.

1973

Unterzeichnung des »Abkommens über die Wiederherstellung des Friedens in Vietnam« von Paris, das von der »Internationalen Vietnamkonferenz« bestätigt wird; formeller Abzug aller US-Streitkräfte aus Südvietnam.

1975

Großoffensive nordvietnamesischer Truppen auf Südvietnam, die am 30. April zur Einnahme Saigons führt (Einnahme

Phnom Penhs durch die »Roten Khmer« am 17. April); Aktionen gegen die »Kompradorenbourgeoisie«, bei der über 120 000 Angehörige des alten Regimes in »Umerziehungslager« verschleppt werden; Beginn der Flucht von über einer Million Menschen über das Südchinesische Meer (»boat people«); erste bewaffnete Zusammenstöße an der kambodschanisch-vietnamesischen Grenze.

1976

Wahlen zur ersten gesamtvietnamesischen Nationalversammlung; offizielle Erklärung der Wiedervereinigung auf der ersten Sitzung und Namensänderung in »Sozialistische Republik Vietnam«; IV. Parteitag: Umbenennung der Partei in »Kommunistische Partei Vietnams«, Verabschiedung des zweiten Fünfjahresplanes, »besondere« Beziehungen zu Kambodscha und Laos beschlossen.

1978

Verstaatlichung des privaten Handels in Südvietnam; Währungsreform für ganz Vietnam; Vietnams Beitritt zum »Rat für gegenseitige Wirtschaftshilfe« (RGW); Einstellung der Wirtschaftshilfe Chinas; »Vertrag über Freundschaft und Zusammenarbeit« zwischen Vietnam und der Sowjetunion; China vereinbart Unterstützung für das »Demokratische Kampuchea« Pol Pots; Ausweitung des Grenzkonflikts mit Kambodscha; Vertreibung und Flucht chinesisch-stämmiger Vietnamesen (»Hoa«).

1979

Phnom Penh wird von vietnamesischen Truppen eingenommen; die »Volksrepublik Kampuchea« unter Heng Samrin, dem Vorsitzenden der zuvor in Vietnam gegründeten »Nationalen Einheitsfront Kampucheas zur Rettung der Nation«, ausgerufen; chinesischer Straffeldzug gegen Nordvietnam; »Gemeinsame Erklärung« zur Pflege besonderer Beziehungen zwischen den drei Staaten Indochinas, in der China als gemeinsamer Feind bezeichnet wird; Beginn des dritten Indochinakrieges.

1980

Umtauschaktion von Parteiausweisen, bei der ein Viertel der Mitglieder als pro-chinesisch erklärt und entlassen wird; privat-

und marktwirtschaftliche Selbsthilfe der Bevölkerung zur Überwindung der wirtschaftlichen Misere.

1986

Bestätigung nicht-staatlicher Wirtschaftsformen und Zulassung privatwirtschaftlicher Initiativen der »Familienwirtschaft« auf dem VI. Parteitag, auch als »Doi Moi« (Erneuerung, Wandel) bezeichnet; Anstieg der Inflation aufgrund unkontrollierter Preis- und Geldpolitik (1988: über 800 Prozent).

1989

Rücknahme wirtschaftlicher Lockerung der Planwirtschaft unter dem Eindruck des Zusammenbruchs sozialistischer Regime in Osteuropa und der Demokratiebewegung in China; Abzug vietnamesischer Truppen aus Kambodscha; Wiederannäherung an China.

1991

Wegfall der sowjetischen Wirtschaftshilfe; Fortsetzung der wirtschaftlichen Liberalisierung; Zulassung ausländischer Investitionen.

1995

Aufhebung des US-Embargos; Beitritt zum südostasiatischen Staatenbund ASEAN; Vereinbarung über die Rücknahme von Flüchtlingen aus Südostasien; Normalisierung der Beziehungen zu den USA.

1996

Bestätigung der Wirtschaftsreformen und der Führungs-Troika: Do Muoi als Generalsekretär der Partei, Le Duc Anh als Präsident und Vo Van Kiet als Premierminister auf dem VIII. Parteitag.

1997

Ablösung der Führungsspitze durch General Le Kha Phieu, Vorsitzender der Militärkommission, als Generalsekretär der Partei, Wirtschaftsreformer Phan Van Kai aus dem Süden als Premierminister und Tran Duc Luong als Präsident, Ernennung von Douglas »Pete« Peterson, eines ehemaligen Bomberpiloten und Kriegsgefangenen in Vietnam, zum ersten Botschafter der USA in Hanoi; Ernennung des bisherigen Geschäftsträgers Vietnams in den USA, Le Van Bang, zum ersten vietnamesischen Botschafter in Washington.

1998
Kritik von elf namhaften Parteiveteranen unter Anführung von General Tran Do an der Parteiführung wegen Korruption, Mißmanagement und fehlender Demokratie im Reformprozeß; Bauernproteste in traditionellen Reisanbaugebieten des Landes wegen Machtmißbrauch von Kadern und zu niedriger Preise für landwirtschaftliche Produkte.

1999
Wirtschaftseinbruch infolge Mißmanagements von Staatsbetrieben und der Auswirkungen der Finanzkrise in Südostasien; Rückgang von Auslandsinvestitionen und des Wirtschaftswachstums; Ablehnung des Handelsabkommens mit den USA wegen innerparteilicher Kontroverse über das Verhältnis von Sozialismus und Marktwirtschaft; Wallfahrt von 100 000 Katholiken des Landes nach La Vang, dem Ort einer angeblichen Marienerscheinung in der Provinz Quang Tri in Zentral-Vietnam.

2000
Feiern zum 25. Jahrestag der Einnahme von Saigon in Hanoi, Saigon und allen Provinzen des Landes; Tod des langjährigen Premierministers Pham Van Dong (94), Kampfgefährte von Ho Chi Minh; Unterzeichnung eines Handelsabkommens mit den USA; Erholung des Wirtschaftswachstums (6,7 Prozent); Besuch des US-Verteidigungsministers, William Cohen, zu Beginn des Jahres und von Präsident Bill Clinton im November; Verschiebung des IX. Parteitages von März auf Juni 2001 wegen Kontroversen über Inhalt und Richtung des Reformprozesses.

Glossar

Annam
Protektorat des französischen Indochina, das dem Küsten- und Hochland Mittelvietnams entspricht.

Cao Dai
Religionsgemeinschaft mit Verbreitungsgebiet im Mekong-Delta und zentraler Tempelanlage in der Provinzhauptstadt Tay Ninh; Bekenntnis und Organisation: Synkretismus aus den großen Weltreligionen und der humanistischen Tradition Europas.

Cochin-China
Kolonie des französischen Indochina, die dem südlichen Drittel Vietnams entspricht.

Con Son oder Poulo Condore
Insel im Südchinesischen Meer vor der Küste Südvietnams; Strafkolonie seit der französischen Kolonialzeit; bekannt durch die berüchtigten Tiger-Käfige aus der Zeit des Thieu-Regimes.

Containment-Strategie
US-Strategie der »Eindämmung« des Kommunismus nach dem Zweiten Weltkrieg.

Counterinsurgency
Strategie der Guerillabekämpfung mit militärischen Mitteln und zivilen Methoden.

Demokratischer Zentralismus
Demokratieverständnis der KP Vietnams, das die Beteiligung an gesellschaftspolitischen Entscheidungen nur im Rahmen von zentralen Vorgaben zuläßt.

Doc Lap
»Unabhängigkeit«, neben *Tu Do* (»Freiheit«) die treibende Kraft des Unabhängigkeitskampfes; Bezeichnung für viele öffentliche Einrichtungen des Landes.

Doi Moi
»Grundlegender Wandel« oder »Erneuerung«; Bezeichnung des Reformkurses, der auf dem VI. Parteitag 1986 als Strategie zur wirtschaftlichen Liberalisierung des Landes angenommen wurde.

Dong
Landeswährung; 1997: 1 US-Dollar = etwa 11 000 Dong.

Dritte Kraft
Sammelbegriff für unabhängige nicht-kommunistische Kräfte gegen das von den USA gestützte Thieu-Regime, die sich nach dem Pariser Friedensabkommen von 1973 formierten; Repräsentanten wurden nach der Machtübernahme der KP Vietnams von 1975 unterdrückt und verfolgt.

Genfer Friedensabkommen von 1954
Internationale Vereinbarung über Einstellung der Feindseligkeiten nach der Niederlage der französischen Kolonialtruppen von Dien Bien Phu; vorläufige Teilung des Landes entlang dem 17. Breitengrad; für 1956 vereinbarte Wahlen für das ganze Land, die nie stattfanden.

Indochinakriege
Erster Indochinakrieg: Widerstandskampf gegen die französische Wiederbesetzung Indochinas nach 1945, die mit der französischen Niederlage von 1954 in Dien Bien Phu endete; zweiter Indochinakrieg: Befreiungskrieg gegen die USA, der 1975 mit der Vertreibung der US-Streitkräfte aus Südvietnam endete; als dritter Indochinakrieg wird die Besetzung Kambodschas durch Vietnam bezeichnet, die 1989 mit dem Abzug der vietnamesischen Besatzungstruppen bzw. 1991 mit dem Pariser Friedensabkommen für Kambodscha beendet wurde.

Komitee der Patriotischen Katholiken oder
Komitee zur Einheit der Patriotischen Katholiken
Aus katholischen Widerstandskreisen gegen die französische Kolonialmacht und die Intervention der USA gebildet; von der KP Vietnams als alleinige Vertretung aller Katholiken des Lan-

Würdenträger der Cao Dai

des favorisiert und Mitgliedsorganisation in der Patriotischen Front; von der katholischen Hierarchie und unabhängigen Katholiken (vgl. Pater Chan Tin) in gleicher Weise abgelehnt.

Kommunistische Partei Indochinas
1930 auf Weisung der Komintern in Moskau von Ho Chi Minh in Hongkong gegründet; 1945 zugunsten der Gründung nationaler KPs in Vietnam, Laos und Kambodscha aufgelöst.

Kommunistische Partei Vietnams
1951 nach Auflösung der KP Indochinas als »Arbeiterpartei Vietnams« gegründet; bei der Wiedervereinigung des Landes 1976 in KP Vietnams umbenannt.

Nationale Befreiungsfront Südvietnams oder **NLF**
nach der englischen Übersetzung: **National Liberation Front** (Mat Tran Dan Toc Giai Phong Mien Nam)
1960 in Südvietnam als politische Frontorganisation der KP Vietnams gegründet; als »Provisorische Revolutionsregierung Südvietnams« Teilnehmer an den Pariser Friedensverhandlungen von 1969 bis 1973.

Pariser Friedensabkommen von 1973
Vereinbarung der vier Kriegsparteien (USA, Thieu-Regime, Nordvietnam und Provisorische Revolutionsregierung Südvietnams): Abzug der US-Streitkräfte aus Südvietnam und Bildung einer vietnamesischen Koalitionsregierung unter Einbeziehung der »Dritten Kraft« Südvietnams.

Patriotische oder **Vaterländische Front**
1955 als Frontorganisation und Massenbasis der KP Vietnams mit dem Anspruch der Alleinvertretung von Basisorganisationen gegründet.

Phoenix-Programm
Nach der Tet-Offensive von 1968 eingeführte Methode der US-Kriegführung zur Eliminierung der »Infrastruktur des Vietcong« durch Ermordung verdächtiger Anhänger der Guerilla, wodurch Tausende von Zivilisten umgebracht worden sind.

In den Dong-Son-Höhlen von Thanh Hoa

Provisorische Revolutionsregierung Südvietnams
1969 aus der Nationalen Befreiungsfront gebildet, um sie mit dem Status einer kriegführenden Partei an den Pariser Friedensverhandlungen teilnehmen zu lassen.

Tet-Offensive
Großoffensive der Nationalen Befreiungsfront in allen Provinzen Südvietnams am vietnamesischen Neujahrsfest 1968, wodurch die USA zum Rückzug aus Vietnam veranlaßt wurden.

Tonkin
Protektorat des französischen Indochina, das dem Norden Vietnams entspricht.

Vereinigung Buddhistischer Pagoden oder
Vereinigte Buddhistische Kirche Vietnams
1951 von unabhängigen Pagodenführern gegründet; wegen ihres Anspruchs auf Unabhängigkeit von allen Regimen verfolgt; der Vorsitzende Thich Huynh Quang (77) und der Generalsekretär Thich Quang Do (68) leben seit 1975 fast ununterbrochen unter Hausarrest und sind seit 1995 inhaftiert.

Vietcong
Verkürzte Form von »Viet Nam Cong San« (Vietnamesische Kommunisten); von den USA benutzte Bezeichnung des von der KP Vietnams angeführten Widerstandskampfes; diskreditierende Bedeutung besonders in der Abkürzung »VC«.

Vietminh
Verkürzte Form von »Vietnam Doc Lap Dong Minh« (Vietnamesische Front für Unabhängigkeit); 1941 als national-kommunistische Einheitsfront gegen die japanische und französische Besetzung des Landes gegründet.

Vietnamesisch-Buddhistische Pagoden oder
Buddhistische Kirche Vietnams
Von der KP Vietnams 1981 als Gegenorganisation zur »Vereinigung Buddhistischer Pagoden Vietnams« ins Leben gerufen; Mitglied der Patriotischen Front; Sprecher: Thich Minh Chau, der auch Mitglied der Nationalversammlung ist.

Vietnam in Zahlen

Fläche: 331 114 Quadratkilometer (Deutschland: 356 978)

Einwohner: 78,77 Millionen (2000 – Schätzung), davon 37 Prozent in absoluter Armut (1998 – Schätzung)

Bevölkerungszuwachs: 2,1 Prozent (jährlicher Durchschnitt 1975 bis 1997), 1,5 Prozent (2000 – Schätzung)

Hauptstadt: Hanoi: 3 Millionen Einwohner (1997 – Schätzung)

Wichtige Städte: Ho-Chi-Minh-Stadt, ehemals Saigon: 4 bis 6 Millionen (1996 – Schätzung), Haiphong (1,6 Million), Da Nang (400 000)

Bruttosozialprodukt: 350 US-Dollar pro Kopf (1998)

Inflation: 18,5 Prozent (1990–1998), 4 Prozent (1999)

Arbeitslosigkeit: 25 Prozent (1995 – Schätzung)

Außenhandel: Importe 11,6 Milliarden US-Dollar, Exporte 11,5 Milliarden US-Dollar (1999); wichtigste Ausfuhrgüter: Erdöl, Textilien, Fisch und Reis; wichtigste Handelspartner: Japan, Singapur, Südkorea, Taiwan, Deutschland

Auslandsverschuldung: 22,359 Milliarden US-Dollar, pro Kopf 288 US-Dollar (1998)

empfangene Entwicklungshilfe: 997 Millionen US-Dollar (1997), 14,7 Dollar pro Kopf

Streitkräfte 572 000 Soldaten (1995), 5 Millionen in paramilitärischen Einheiten

Gesundheit: Kindersterblichkeit: 3,1 Prozent (1998), Müttersterblichkeit: 1,6 Prozent (1990–1998), Lebenserwartung: 69 Jahre

(1999), ein Arzt auf 247 Einwohner, Zugang zu sauberem Trinkwasser: 45 Prozent der Bevölkerung (1990–1998)

Bildung: 6 Prozent Analphabeten (1995), ein Lehrer auf 39 Schüler (1997), 2 Prozent Studenten (1993)

Religion: 55 Prozent Buddhisten, 5 Prozent Katholiken, 180 000 Protestanten, daneben Taoismus, konfuzianische Einflüsse und zahlreiche Sekten

Schule in einem nordvietnamesischen Dorf

Literaturauswahl

Sachbücher

Alsheimer, Georg: Vietnamesische Lehrjahre. Sechs Jahre als deutscher Arzt in Vietnam; Suhrkamp; Frankfurt 1968
—: Reise nach Vietnam; edition suhrkamp; Frankfurt 1978

Berresheim, Volker: 35 Jahre Indochinapolitik der Bundesrepublik Deutschland; Institut für Asienkunde, Hamburg 1986

Bui Tin: Folow Ho Chi Minh. Memoirs of a North Vietnamese Colonel; Hurst & Company; London 1995

Buro, Andreas und Grobe, Karl: Vietnam! Vietnam?; edition suhrkamp; Frankfurt 1984

Dahm, Bernhard und Houben, Vincent: Vietnamese Village in Transition. Background and Consequences of Political Policies in Rural Vietnam; Passau 1999

Fallaci, Oriana: Wir Engel und Bestien; Kiepenheuer & Witsch; Köln 1974 (neu verlegt unter dem Titel: Nichts und Amen; dtv; München 1995)

Frey, Marc: Geschichte des Vietnamkrieges. Die Tragödie in Asien und das Ende des amerikanischen Traums; Beck; München 1999

Füsser, Ulrich: Der 3. Indochinakonflikt im Spiegel der Wissenschaftlichen Forschung und vier Deutschsprachigen Tageszeitungen; Bosser Beiträge zur Politikwissenschaft Band 9; Lit; Münster 1997

Geo Special: Vietnam. Laos. Kambodscha; Gruner+Jahr; Hamburg Nr. 4, August 1998

Giesenfeld, Günter: Land der Reisfelder – Vietnam. Laos. Kambodscha; Köln 1981

Girrbach, Bernd u. a.: Mekong. Wilder Fluß und Lebensader Südostasiens; Marino; München 1995

Hayslip, Le Ly und Wurts, Jay: Geboren in Vietnam. Die Geschichte einer mutigen Frau (aus dem Amerikanischen von Brigitte Jakobeit); Heyne Bücher; München 1994

Hecht, Beatrice und Minshawi, El: Schönes Land, armes Land. Vietnam im Aufbruch. Erfahrungen mit einer anderen Welt; Donat; Bremen 1996

Horlemann, Jürgen und Gäng, Peter: Vietnam. Genesis eines Konflikts; edition suhrkamp; Frankfurt 1966

Jaeggi, Peter: Als mein Kind geboren wurde, war ich sehr traurig; Lenos-Taschenbuch; Basel 2000

Kotte, Heinz und Siebert, Rüdiger: Der Traum von Angkor. Kambodscha, Vietnam, Laos; Horlemann; Bad Honnef 2000

Le Bonheur, Albert und Poncar, Jaroslav: Von Göttern, Königen und Menschen, Flachreliefs von Angkor Vat und dem Bayon; Peter Hammer; Wuppertal 1995

Lies, Ursula: Literaturakademie der 28 Sterne; Horlemann; Bad Honnef 1991

McNamara, Robert S.: Vietnam. Das Trauma einer Weltmacht; Goldmann; München 1997

Mercker, Hinrich und Vu Phi Hoang: Environmental Policy and Management in Vietnam; Deutsche Stiftung für Internationale Entwicklung; Berlin 1997

Merian: Vietnam, Laos, Kambodscha; Hoffmann und Campe; Hamburg 1995

Neil, Sheehan: Die große Lüge. John Paul Vann und Amerika in Vietnam; Europaverlag; Wien 1994

Nibbe, Willy: ... und plötzlich hatten wir Verwandte in Quang Nam; Schmetterling, Stuttgart 1993

Pfeifer, Claudia: Konfuzius und Marx am Roten Fluß. Vietnamesische Reformkonzepte nach 1975; Horlemann; Bad Honnef 1991

Reinecke, Stefan: Hollywood Goes Vietnam; Hitzeroth; Marburg 1993

Rüland, Jürgen: Politische Systeme in Südostasien. Eine Einführung; Olzog; Landsberg/Lech 1998

Russel, Bertram und Sartre, Jean-Paul: Das Vietnam-Tribunal oder Amerika vor Gericht; Rowohlt; Hamburg 1968
–: Das Vietnam-Tribunal oder die Verurteilung Amerikas; Rowohlt; Hamburg 1969

Scharlau, Winfried: Vier Drachen am Mekong – Asien im Umbruch; Stuttgart 1989

Schepke, Anja: Wenn die Wirtschaft die Umwelt bedroht: Stand und Perspektiven des Umweltschutzes in Vietnam; Deutsch-Vietnamesische-Gesellschaft; Berlin 1996

Schnibben, Cordt: Saigon Export. Seltsame Geschichten aus einem neueröffneten Land; Rasch und Röhrig; Hamburg 1989

Scholl-Latour, Peter: Der Tod im Reisfeld: Dreißig Jahre Krieg in Indochina; Deutsche Verlags-Anstalt; Stuttgart 1979

Schwinn, Monika und Diehl, Bernhard: Eine Handvoll Menschlichkeit. Der authentische Bericht der beiden überlebenden Malteserhelfer; Knaur; München 1975

Shay, Jonathan: Achill in Vietnam; Hamburger Edition; Hamburg 1998

Sluiter, Lisbeth: The Mekong Currency. Project für Ecological Recovery/TERRA; Bangkok 1992

Sontheimer, Michael: Im Schatten des Friedens. Ein Bericht über Vietnam und Kamputschea; Rotbuch; Berlin 1989

Templer, Robert: Shadows and Wind. A View of Modern Vietnam; Abacus: London 1999

Thürk, Harry; Borchers, Erwin; Lulei, Winfried; Szeponik, Horst; Weidemann, Diethelm (Autorenteam): Stärker als die reißenden Flüsse. Vietnam in Geschichte und Gegenwart; Deutscher Militärverlag; Berlin 1970

Vu Tu Duy und Will, Gerhard: Vietnams neue Position in Südostasien; Hamburg 1999

Weggel, Oskar: Indochina, Vietnam, Kambodscha, Laos; C. H. Beck; München 1990

Will, Gerhard: Vietnam 1975–1979: Von Krieg zu Krieg; Institut für Asienkunde; Hamburg 1987

Wulf, Annaliese: Vietnam, Pagoden und Tempel im Reisfeld – Im Fokus chinesischer und indischer Kultur; DuMont Kunst-Reiseführer; Köln 1991

Belletristik/Lyrik

Duong Thu Huong: Bitterer Reis (aus dem Französischen von Sabine Lohmann); Goldmann; München 1991
 —: Liebesgeschichte vor der Morgendämmerung erzählt (aus dem Vietnamesischen von Ursula Lies); Horlemann; Bad Honnef 1992
 —: Roman ohne Titel (aus dem Vietnamesischen von Ursula Lies); Horlemann; Bad Honnef 1995

Duras, Marguerite: Heiße Küste. Roman; Suhrkamp; Frankfurt 1995
–: Der Liebhaber; Suhrkamp; Frankfurt 1995

Fried, Erich: und VIETNAM und – einundzwanzig Gedichte, mit einer Chronik; Quarthefte, Verlag Klaus Wagenbach; Berlin 1966

Green, Graham: Der stille Amerikaner (aus dem Amerikanischen von Walter Puchwein und Käthe Springer); dtv; München 1993

Honsak, Frantisec; Müllerova, Petra; Zakova, Marie: Vietnamesische Märchen; Werner Dausien; Hanau 1991

Kothmann, Hella (Hg.): Frauen in Vietnam. Erzählungen; dtv; München 1994

Malraux, André: Der Königsweg; dtv; München 1993

Pham Thi Hoai: Sonntagsmenü (aus dem Vietnamesischen von Dietmar Erdmann); Unionsverlag; Zürich 1995
–: Die Kristallbotin (aus dem Vietnamesischen von Dietmar Erdmann); Rowohlt; Hamburg 1992

Thich Nhat Hanh: Die Sonne. Mein Herz; Theseus; Berlin 1994

Informationsquellen im Internet

http://www.vnagency.com.vn
(Staatliche Nachrichtenagentur Vietnams – VNA; in vietnamesischer, englischer, französischer und spanischer Sprache; Hanoi, Vietnam)

http://www.vinsight.org/insight
(regierungskritische Analysen und Berichte; San José, USA)

E-Mail: sdenny@ocf.berkeley.edu
(täglicher Nachrichtendienst in englischer Sprache; Berkeley, USA)